MANDALAS
Zen

Primera edición: abril de 2026

Av. Diagonal, 662-664, 08034 Barcelona (España)
Libros Cúpula es marca registrada por Editorial Planeta, S. A.
www.planetadelibros.com

ISBN: 978-84-480-4591-3
D. L: B. 24.650-2026

Impresor: Liberdúplex
Impreso en España – *Printed in Spain*

PEFC Certificado
Este libro procede de bosques gestionados de forma sostenible
PEFC
PEFC/14-38-00305
www.pefc.es

MANDALAS
Zen

LIBROS CÚPULA

Este libro se acabó de imprimir
el 10 de septiembre de 2024.
La librería de Dª Leo ha cumplido un año y ocho meses.
Vivan las novelas, los autores, las historias
y los personajes inolvidables.
Vivan las librerías y los lectores,
que celebran cada día la magia de la literatura.

¡Bienvenido/a a *Mandalas Zen*!
Este libro es tu invitación oficial para bajar revoluciones, soltar el estrés y regalarte un rato solo para ti. Aquí vas a encontrar mandalas de todo tipo: algunos supersencillos para esos días en los que solo necesitas desconectar sin pensar demasiado, y otros llenos de pequeños detalles para cuando te apetezca concentrarte y perderte entre líneas, curvas y formas hipnóticas.

¡Olvídate de hacerlo perfecto! No hace falta saber dibujar, seguir normas ni elegir los colores correctos. Puedes empezar por el centro, por los bordes, repetir la misma paleta o improvisar a lo loco en cada página. Lo importante es que disfrutes del momento y que cada trazo te ayude a respirar un poco mejor.

Usa este libro como tu pequeño refugio: cuando el día vaya demasiado rápido, cuando necesites desconectar del móvil o cuando, simplemente, te apetezca estar contigo en silencio. Abre por donde quieras, elige un mandala y ¡déjate llevar por el color! Cada página es una pausa, y cada mandala, un recordatorio de que la calma también se entrena.

¿Estás listo para sumergirte en esta aventura de color y creatividad? ¡Entonces coge tus lápices y comencemos a colorear!

ÍNDICE

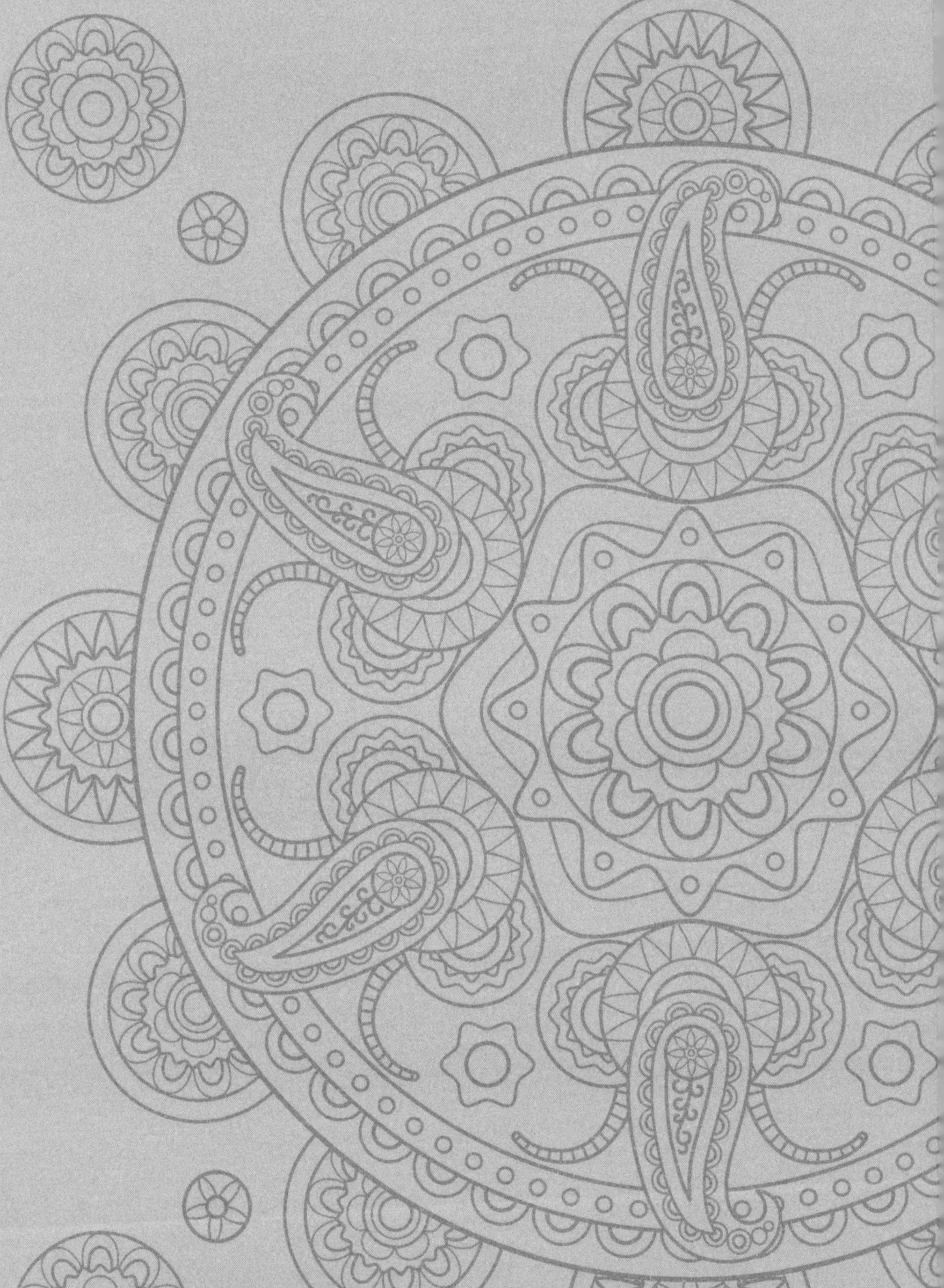

RESPIRAR

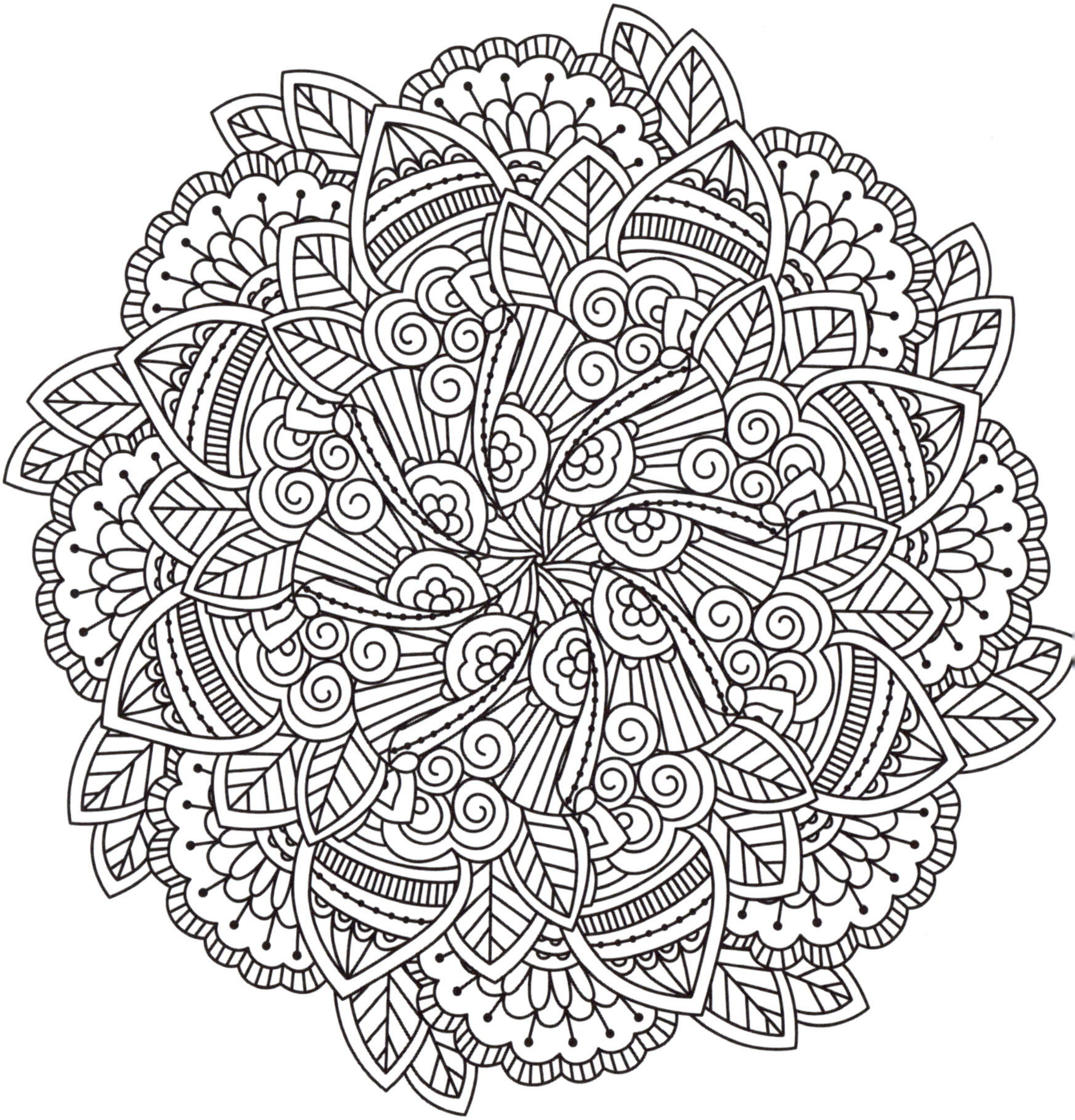

Existen casi treinta mil especies de peces en el mundo.

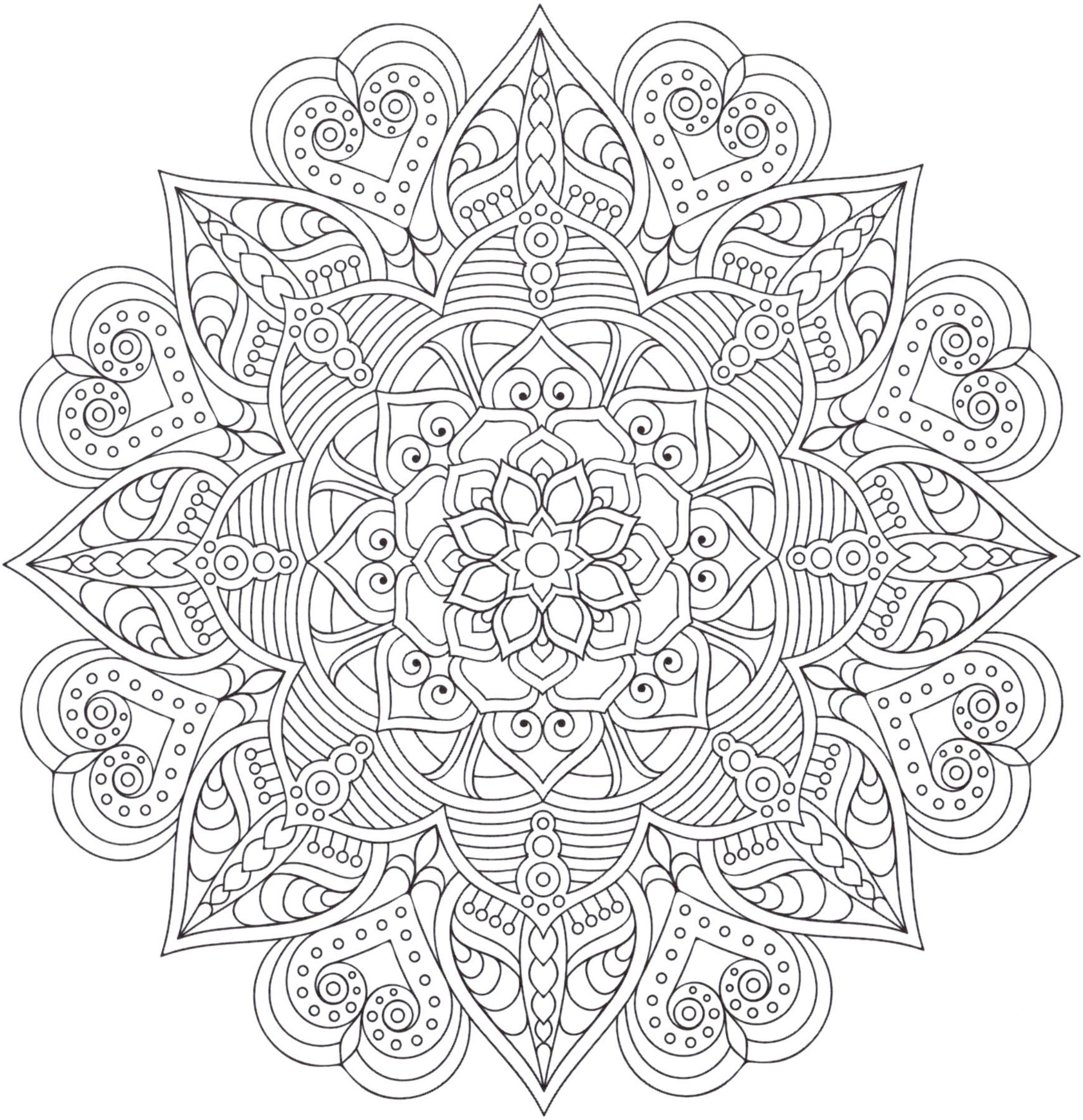

Respira hondo... el resto puede esperar.

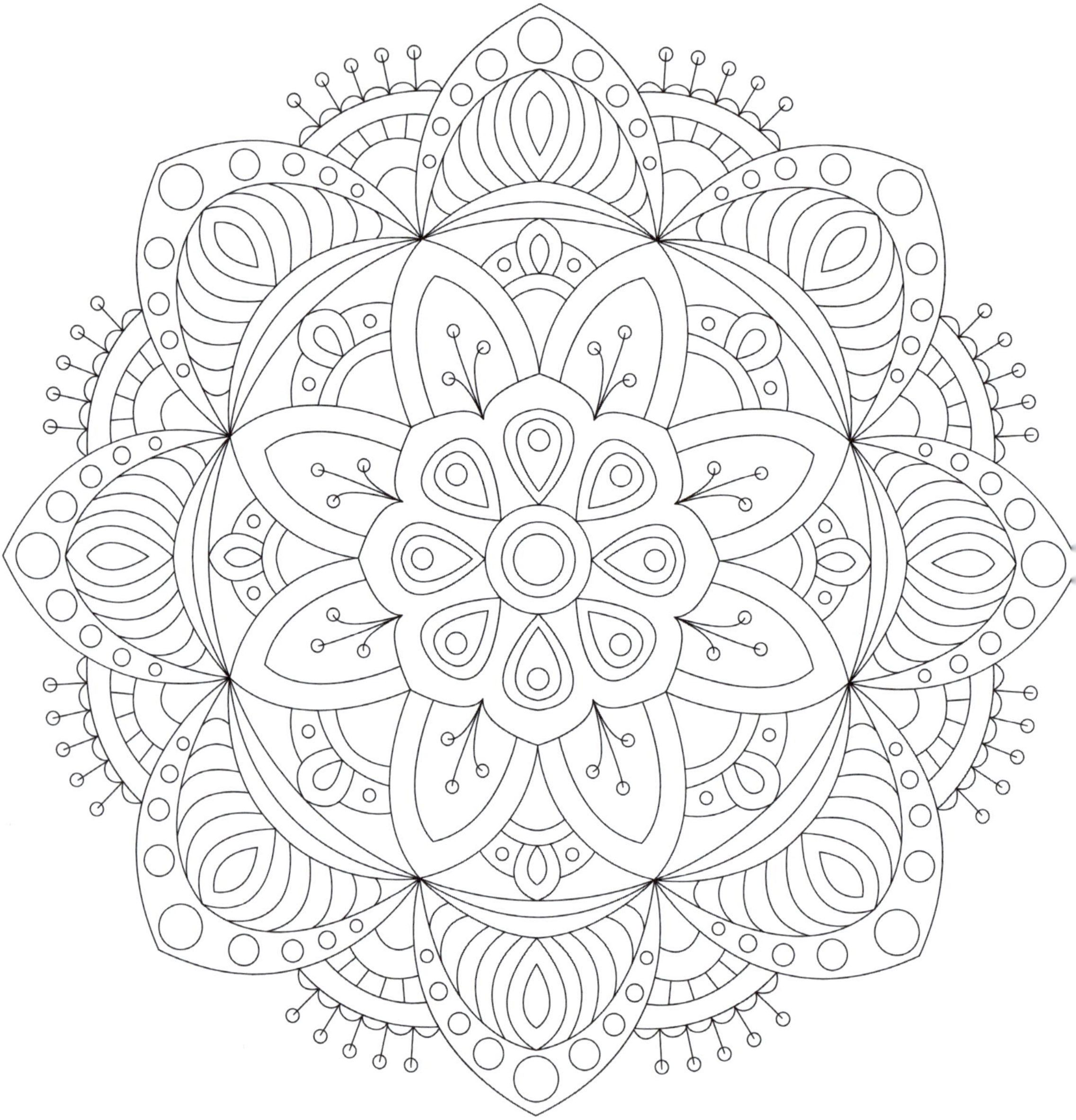

¡Hoy tu prioridad eres tú!

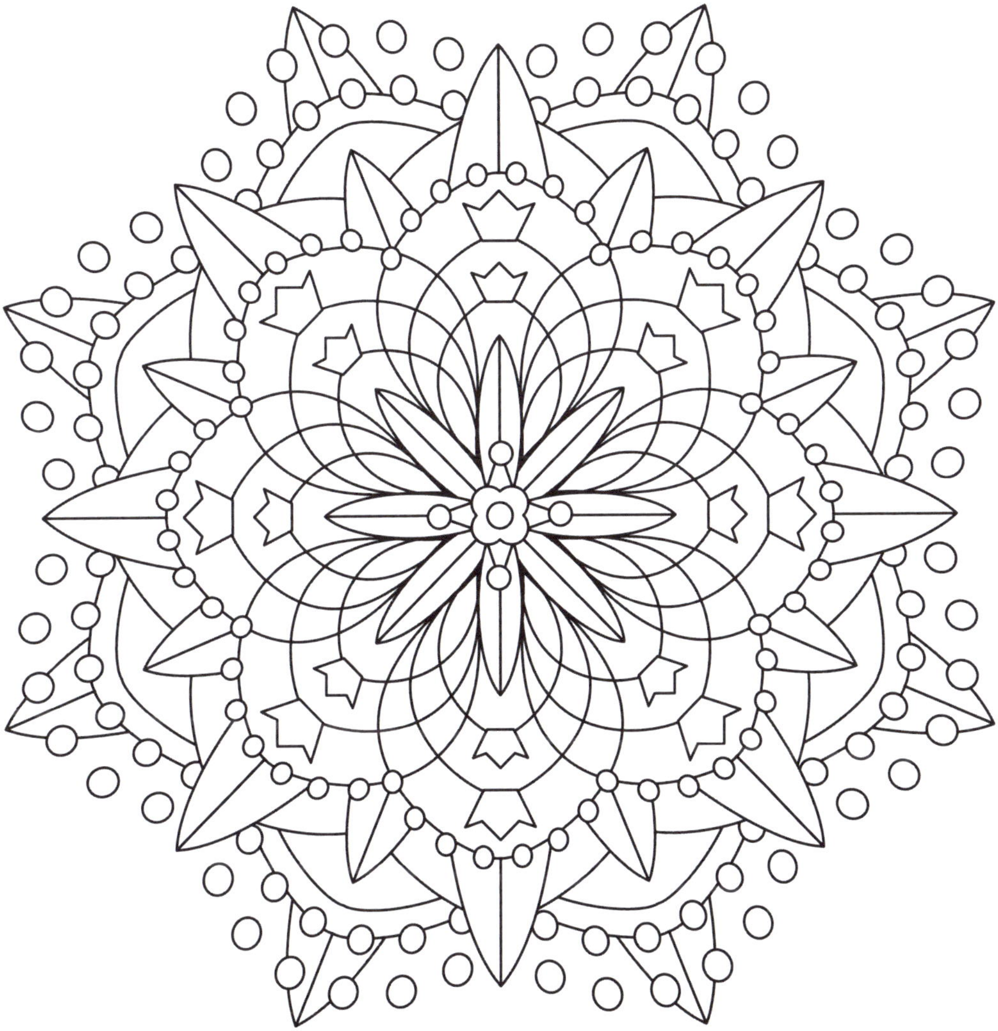

Donde pones tu atención, pones tu energía.

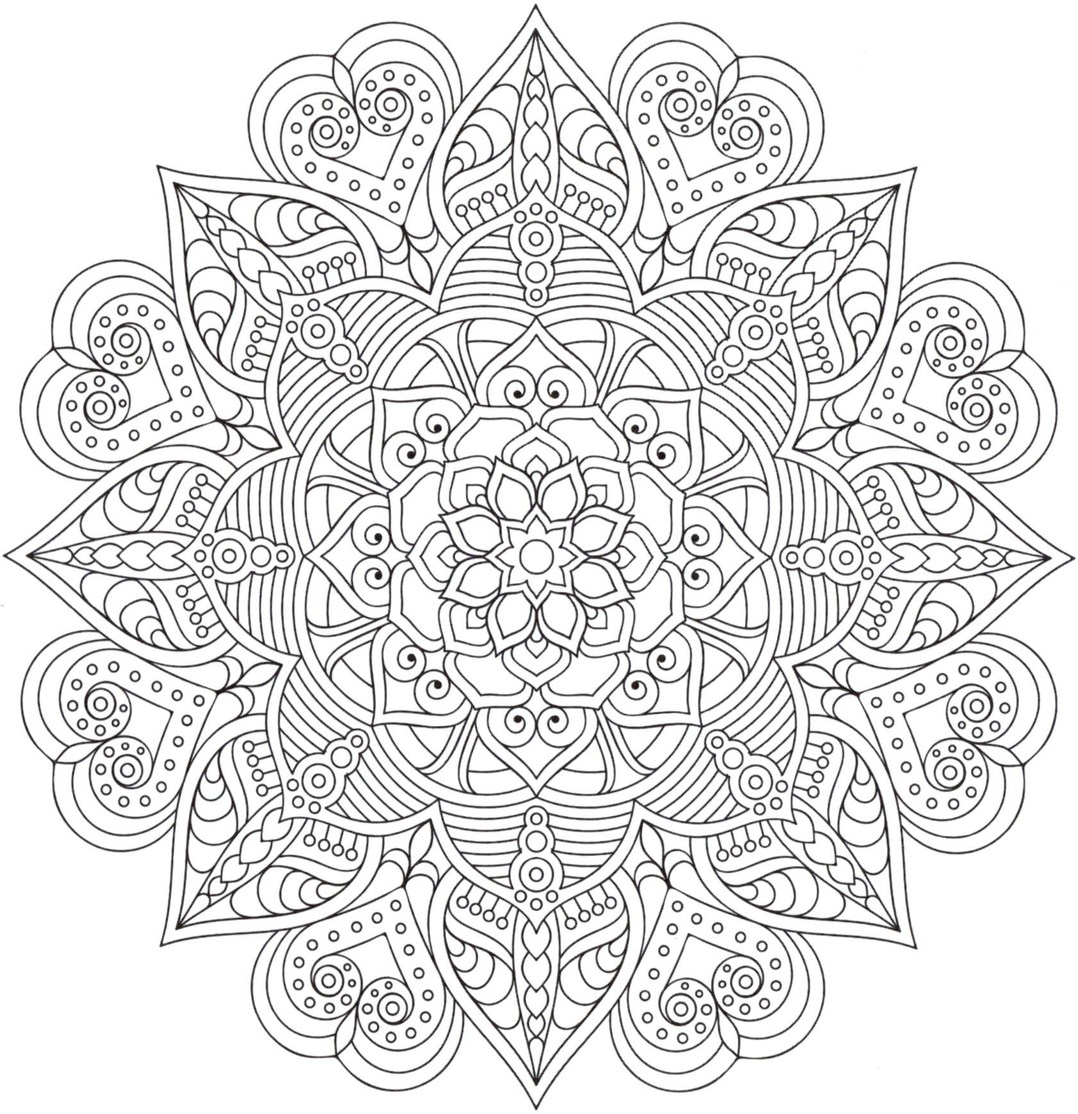

Colorea lento, vive despacio.

Cada trazo es un «estoy aquí y ahora».

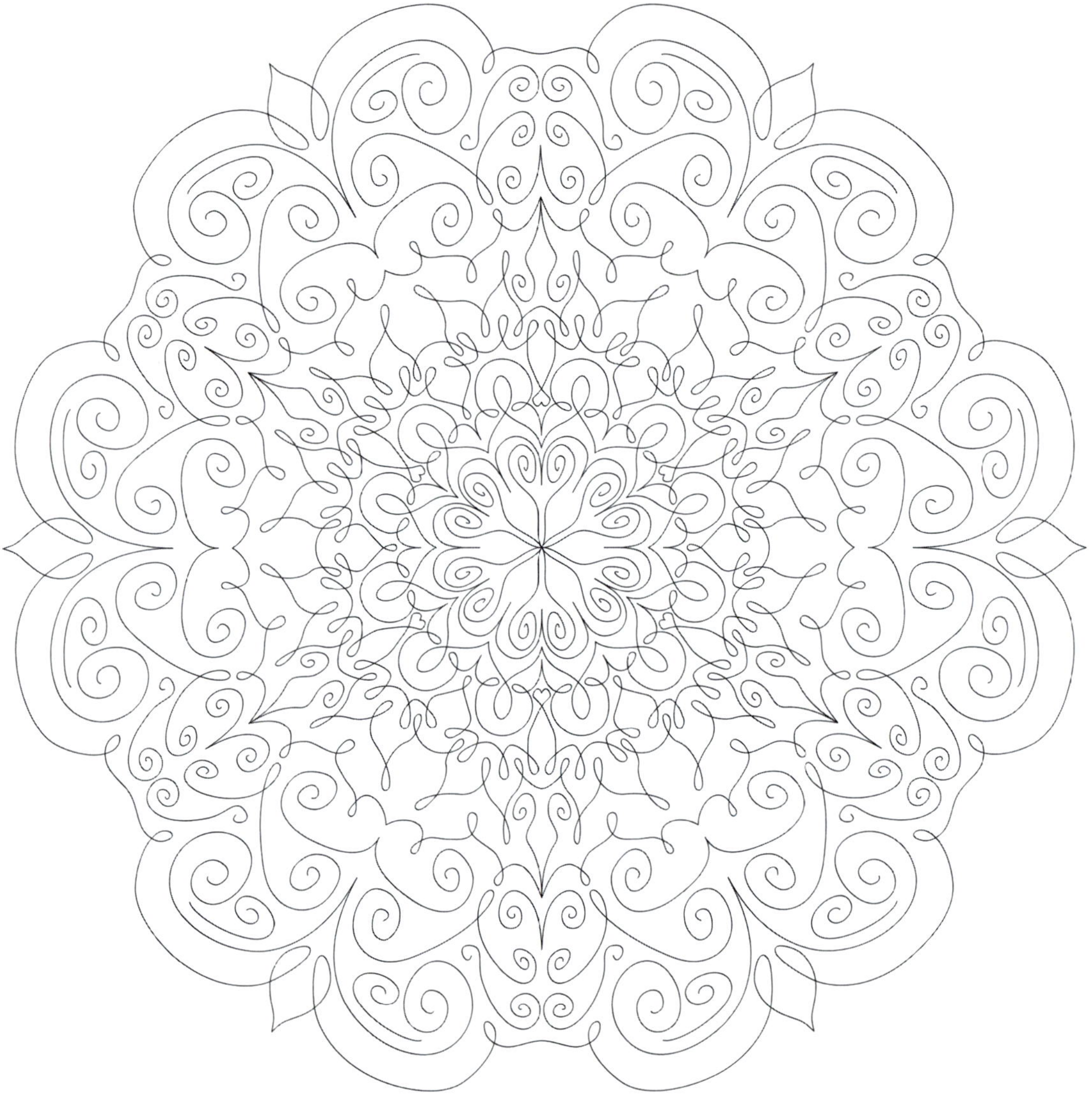

La calma también se entrena.

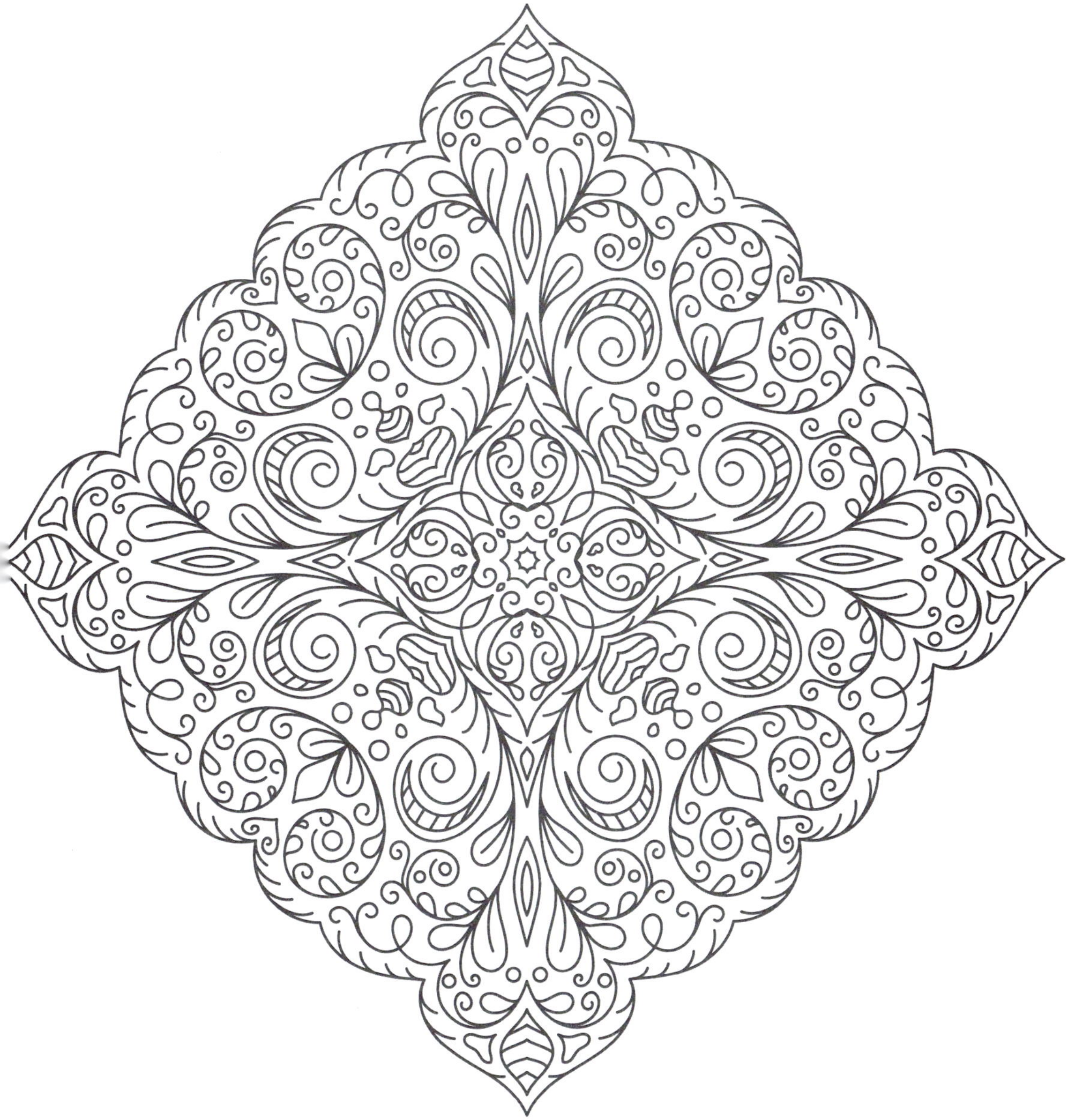

Hoy el éxito es sentirte en paz.

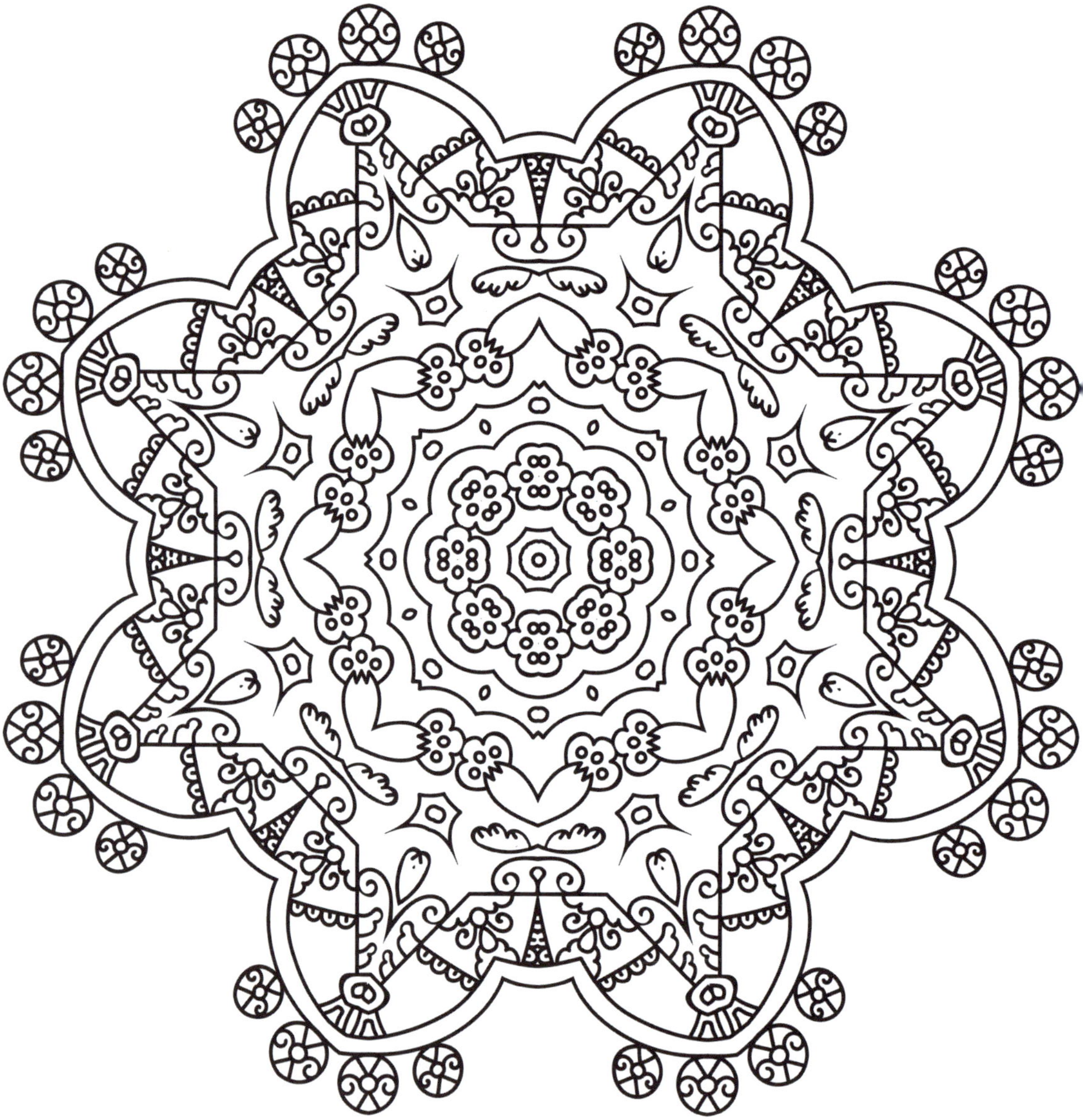

Suelta el control, abraza el momento.

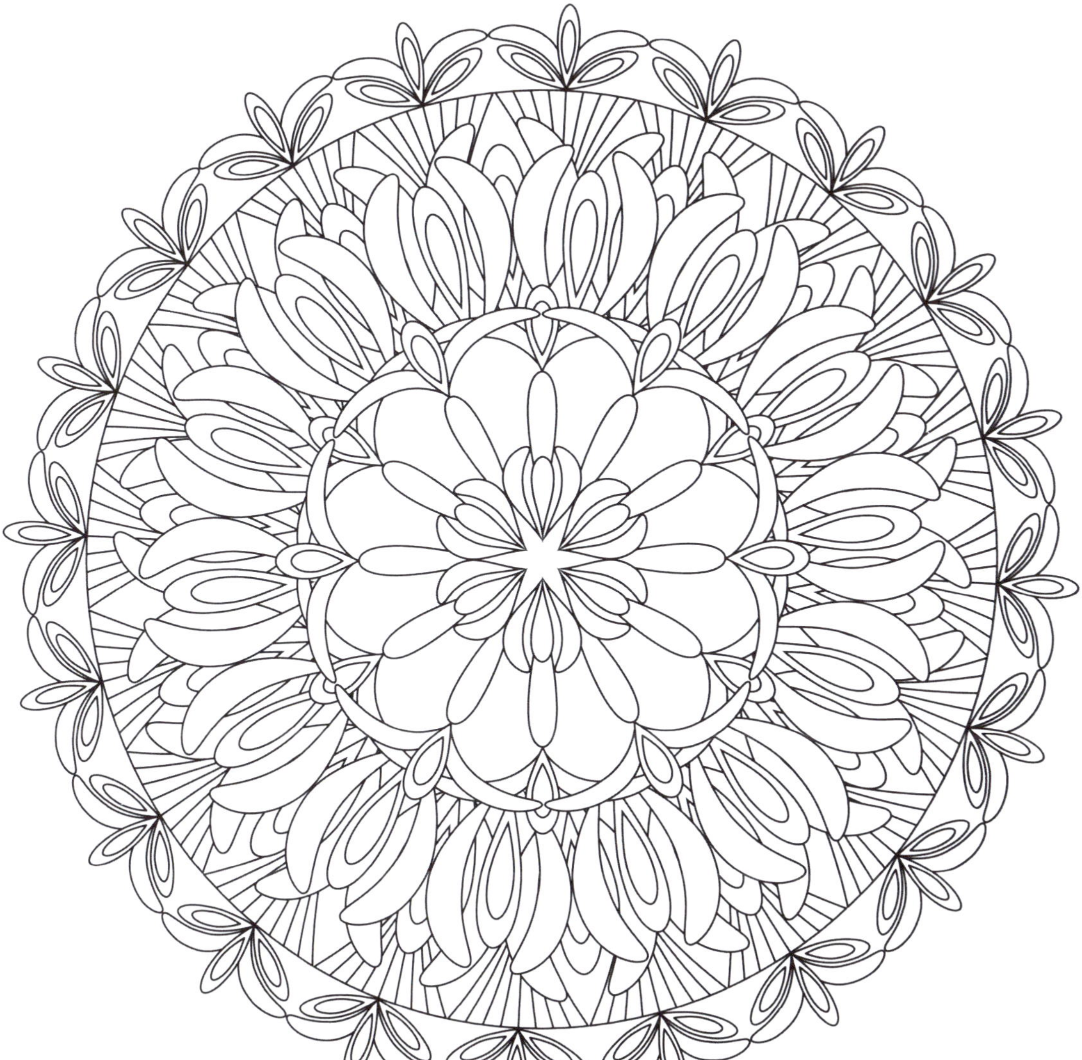

No tengas prisa: la calma no llega corriendo.

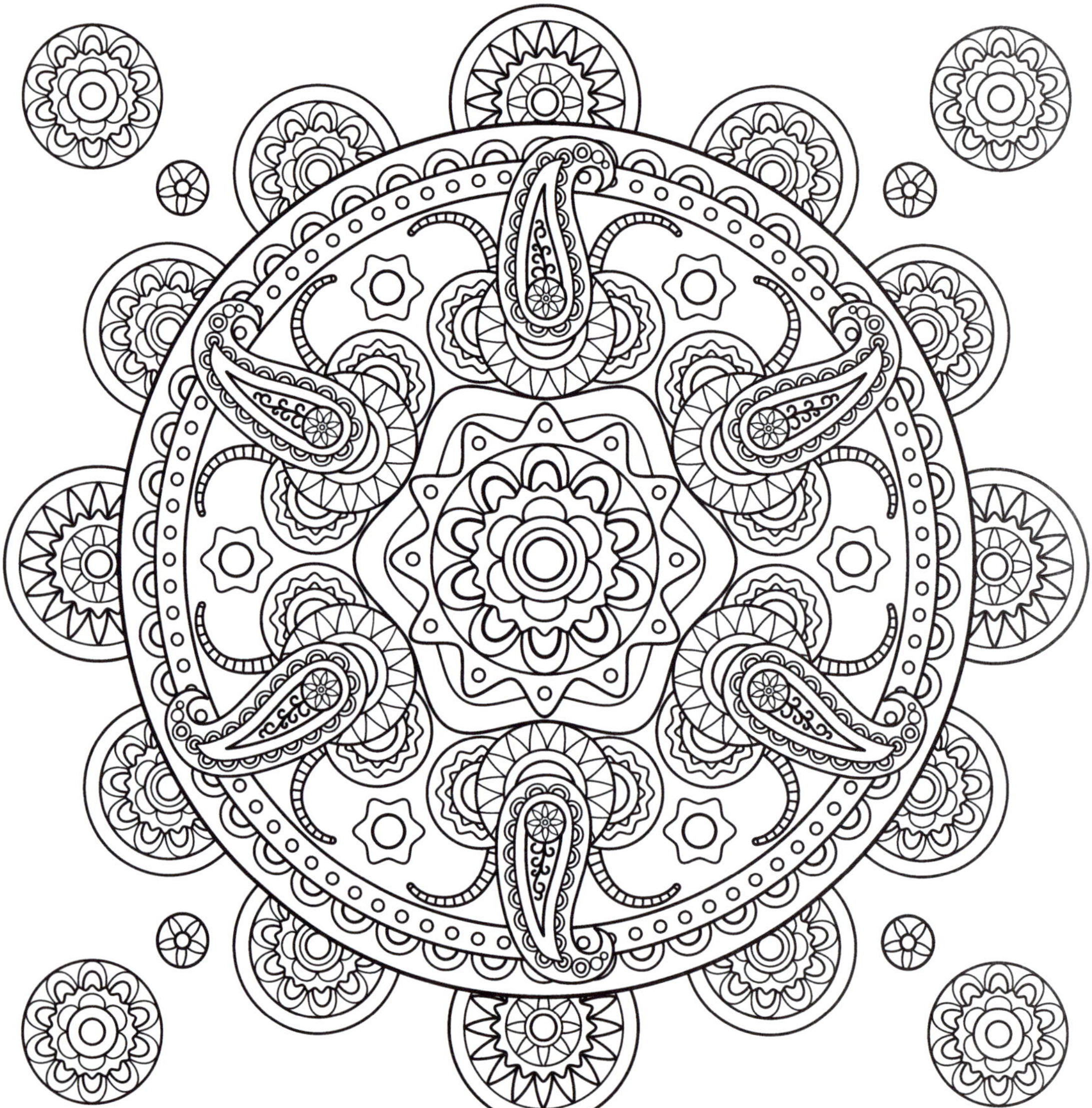

Estás exactamente donde necesitas estar.

Inhala paz, exhala tensión.

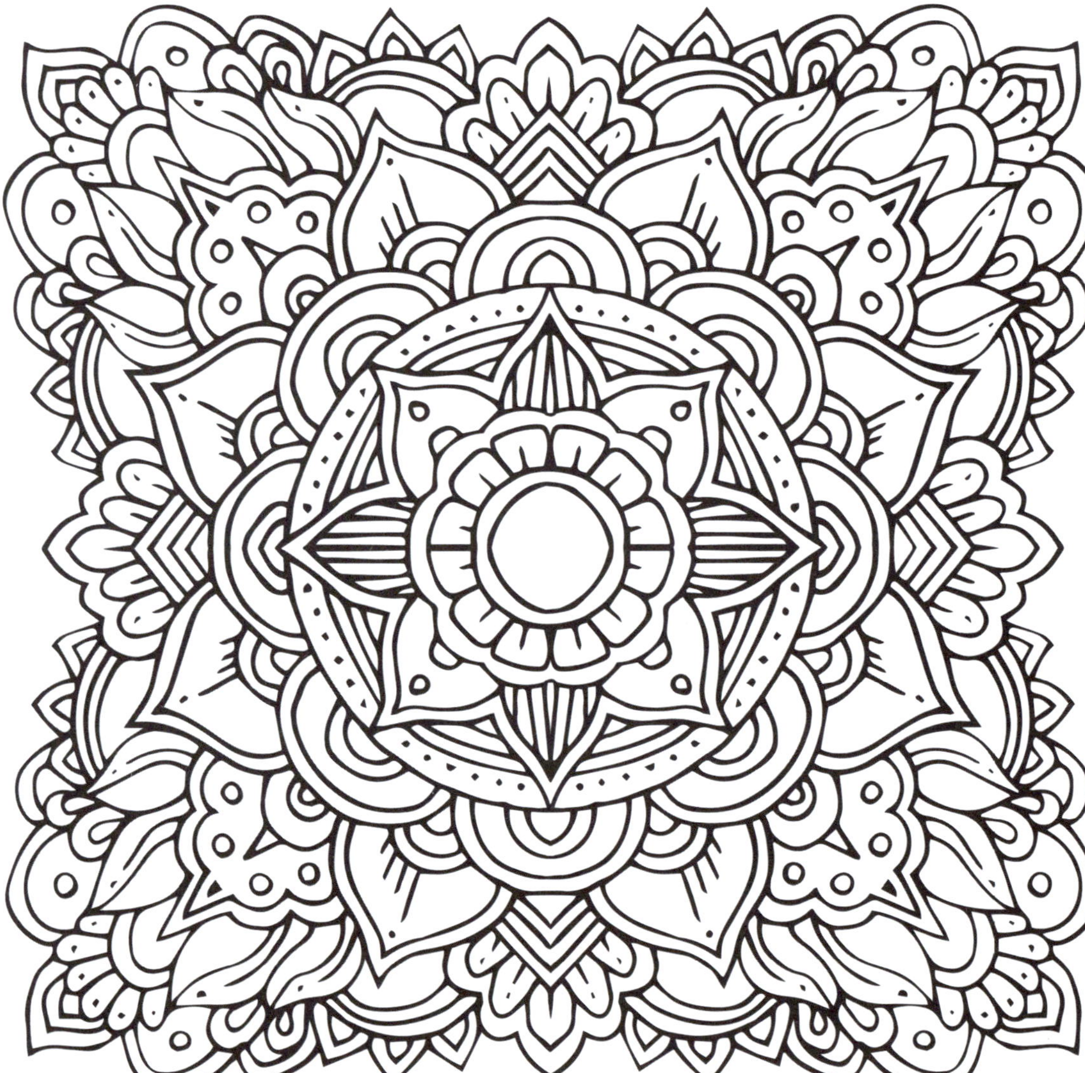

Lo sencillo también puede ser sagrado.

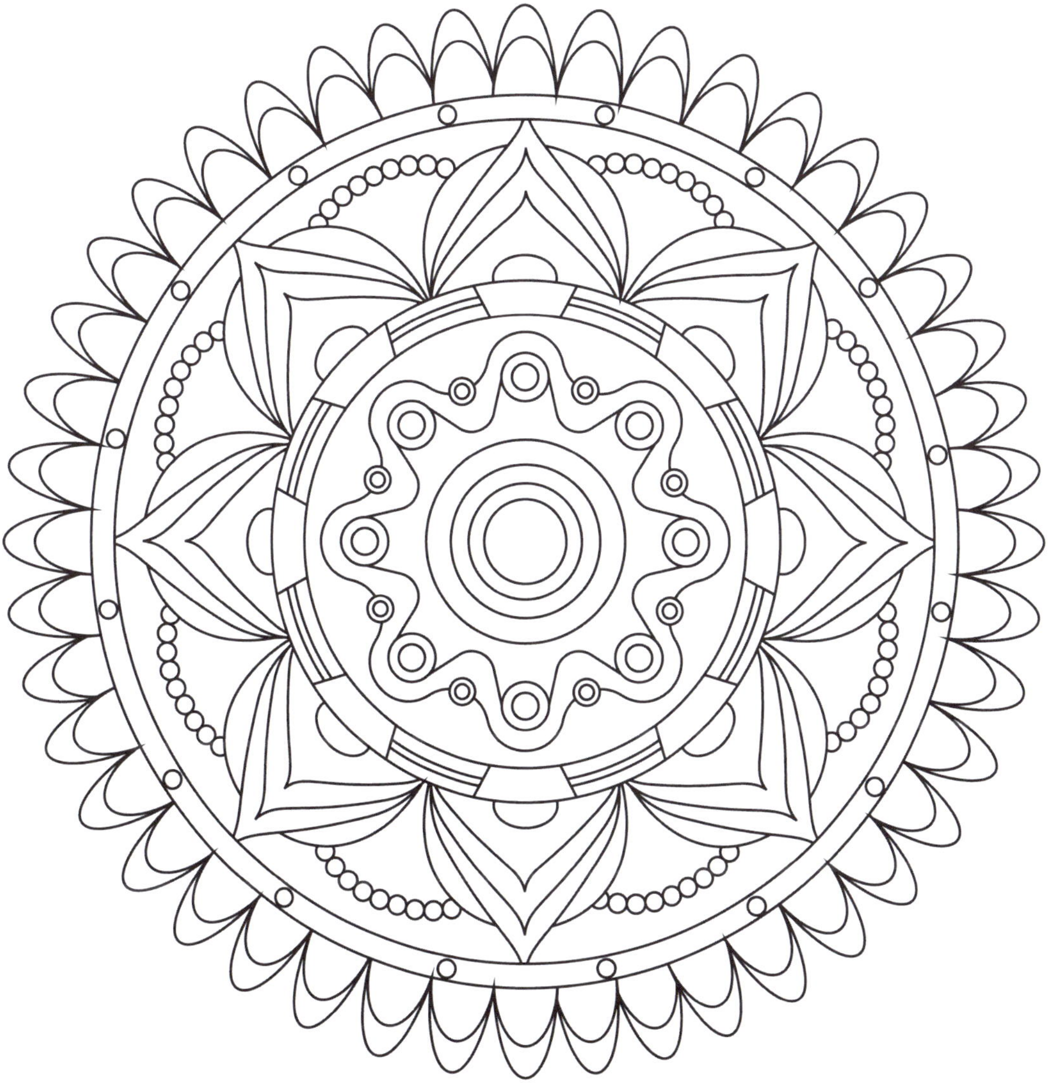

Regálate este rato sin culpa.

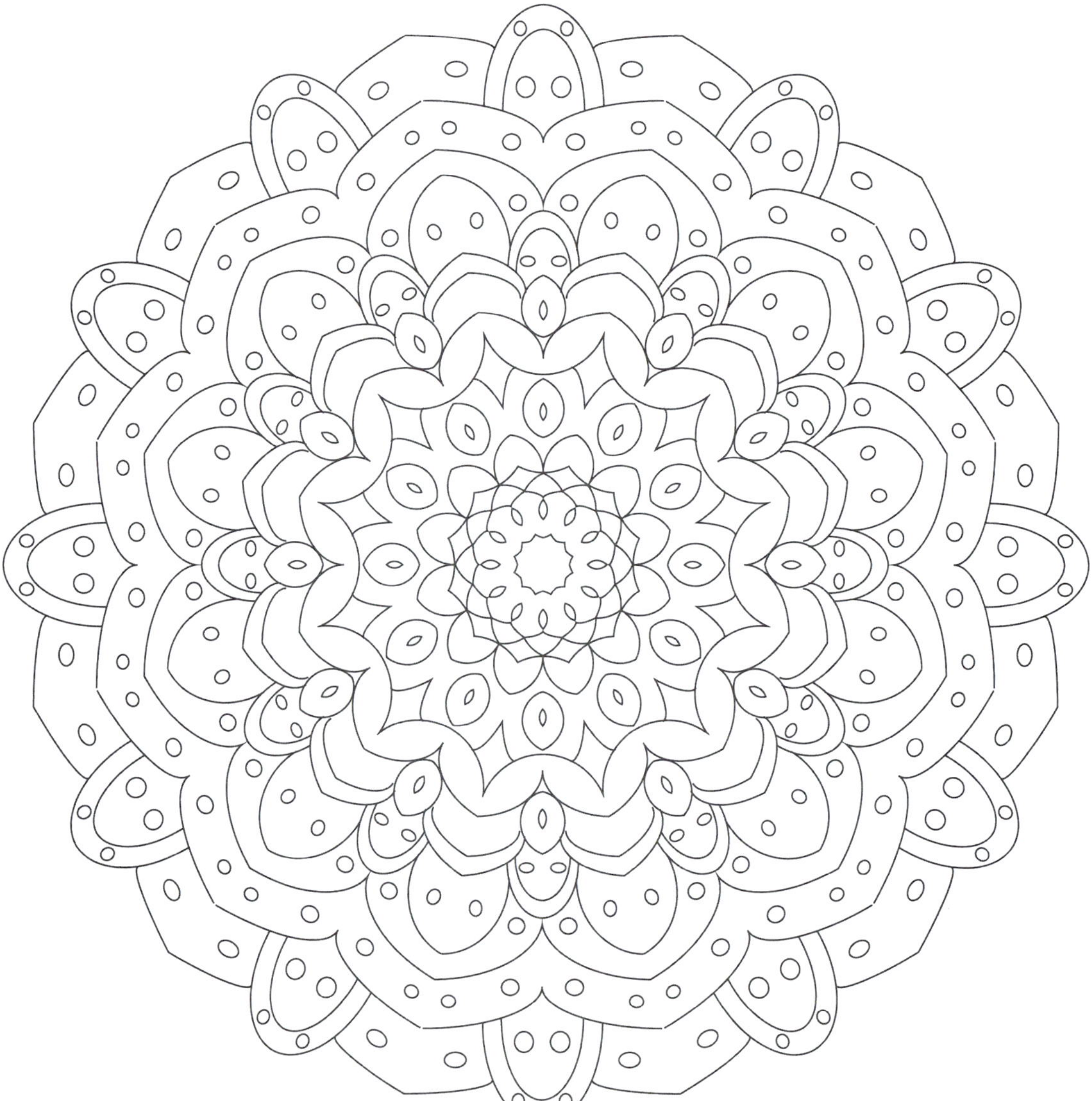

Tu refugio está dentro, no fuera.

Cierra ojos, abre corazón.

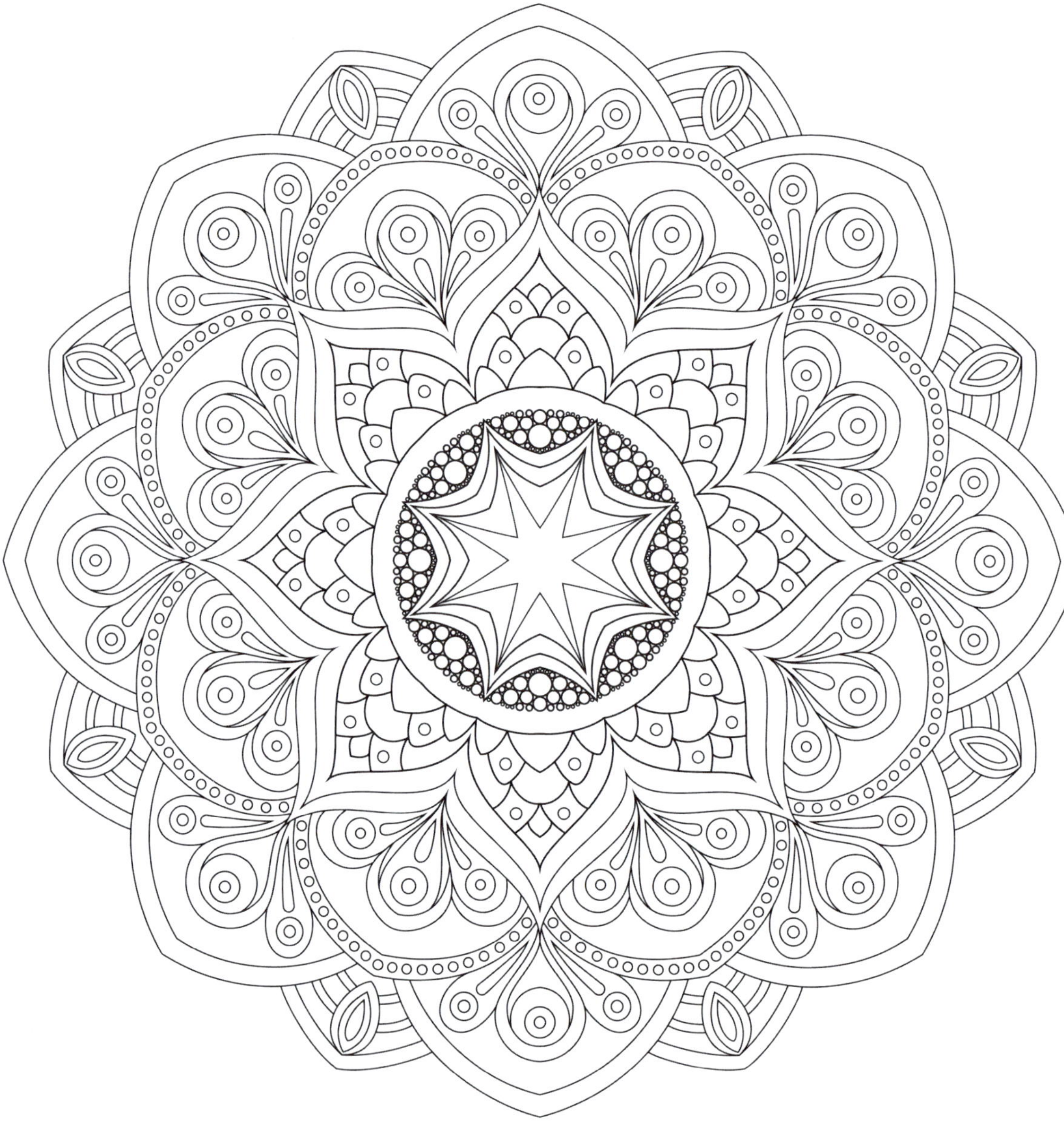

Lo que buscas fuera ya vive dentro de ti.

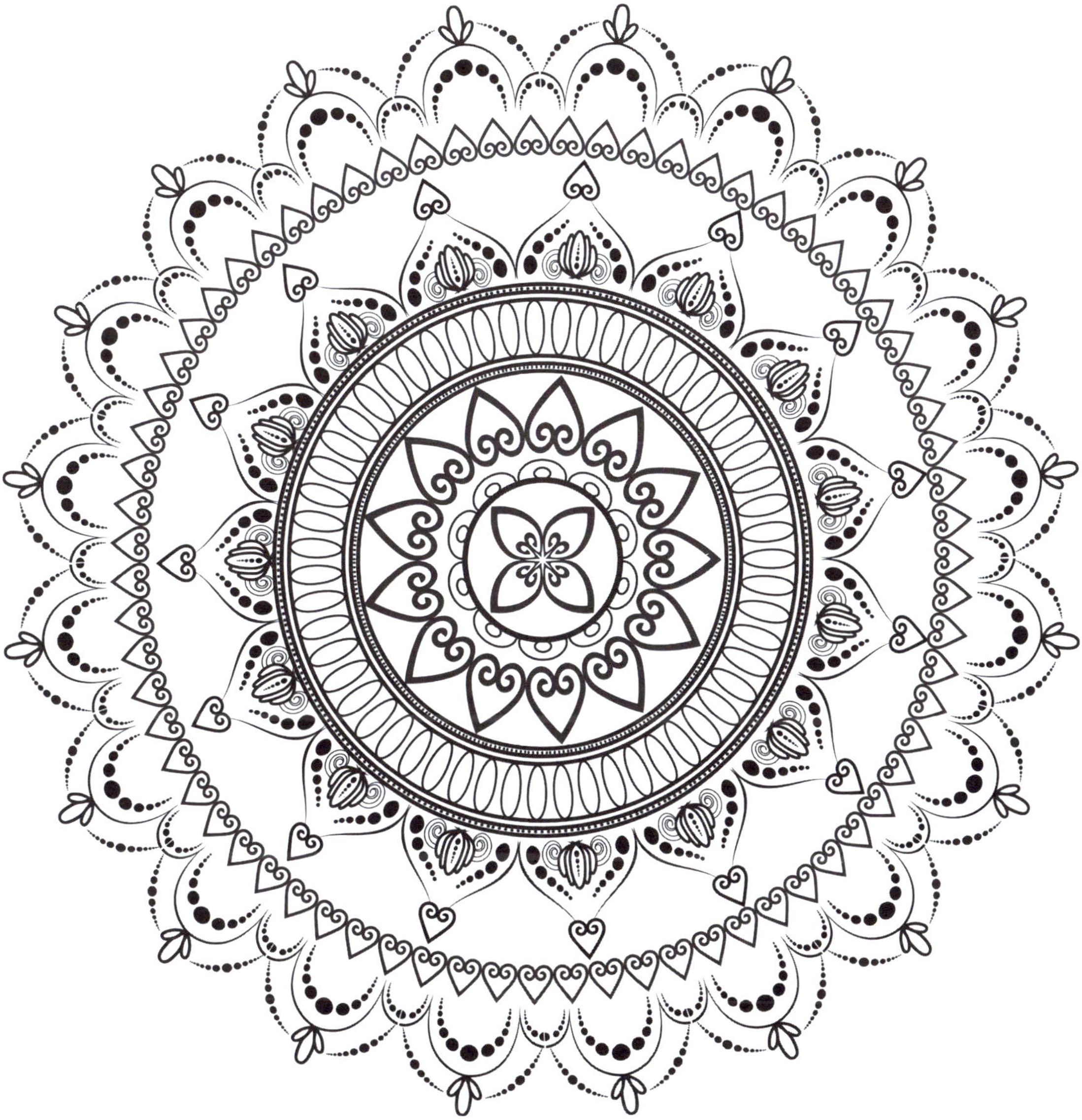

Haz silencio y escúchate.

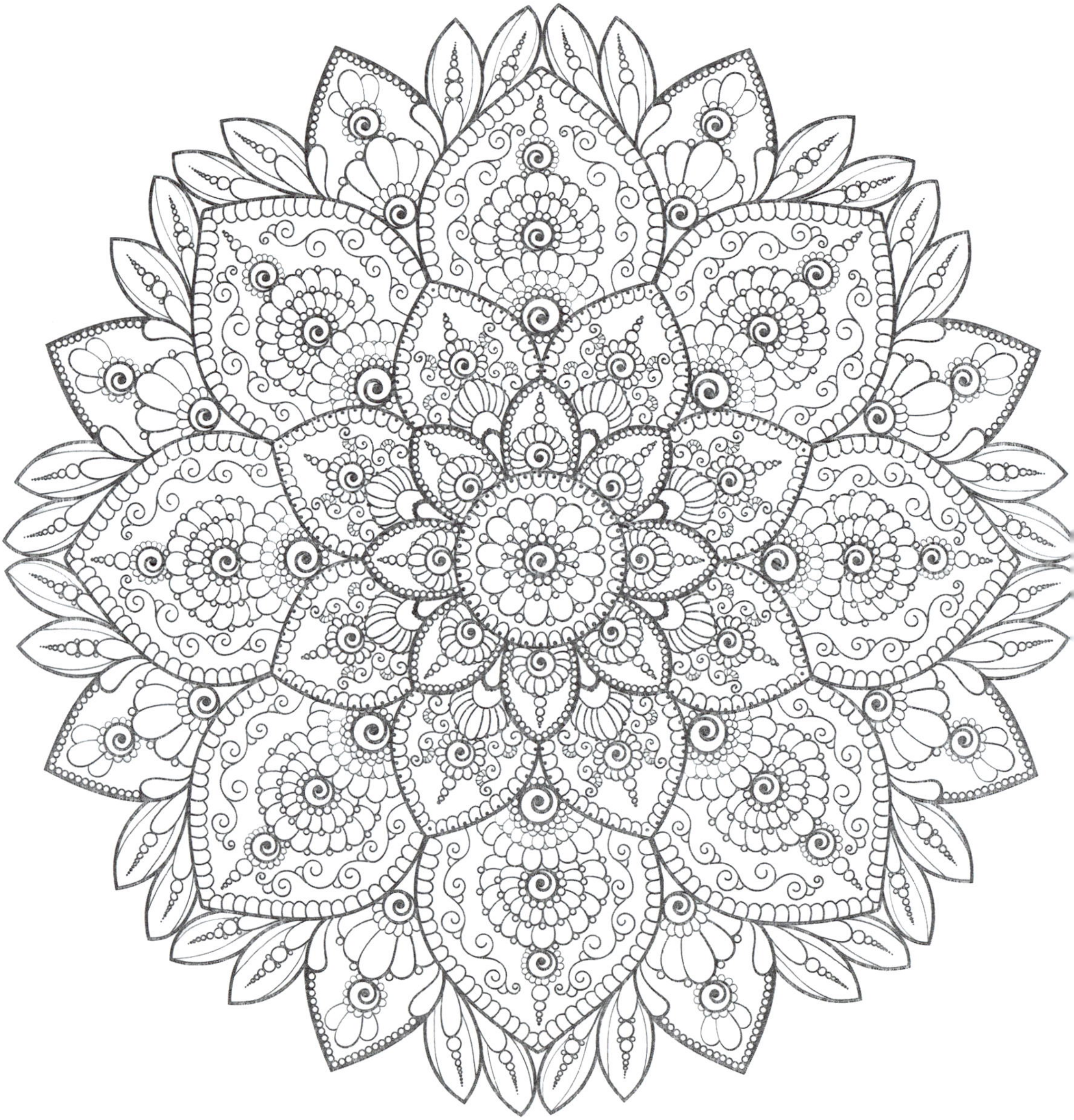

Hoy eliges calma, no drama.

Tu energía sigue a tus pensamientos: elige bien.

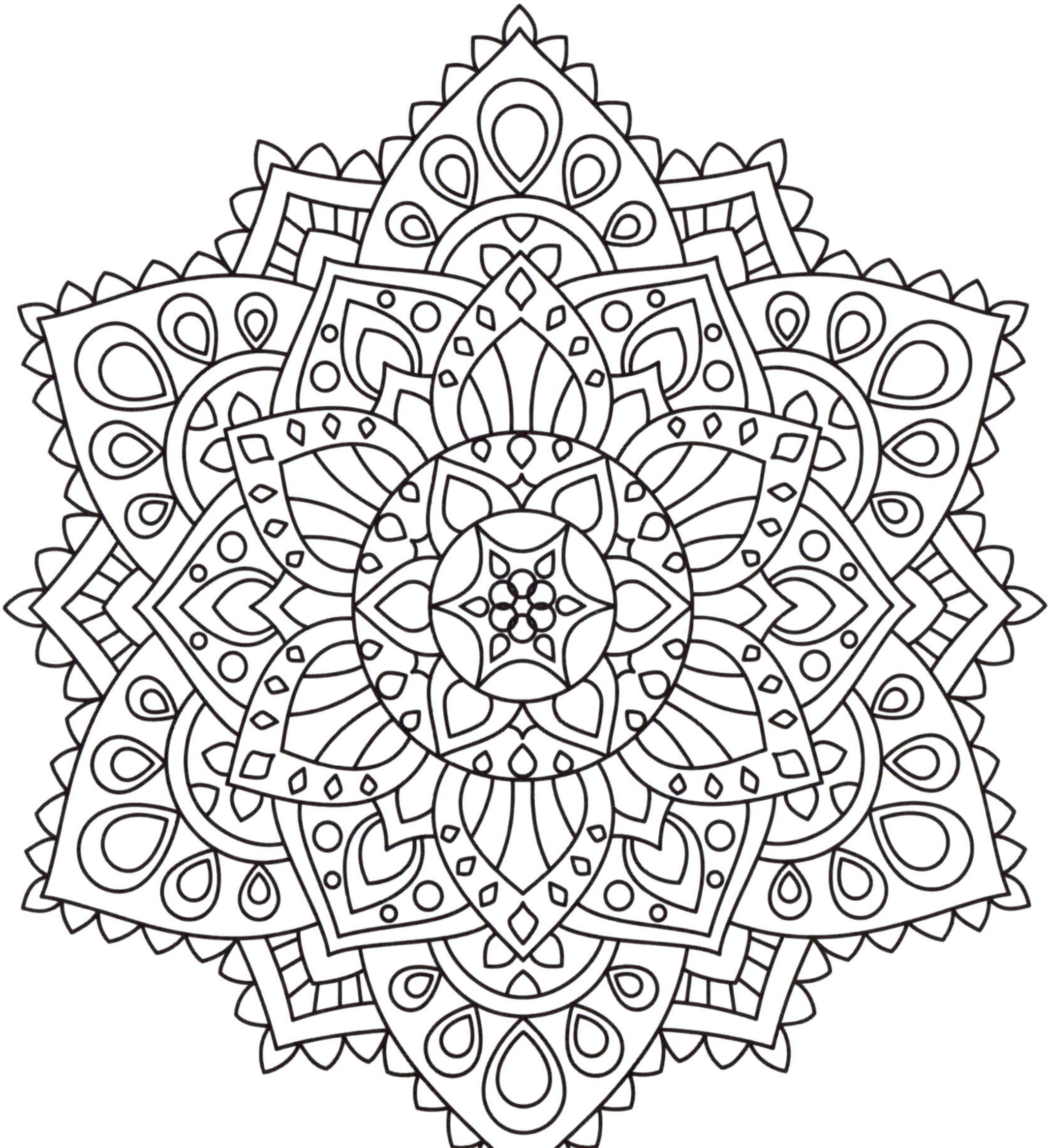

Un respiro a tiempo también es valentía.

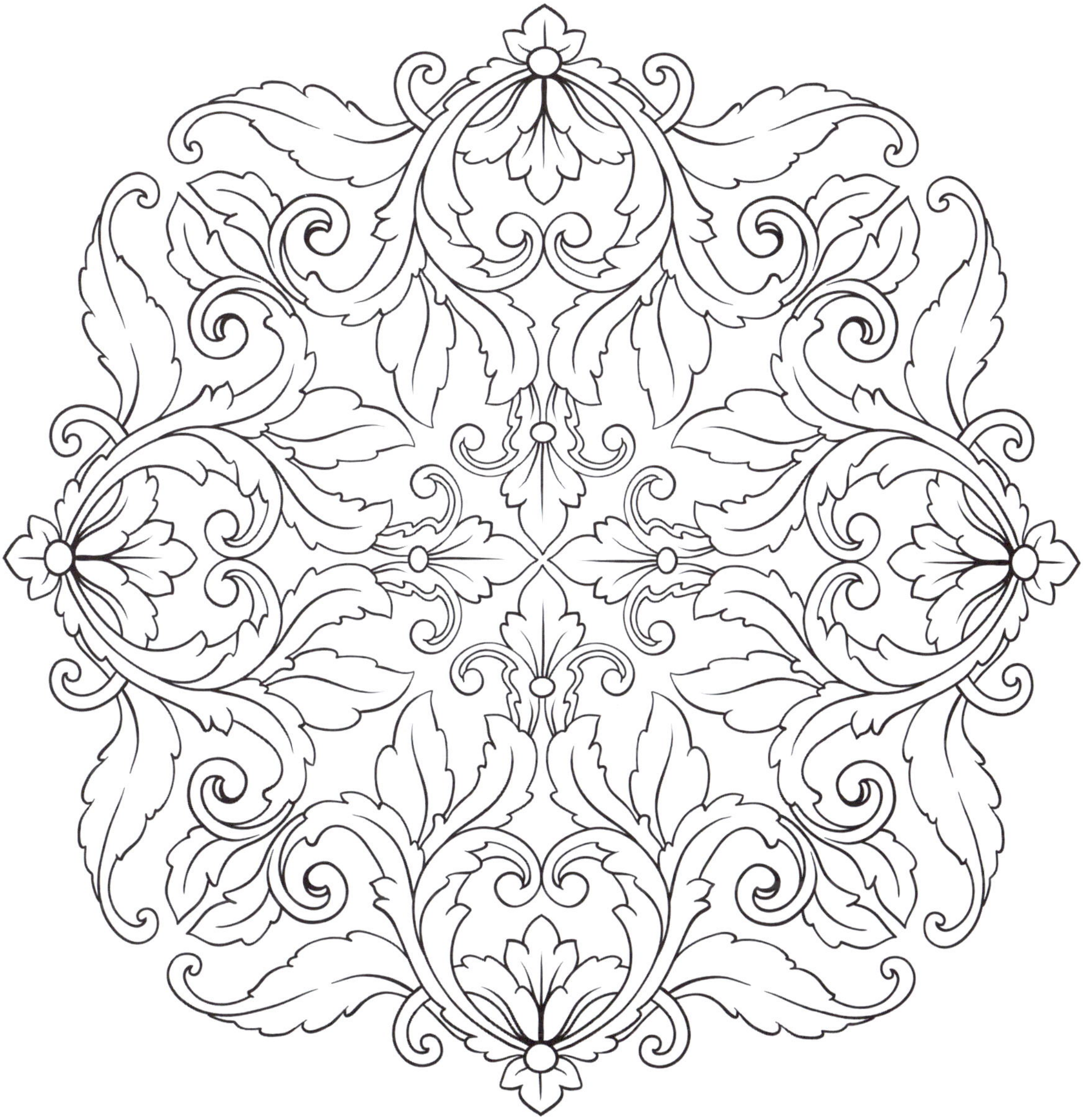

Aquí no hay perfección, solo intención.

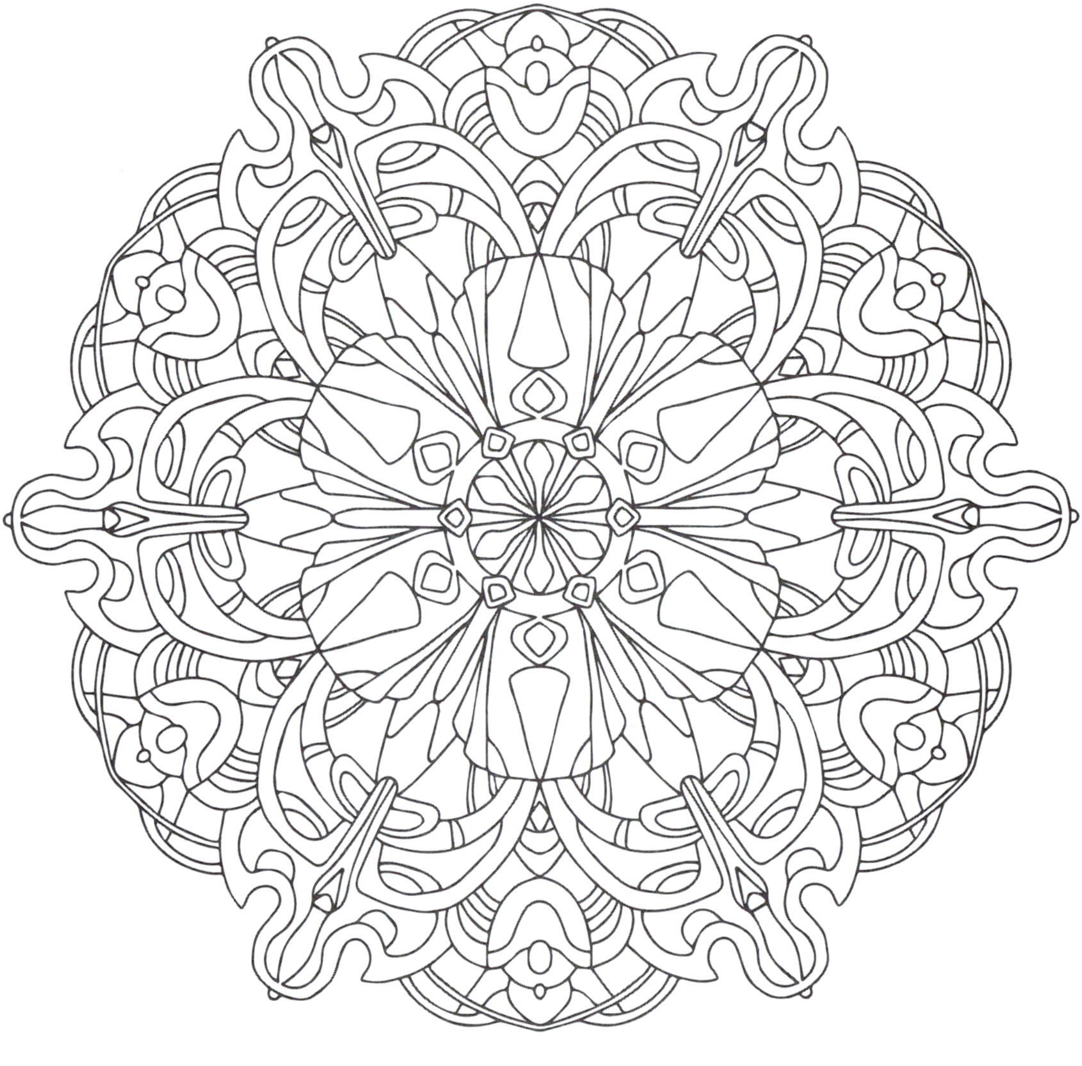

Cada color que eliges es un «sí» a ti.

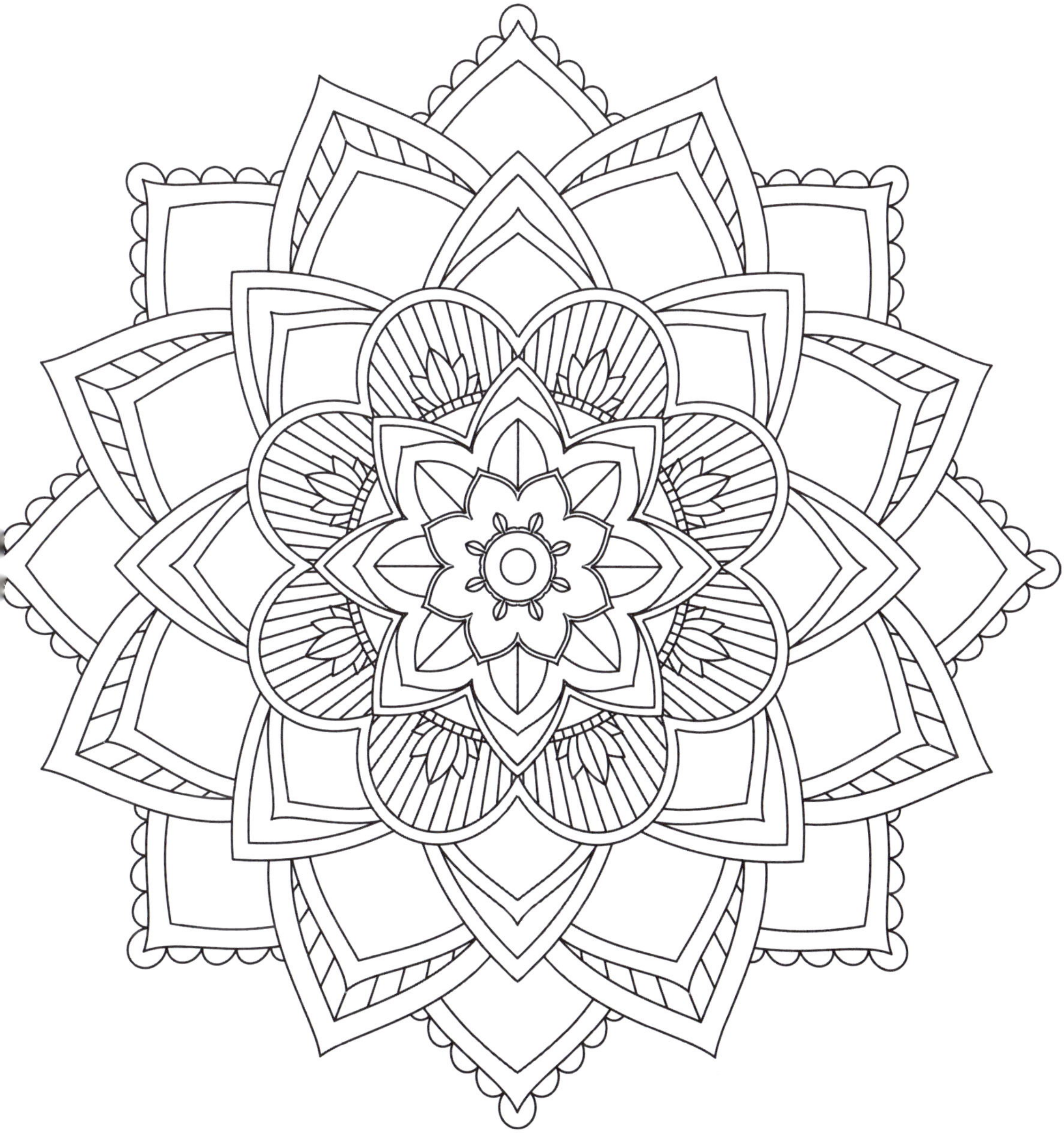

Eres más que tus pendientes y tus prisas.

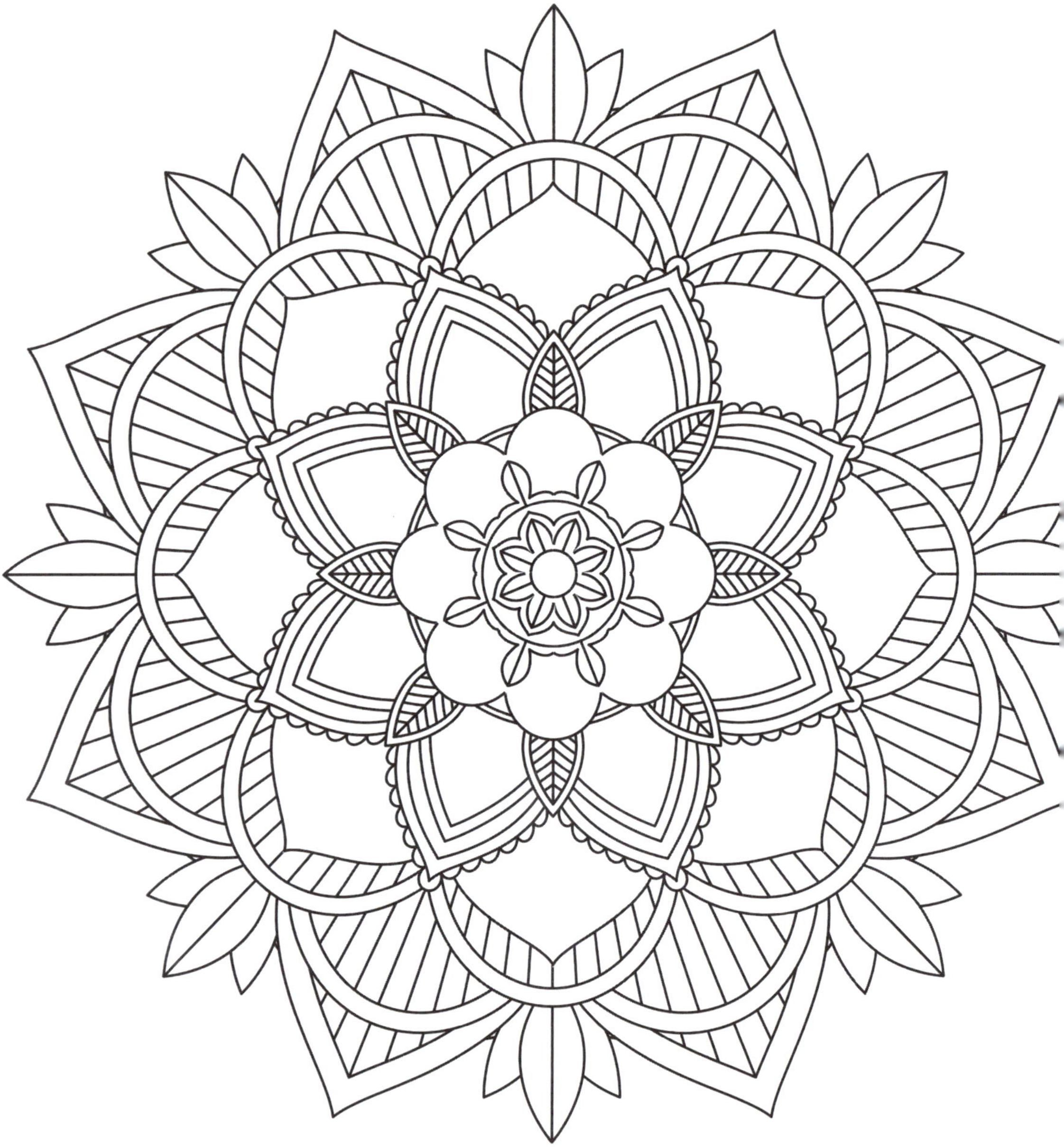

Pausar también es avanzar.

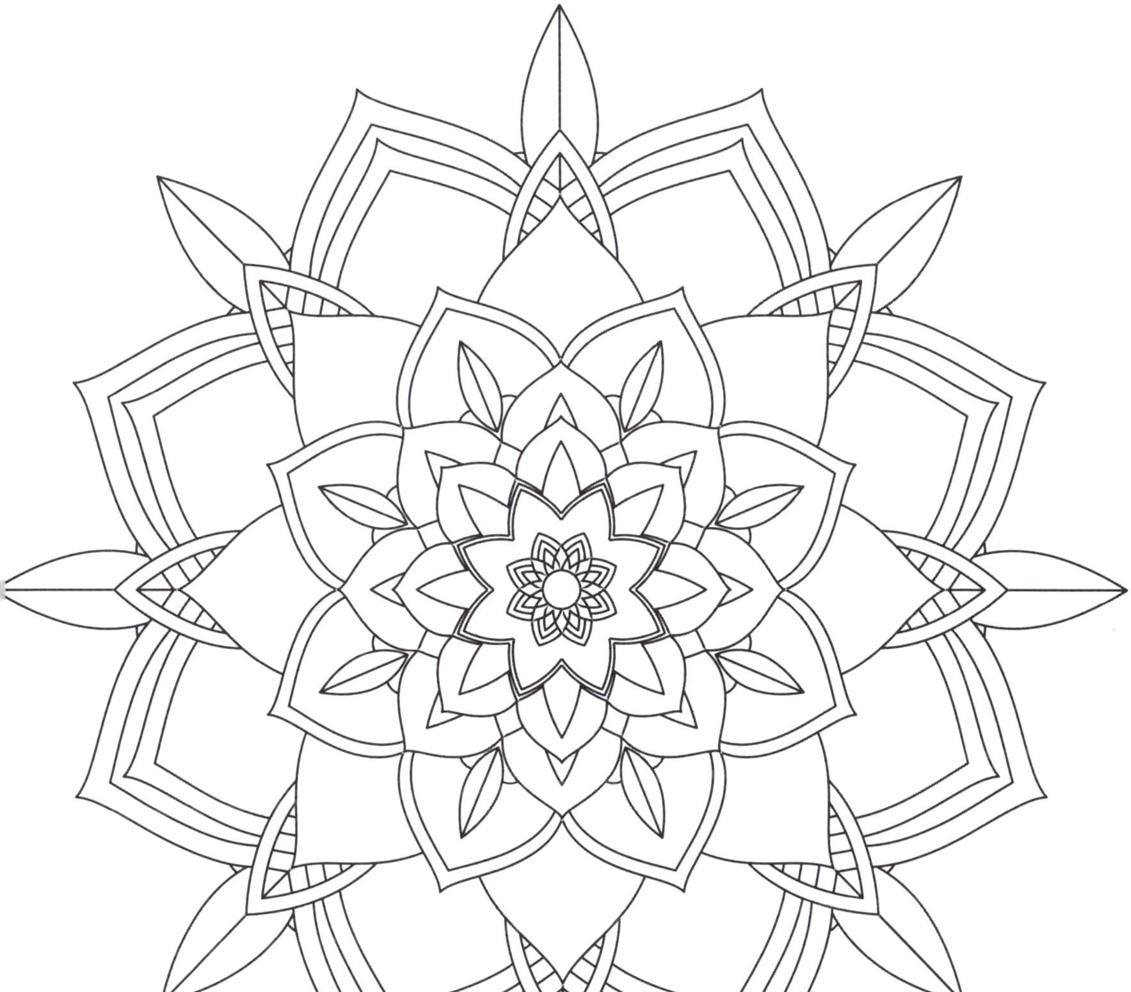

Que nada sea urgente durante este mandala.

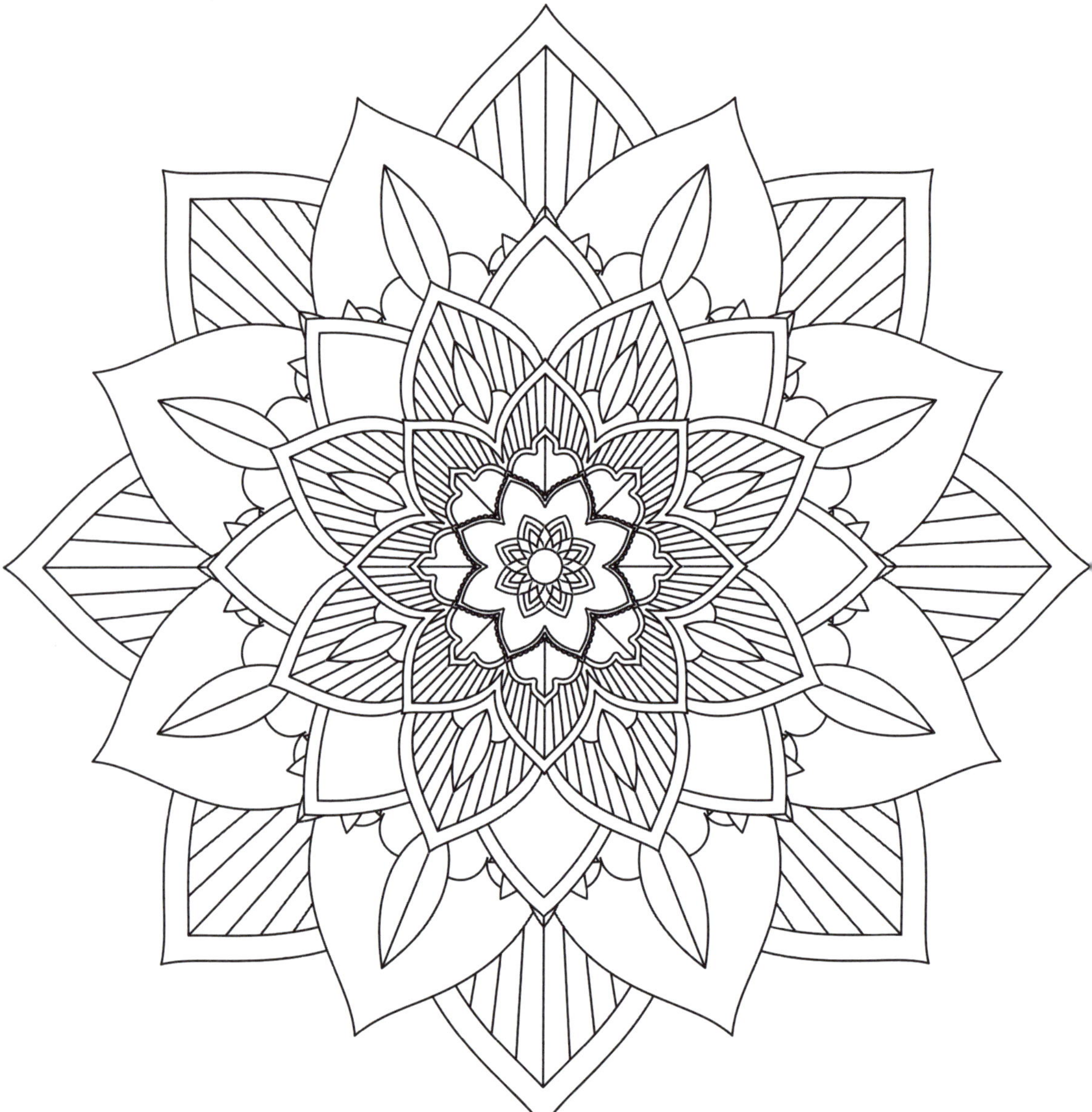

Haz de este instante tu lugar seguro.

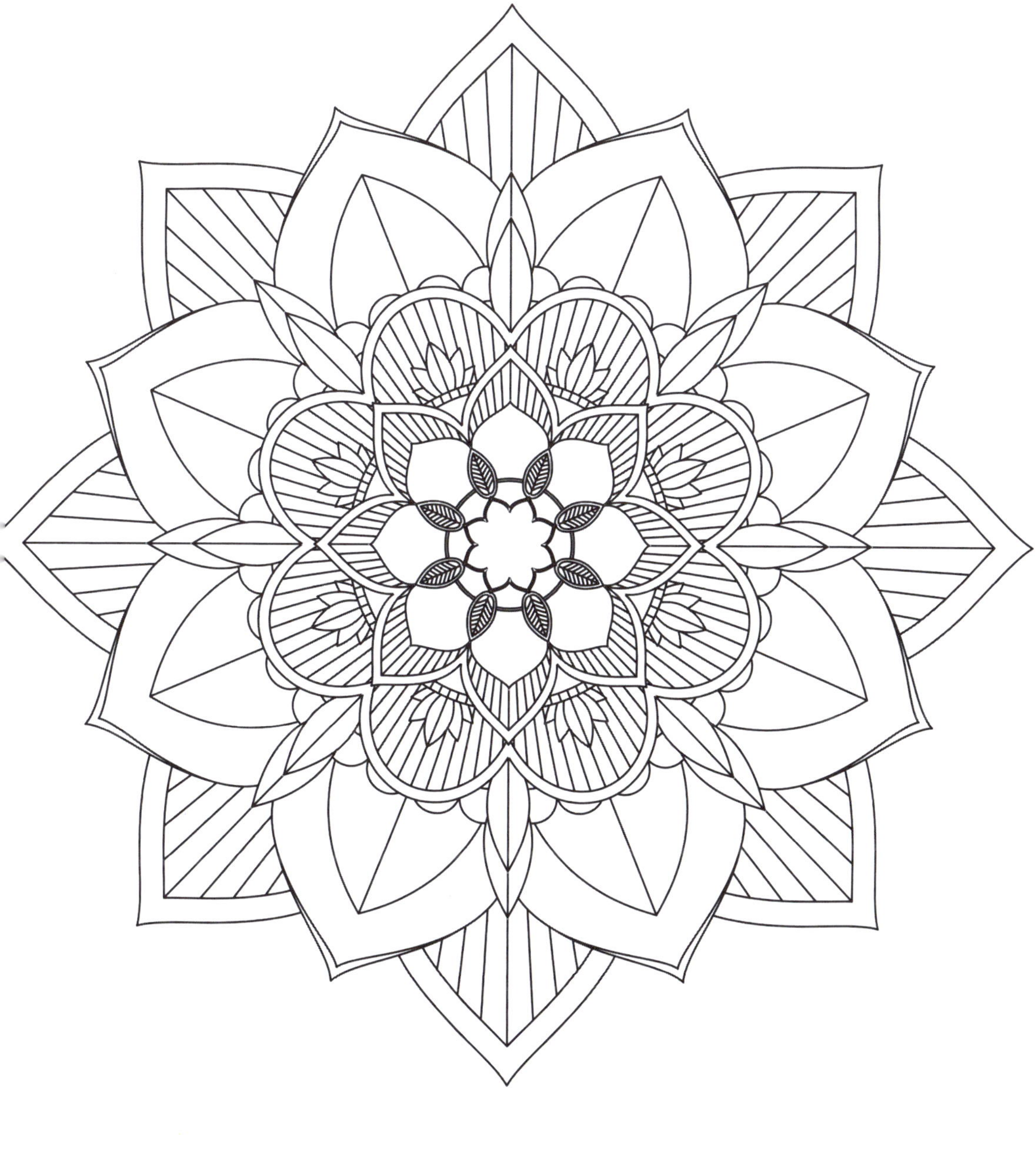

Lo pequeño de hoy puede ser tu gran cambio.

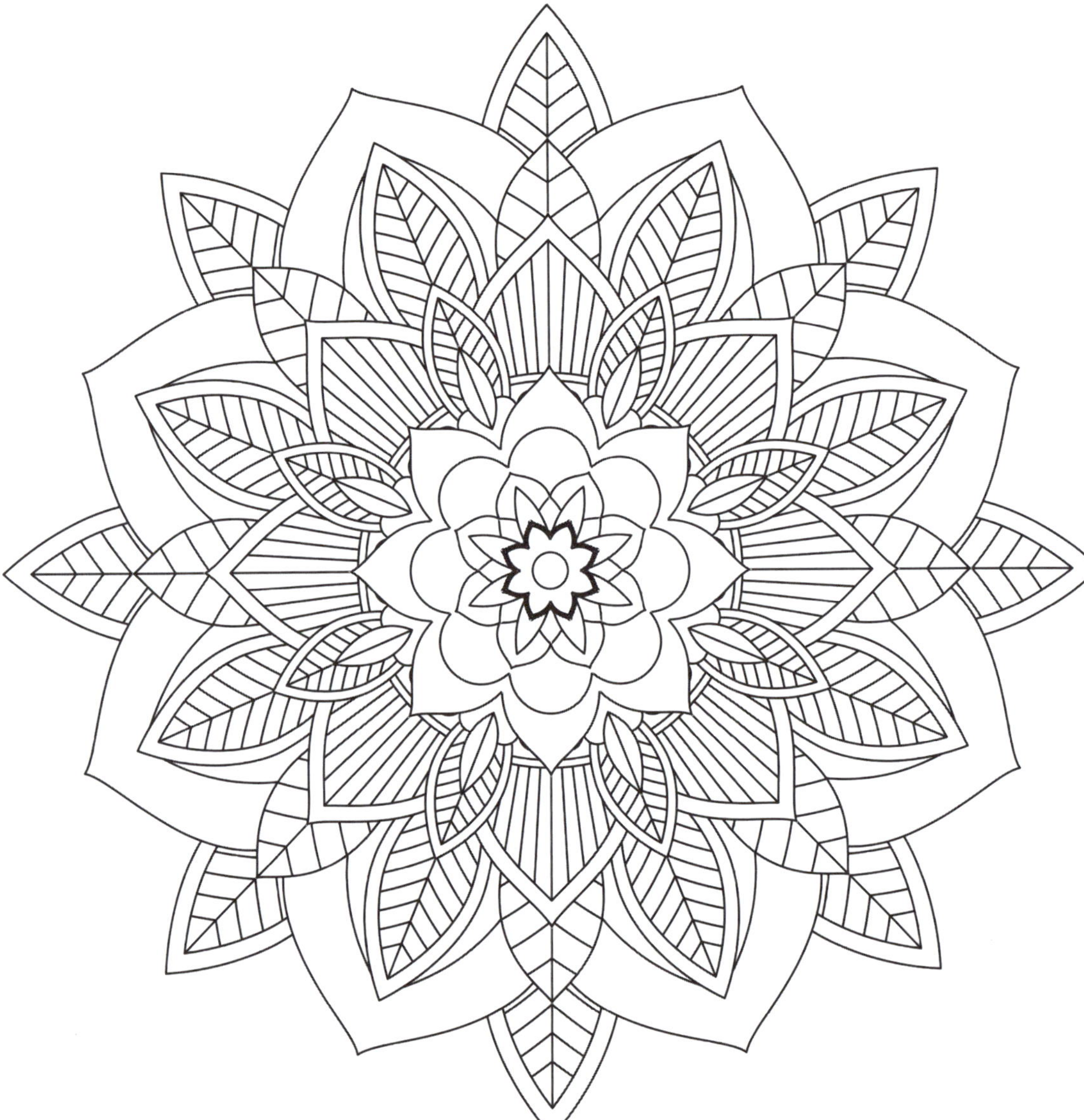

Menos ruido, más presencia.

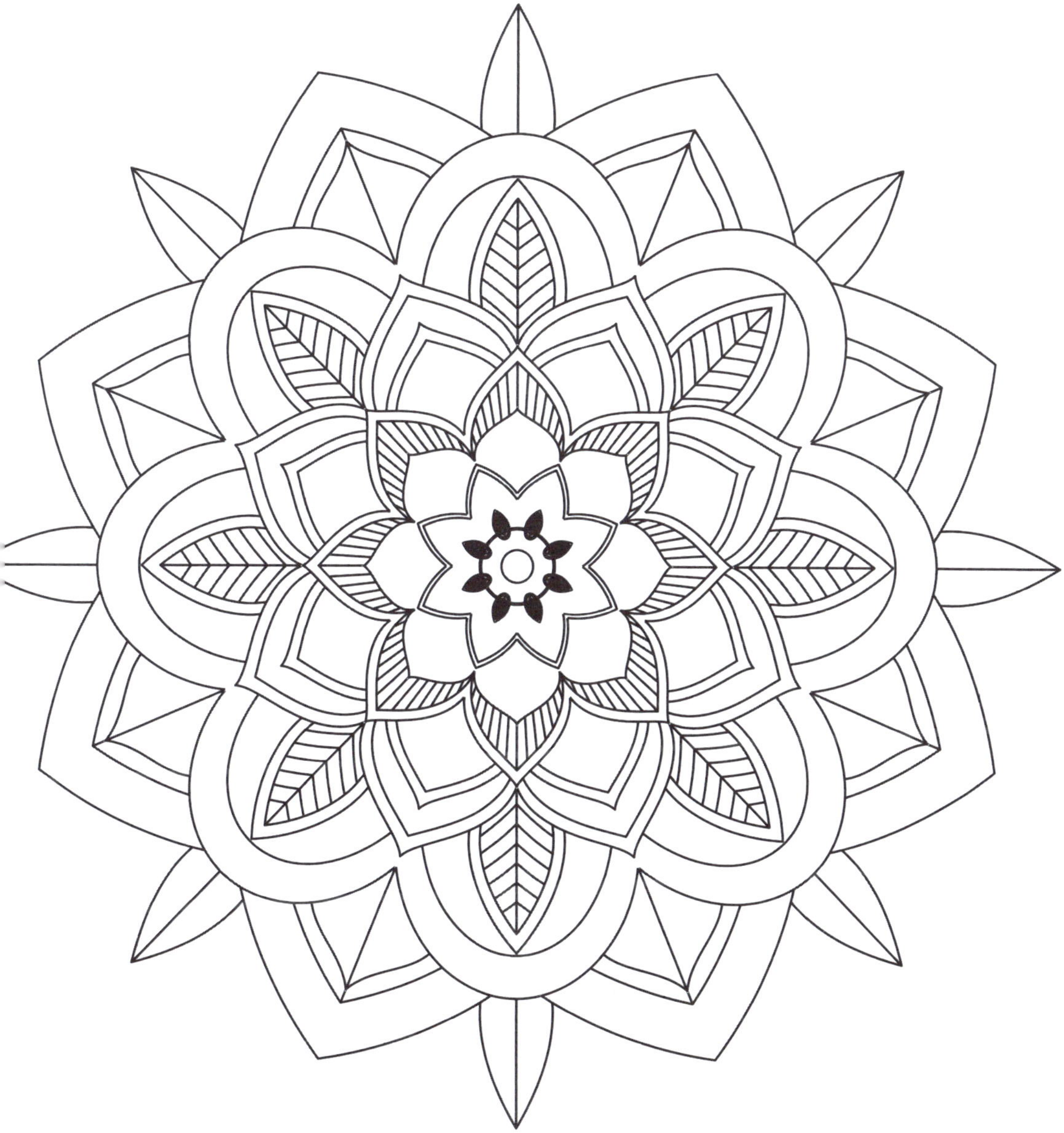

Estás creando belleza, dentro y fuera.

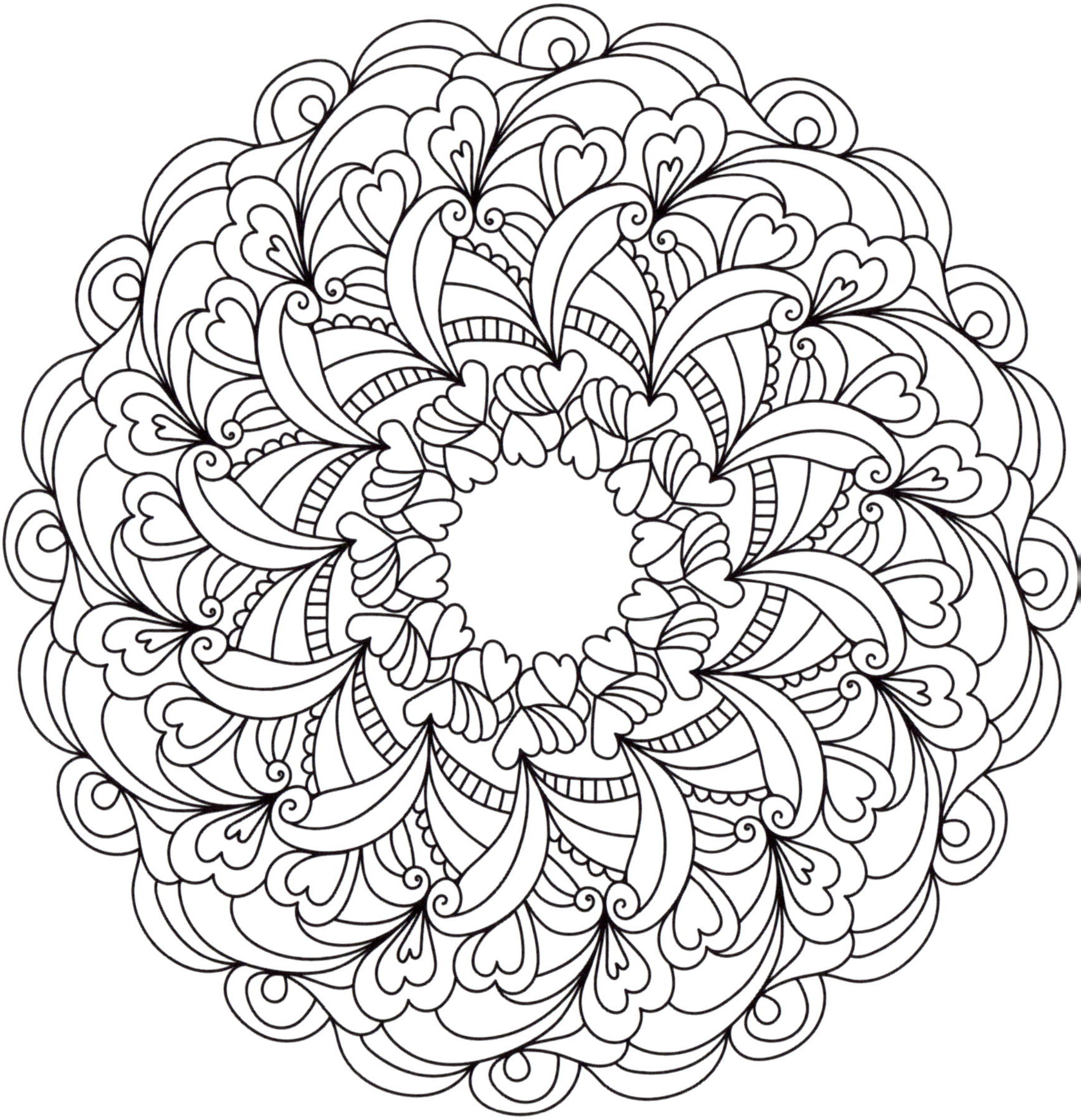

Hoy tu mantra es: «Yo merezco este rato».

No te exijas, disfruta.

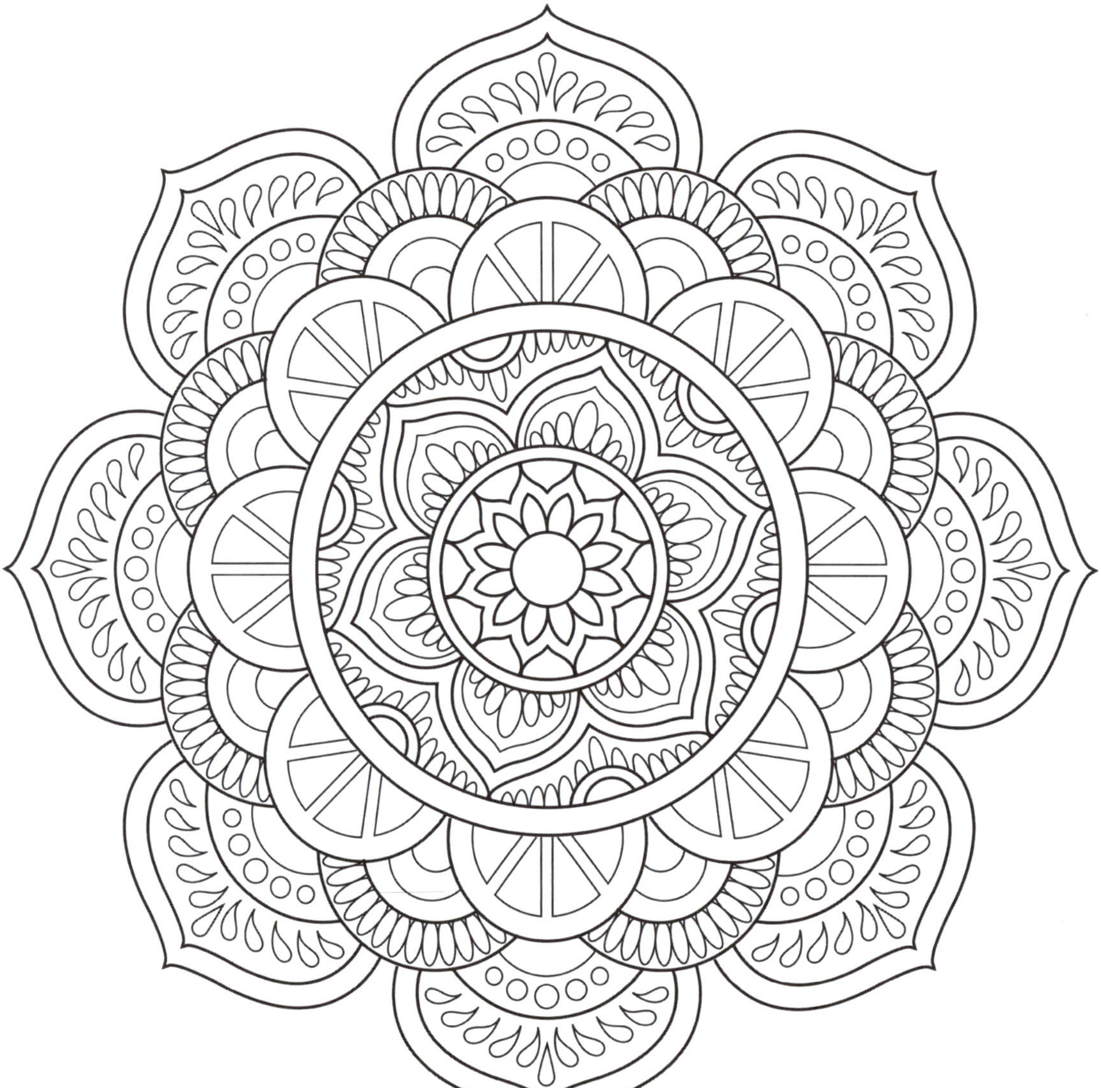

La paz empieza en un solo respiro.

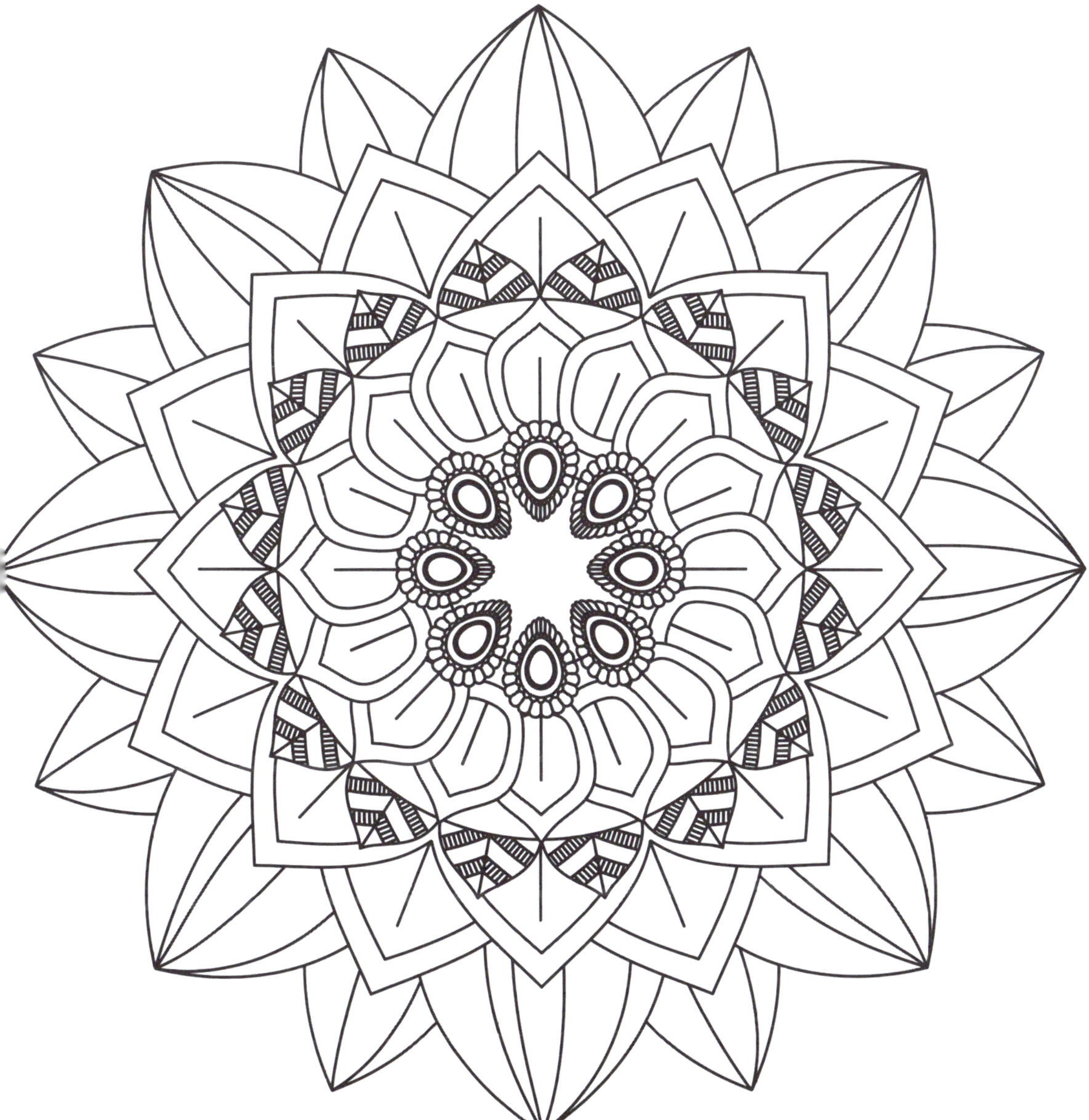

Agradece este momento: es solo para ti.

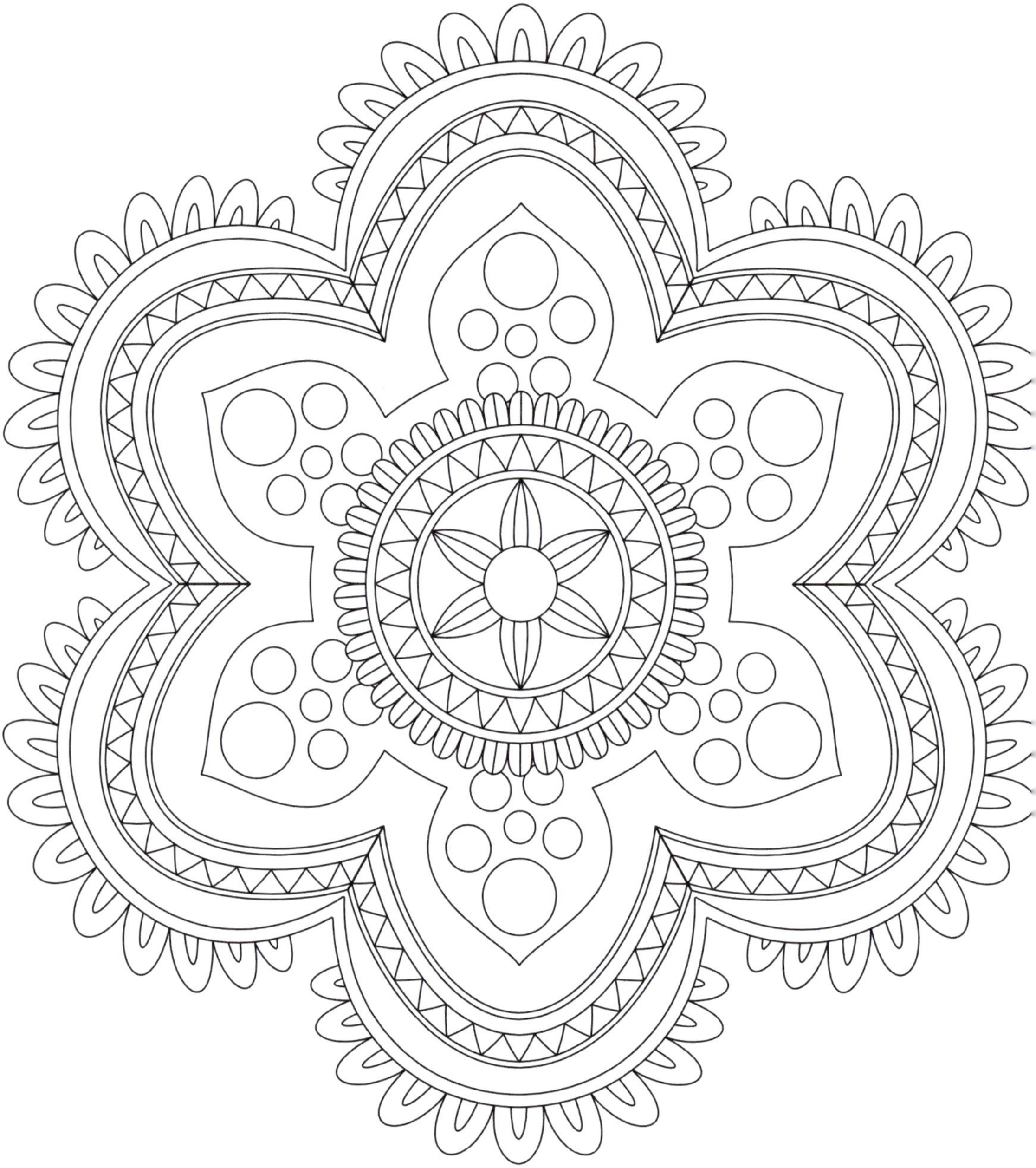

Cuando calmas la mente, el corazón habla más claro.

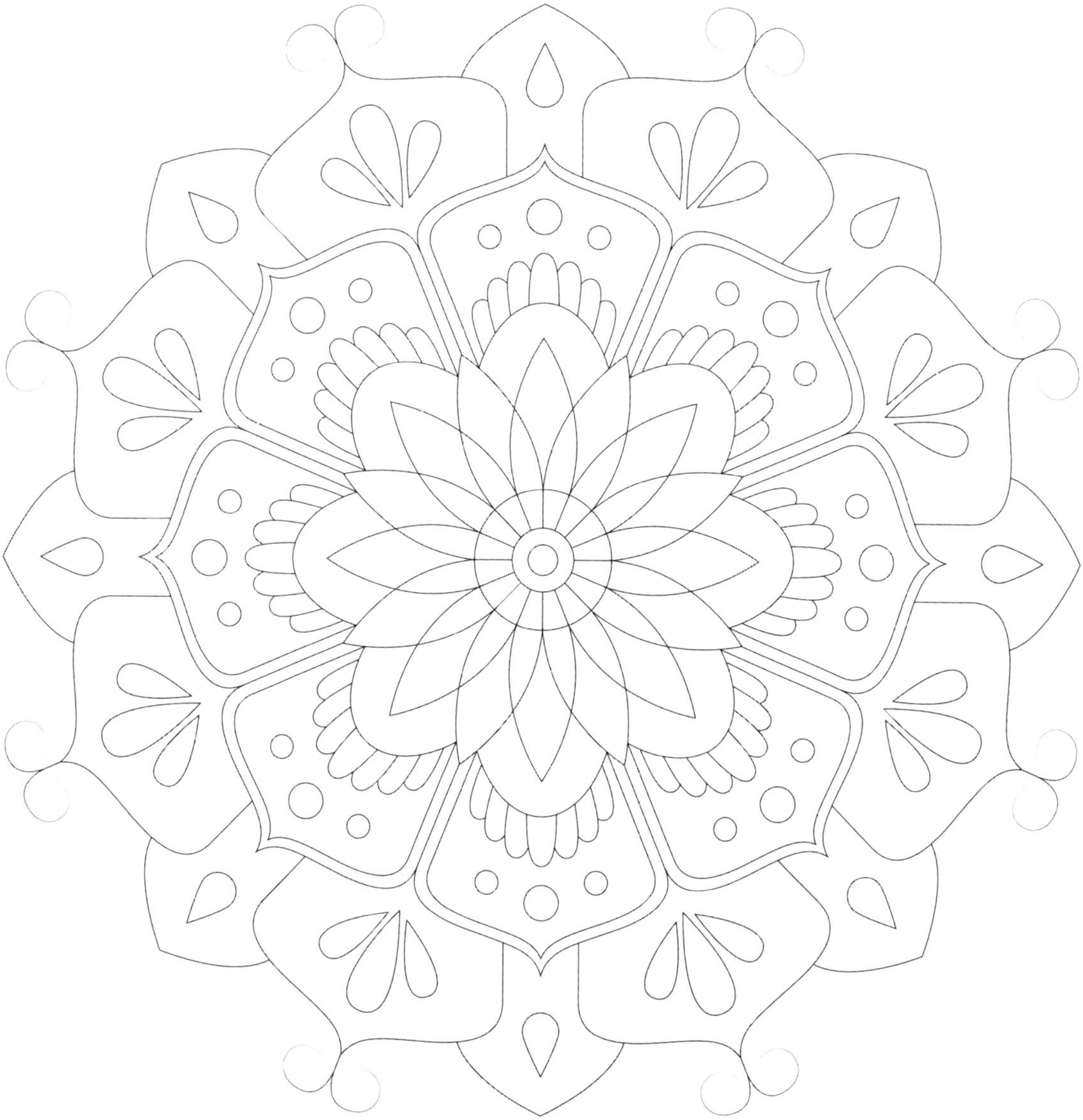

Eres espacio, no solo agenda.

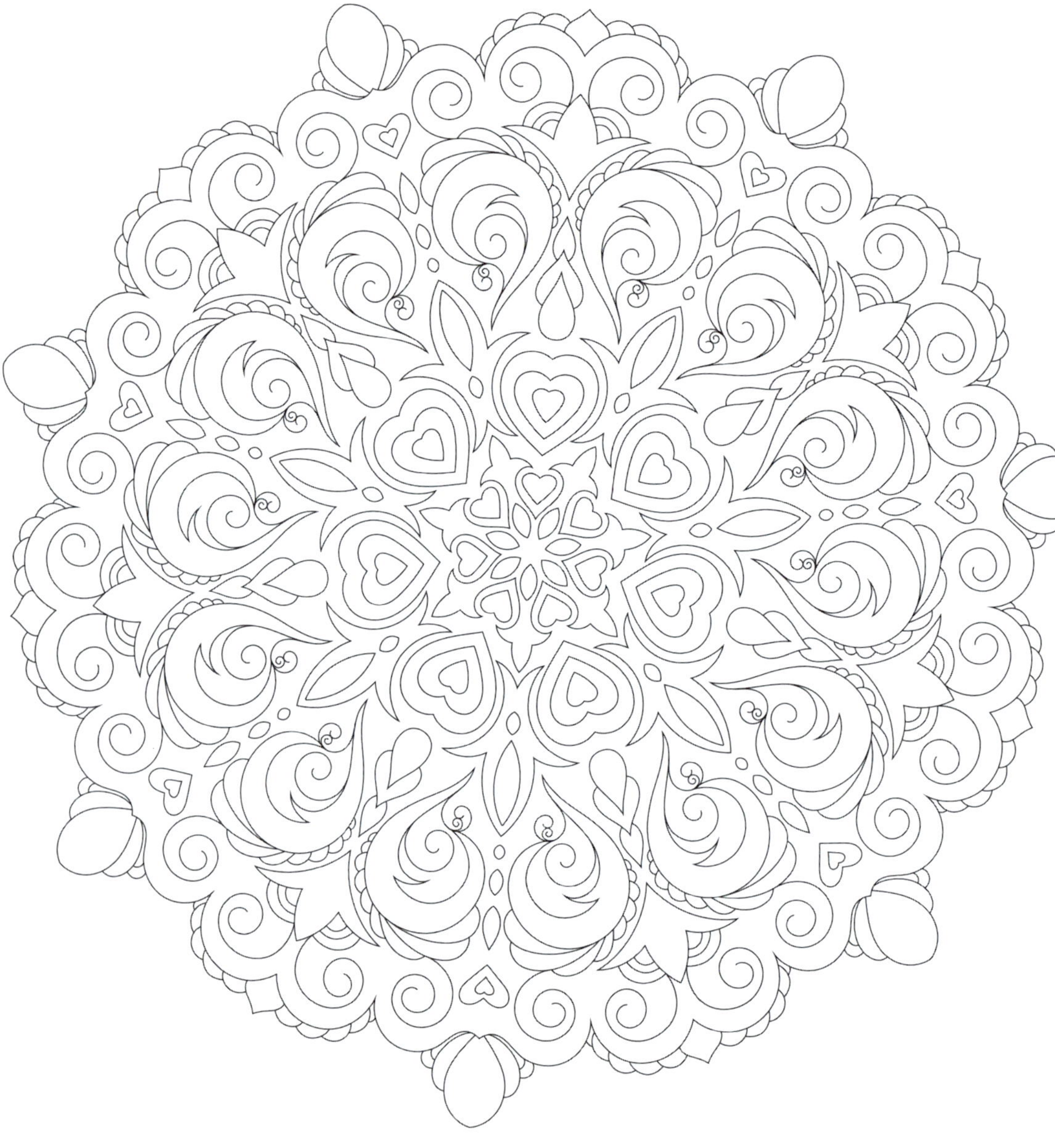

Tu cuerpo pide pausa, escúchalo.

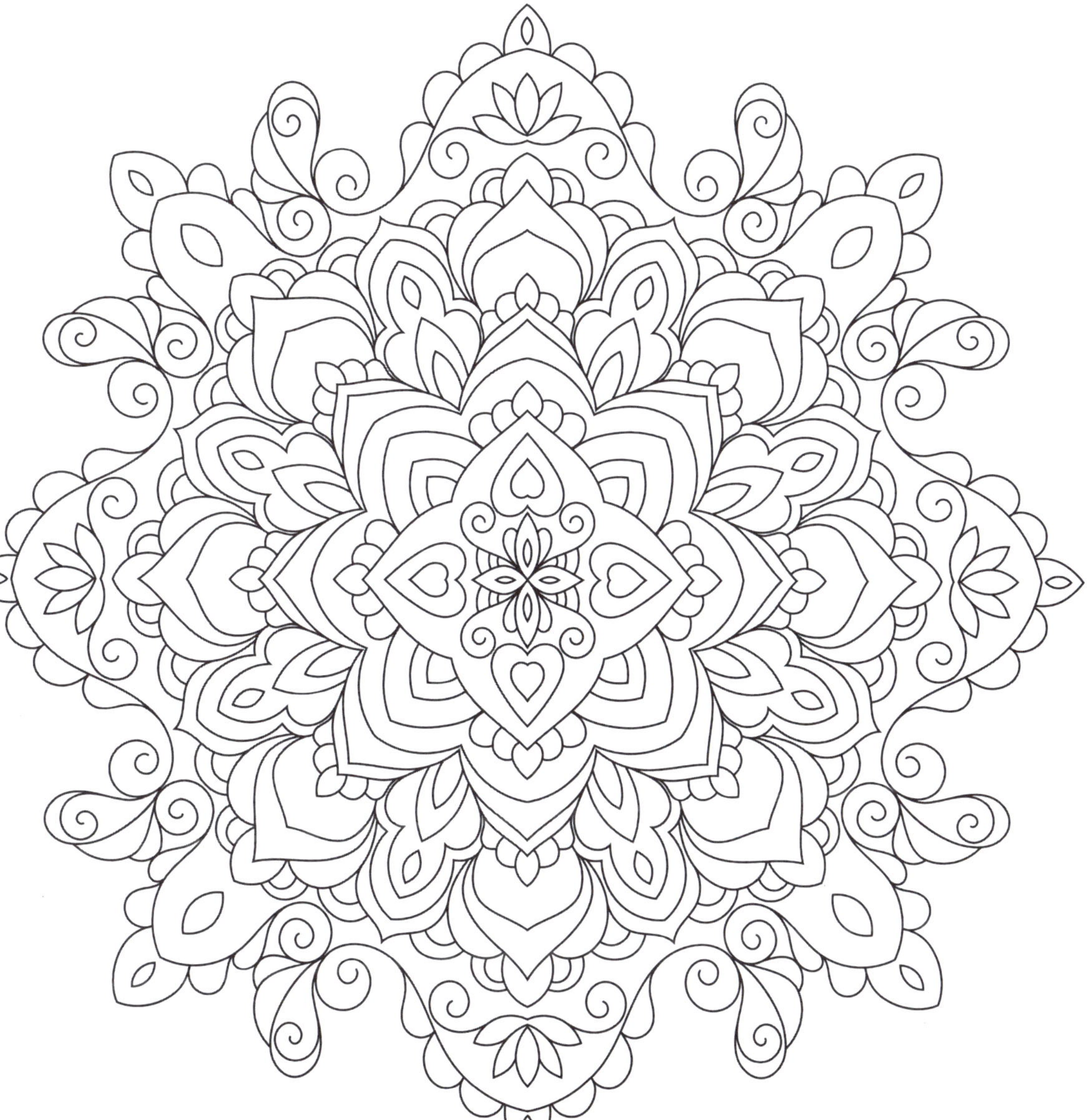

Lo que no controlas, suéltalo.

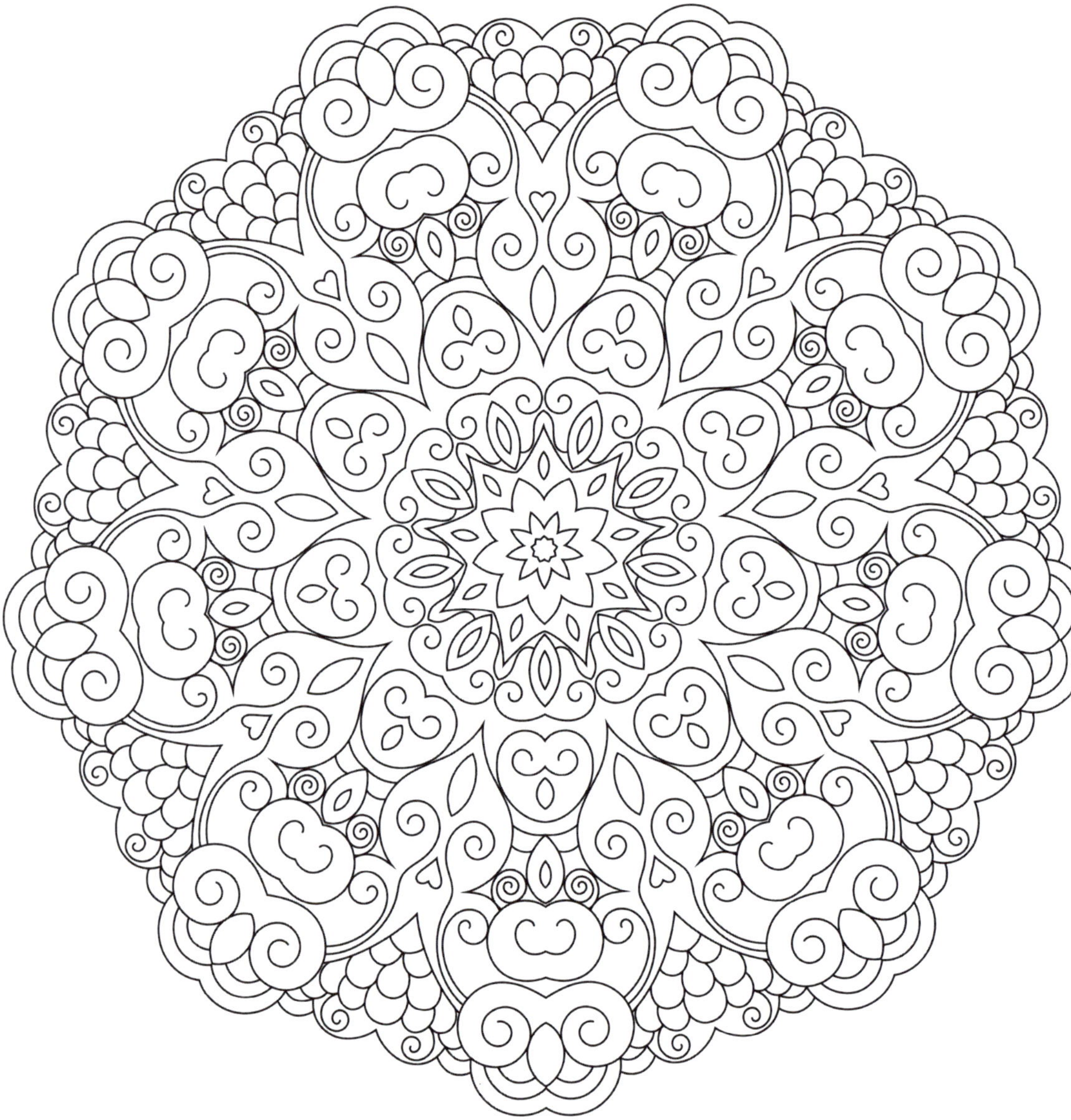

Aquí no hay prisa, solo ritmo interior.

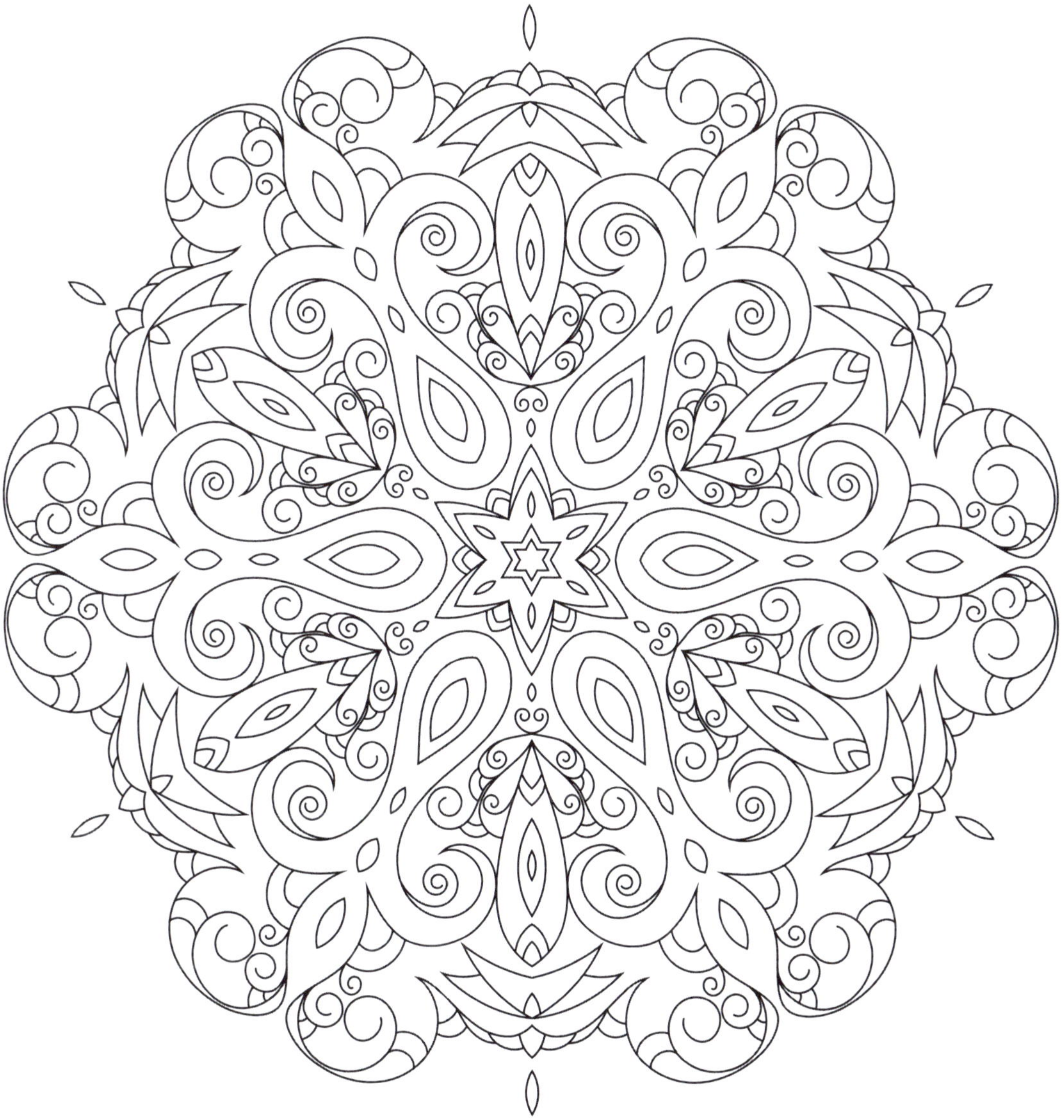

Un mandala al día, menos caos en la mente.

El presente es tu maestro más paciente.

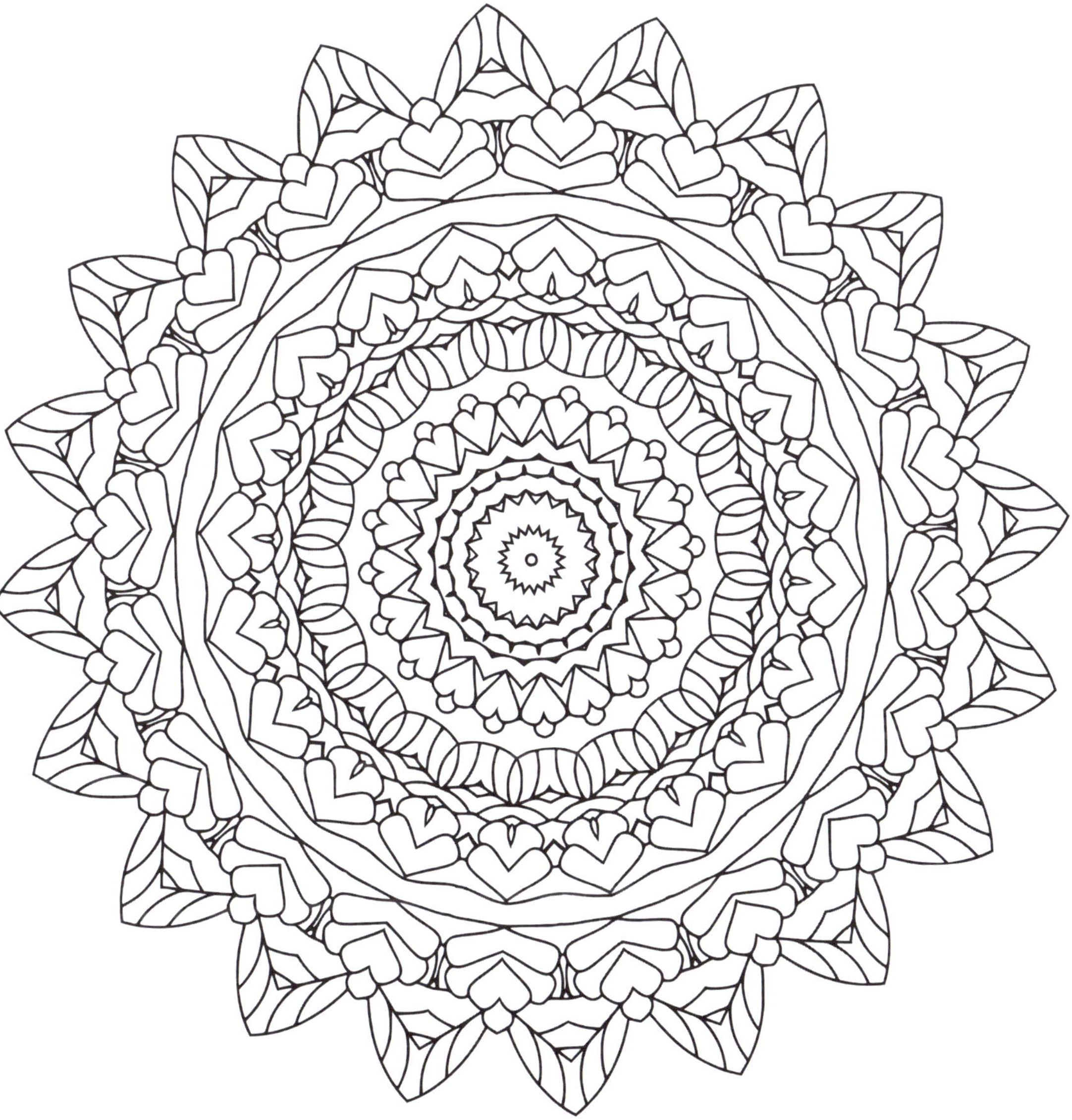

Hoy eliges suavidad contigo.

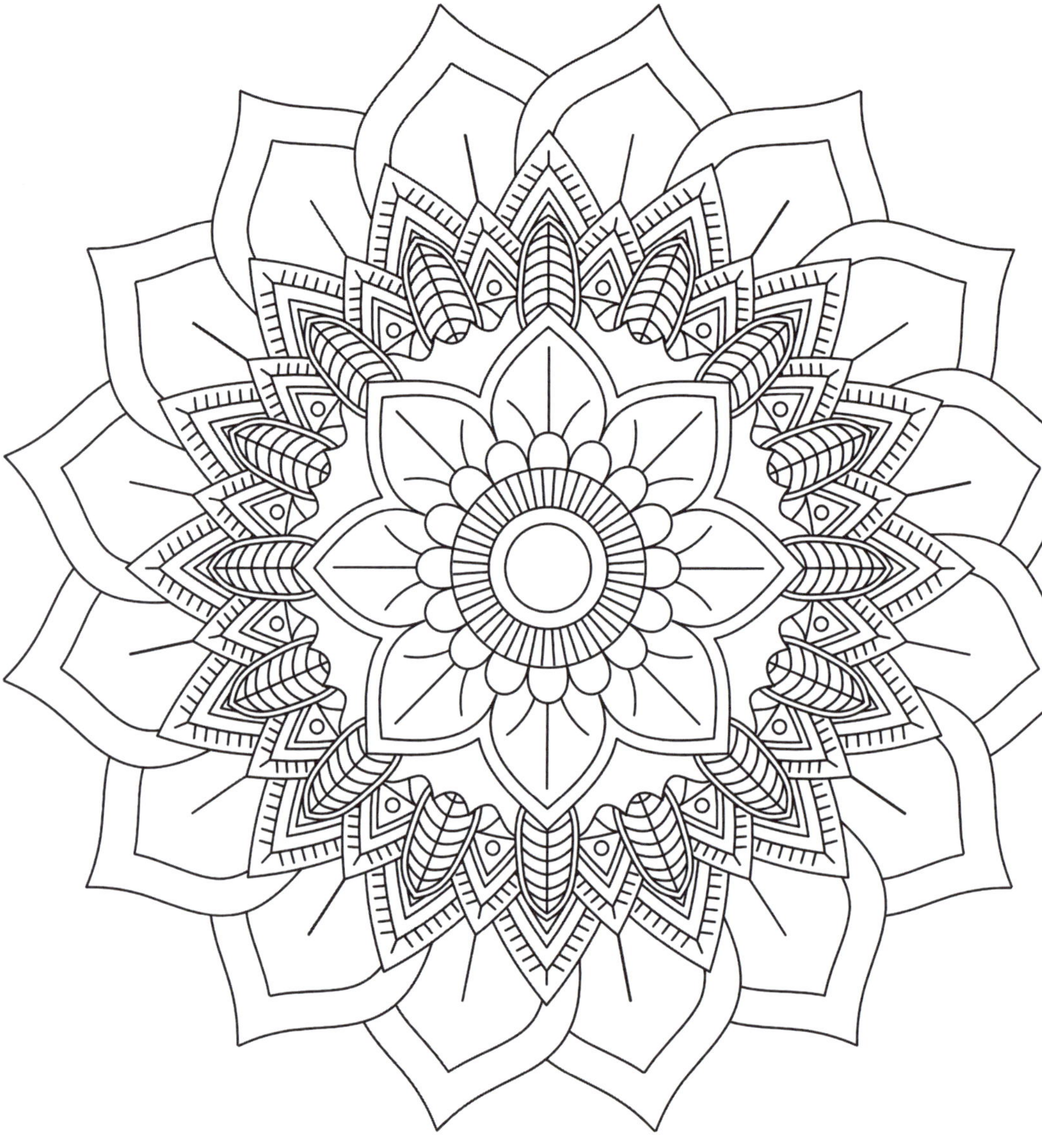

Relaja la mandíbula, los hombros... y la mente.

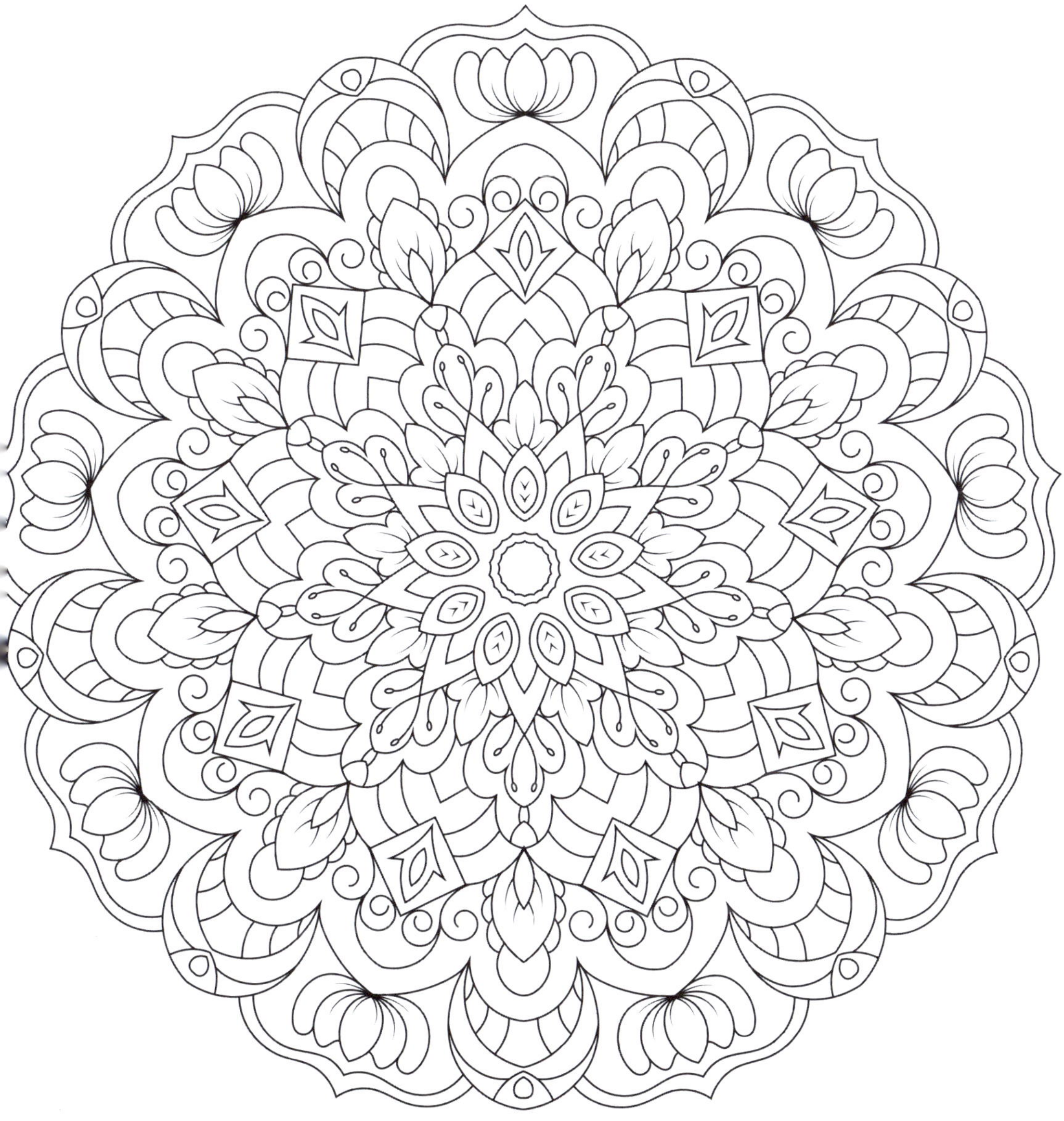

No hace falta hacerlo perfecto para que sea valioso.

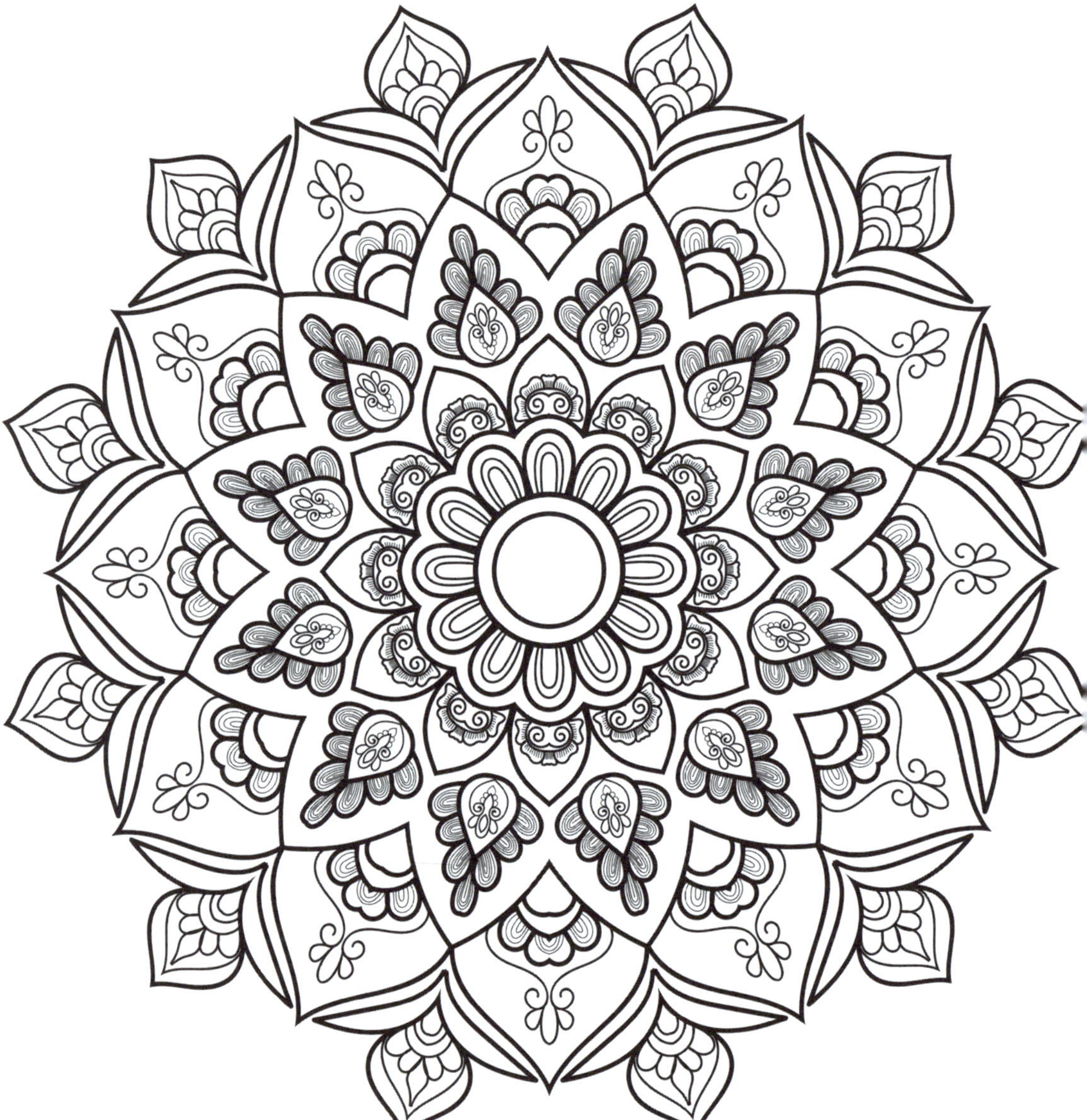

Permítete ser, sin hacer.

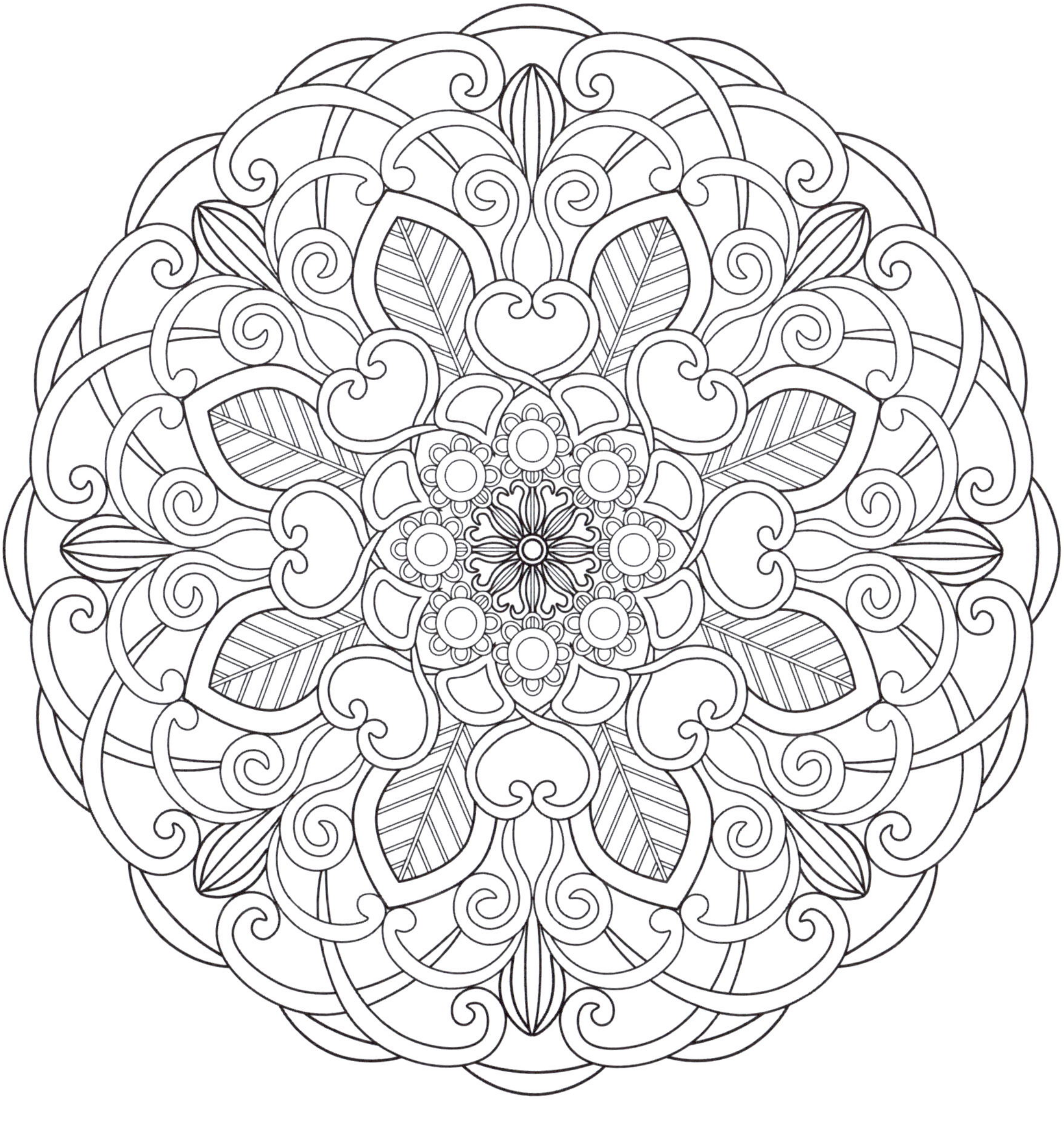

Cada color que pones es una forma de decir «gracias».

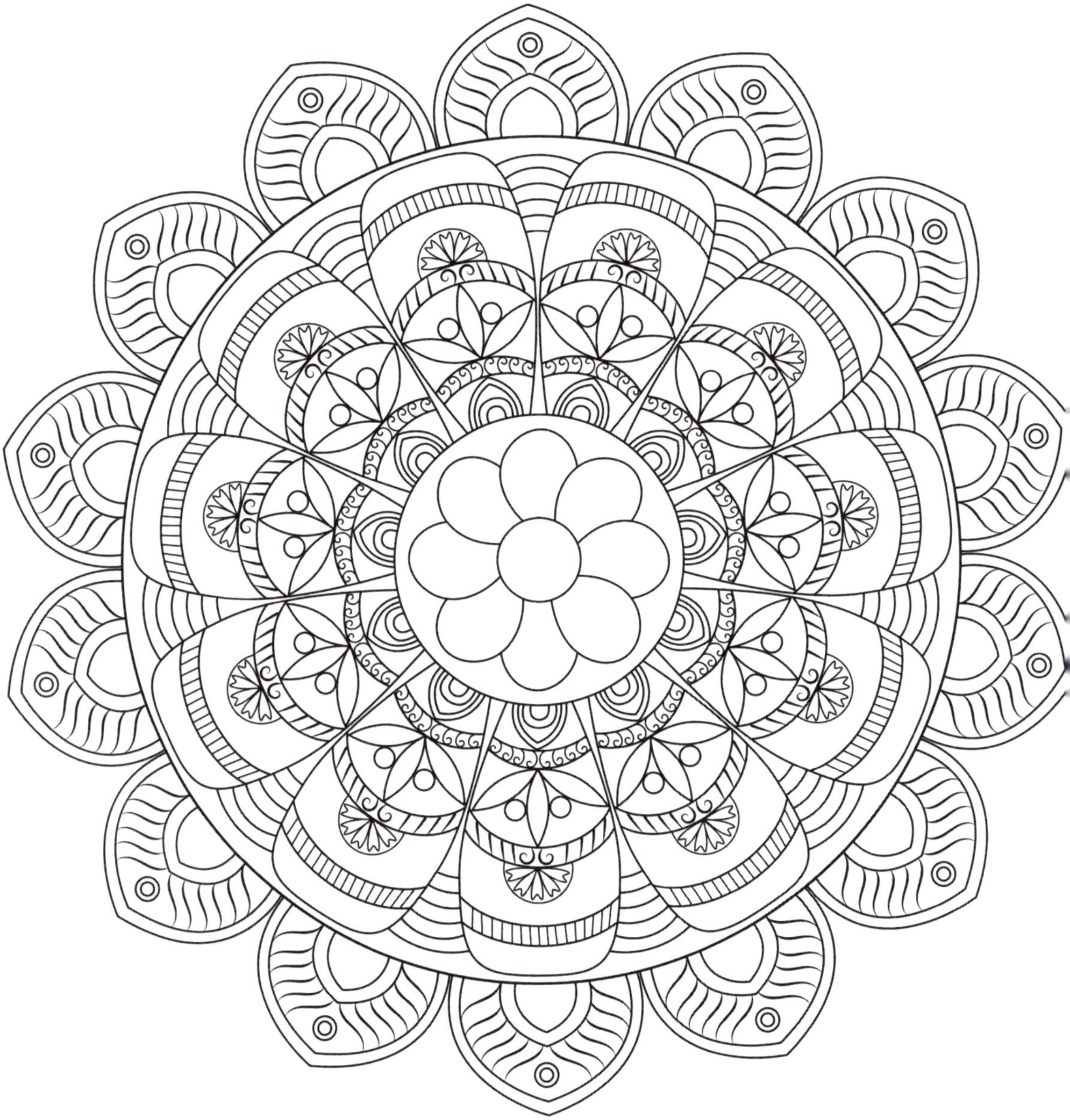

Tu paz es una prioridad, no un lujo.

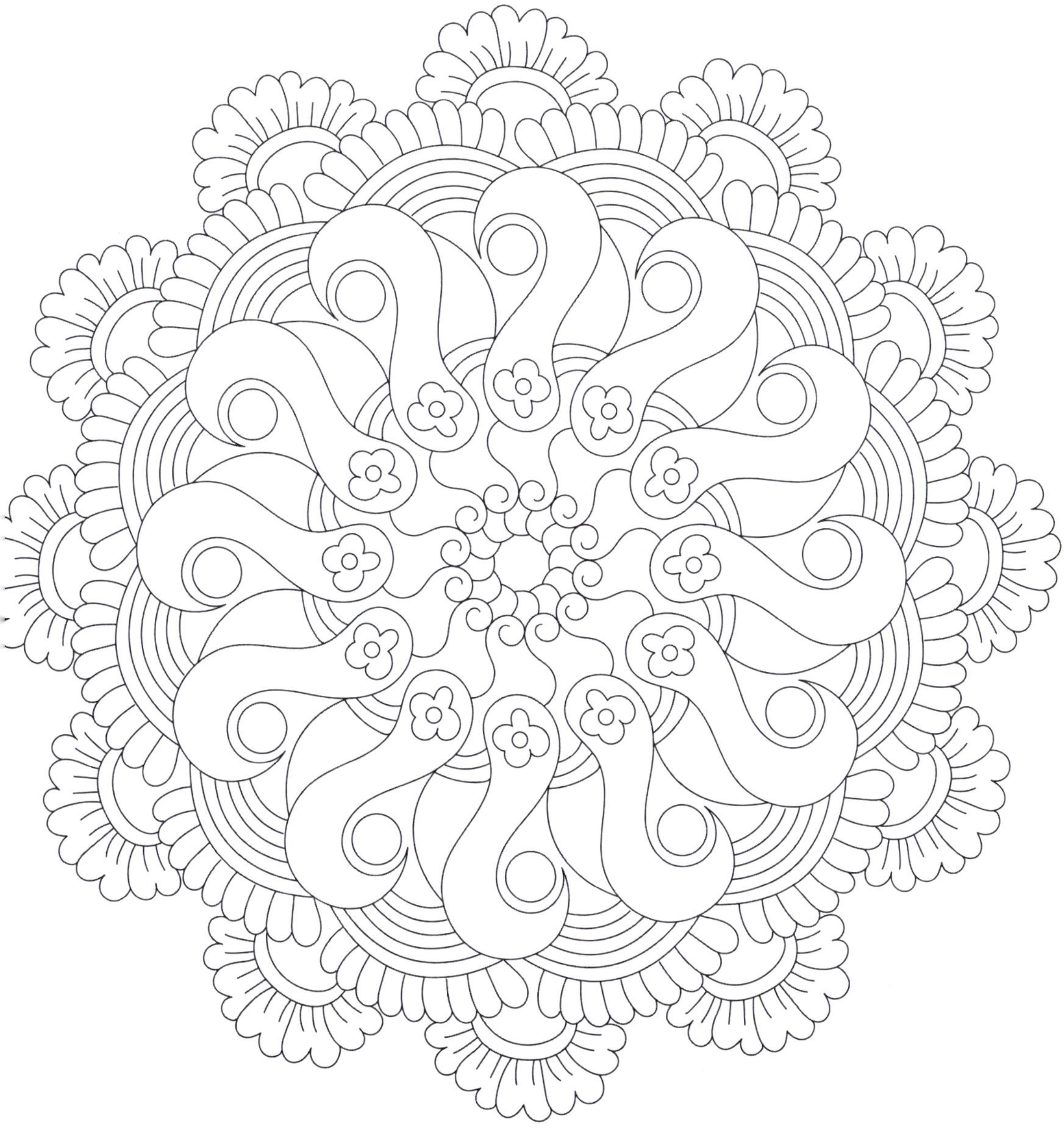

Estás aprendiendo a parar. Eso también es progreso.

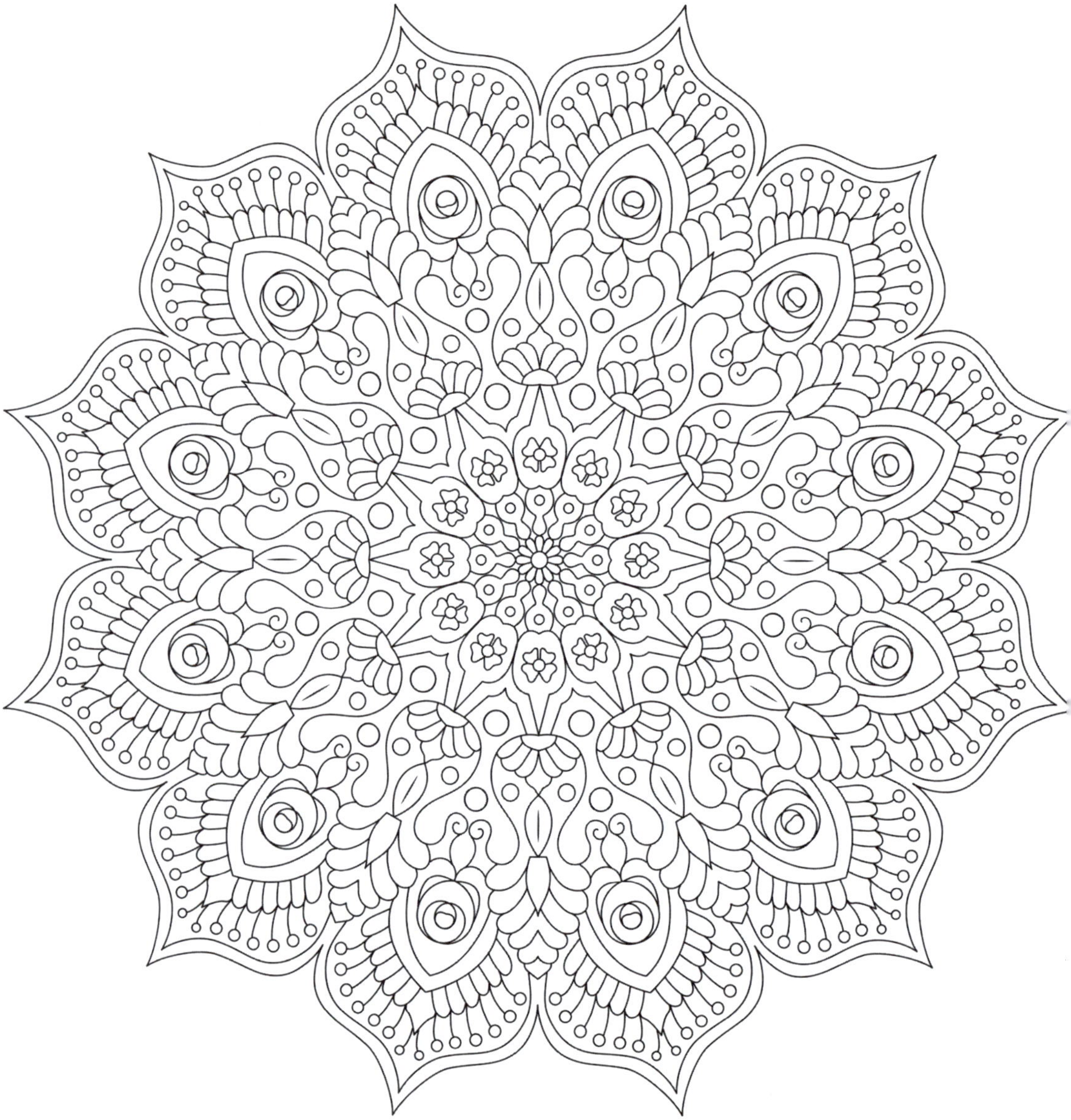

Inspira confianza, expira miedo.

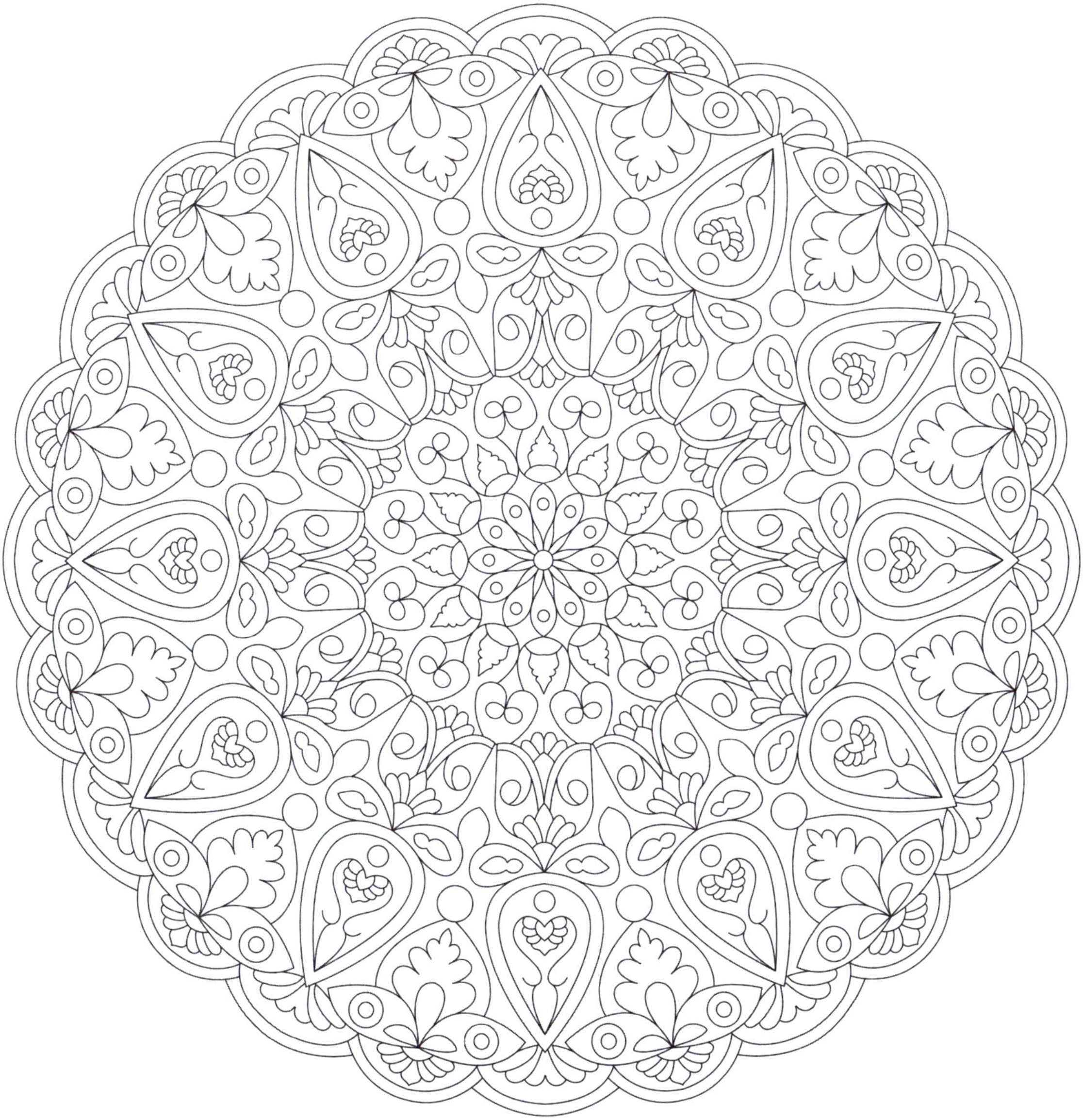

Lo importante no es el resultado, sino cómo te sientes.

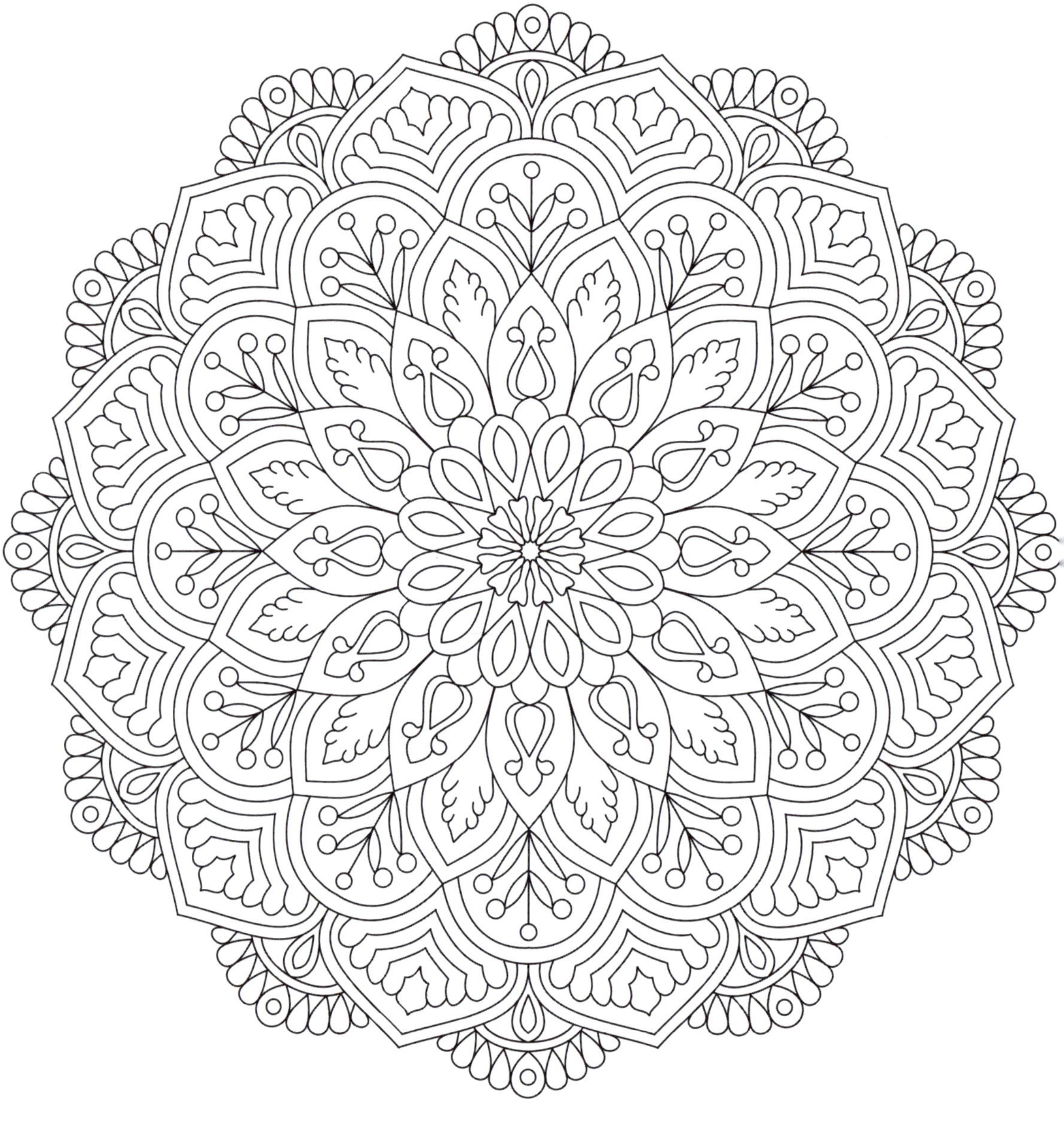

Aquí y ahora: el único lugar donde vivir.

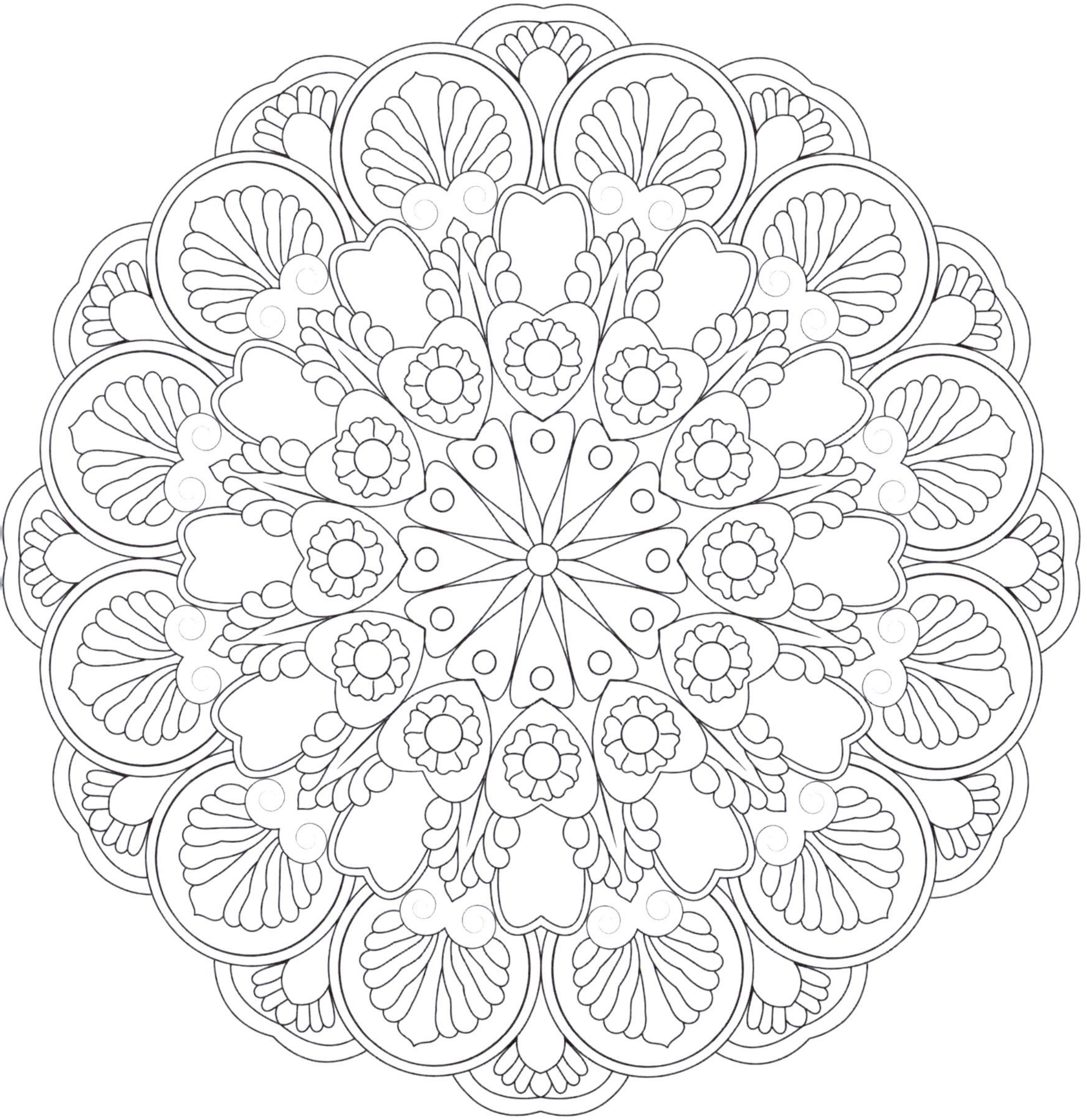

Hoy sustituyes «tengo que» por «quiero cuidarme».

Lo que se hace con calma se queda más dentro.

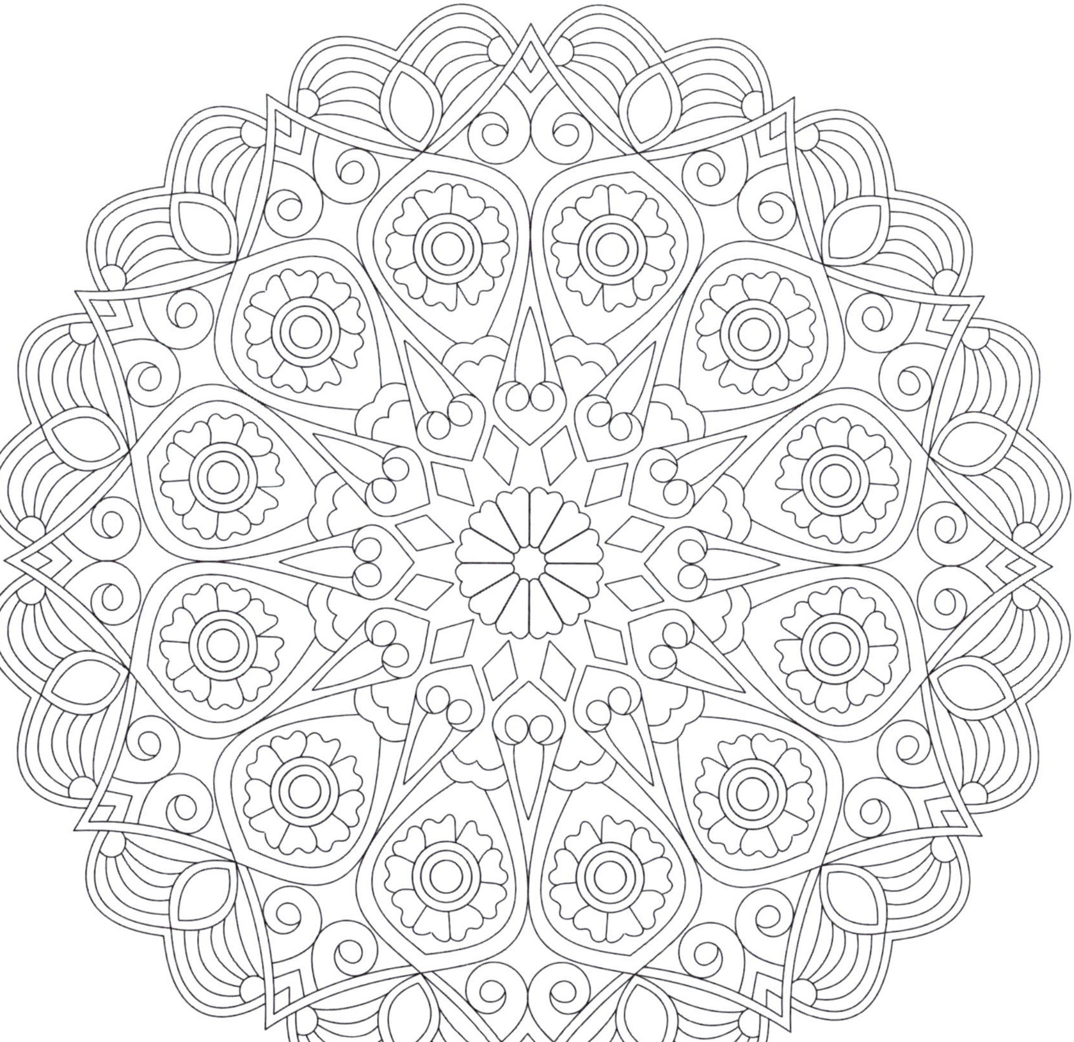

Descansar no es rendirse, es recargarse.

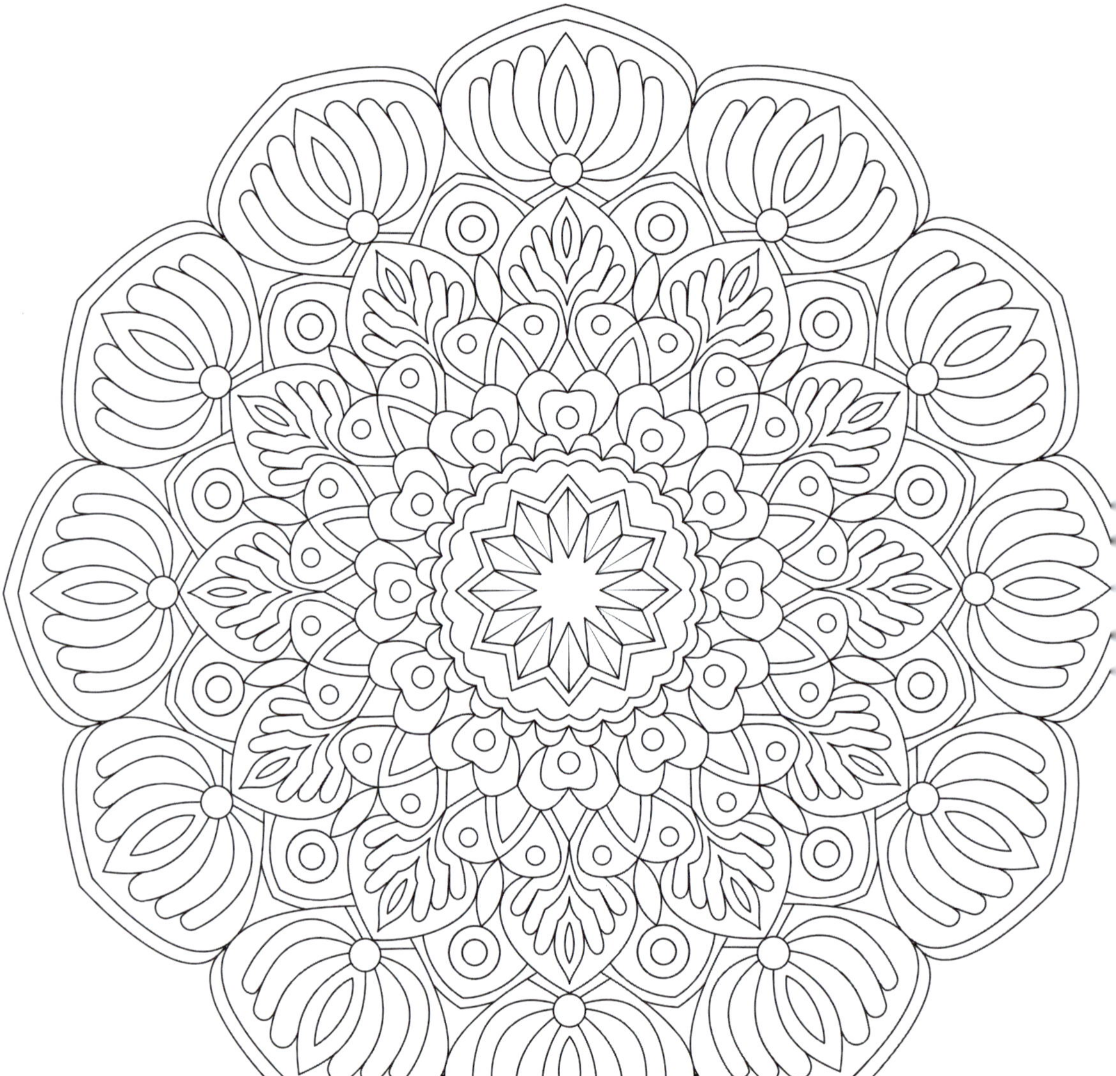

Tu respiración marca el ritmo, no el reloj.

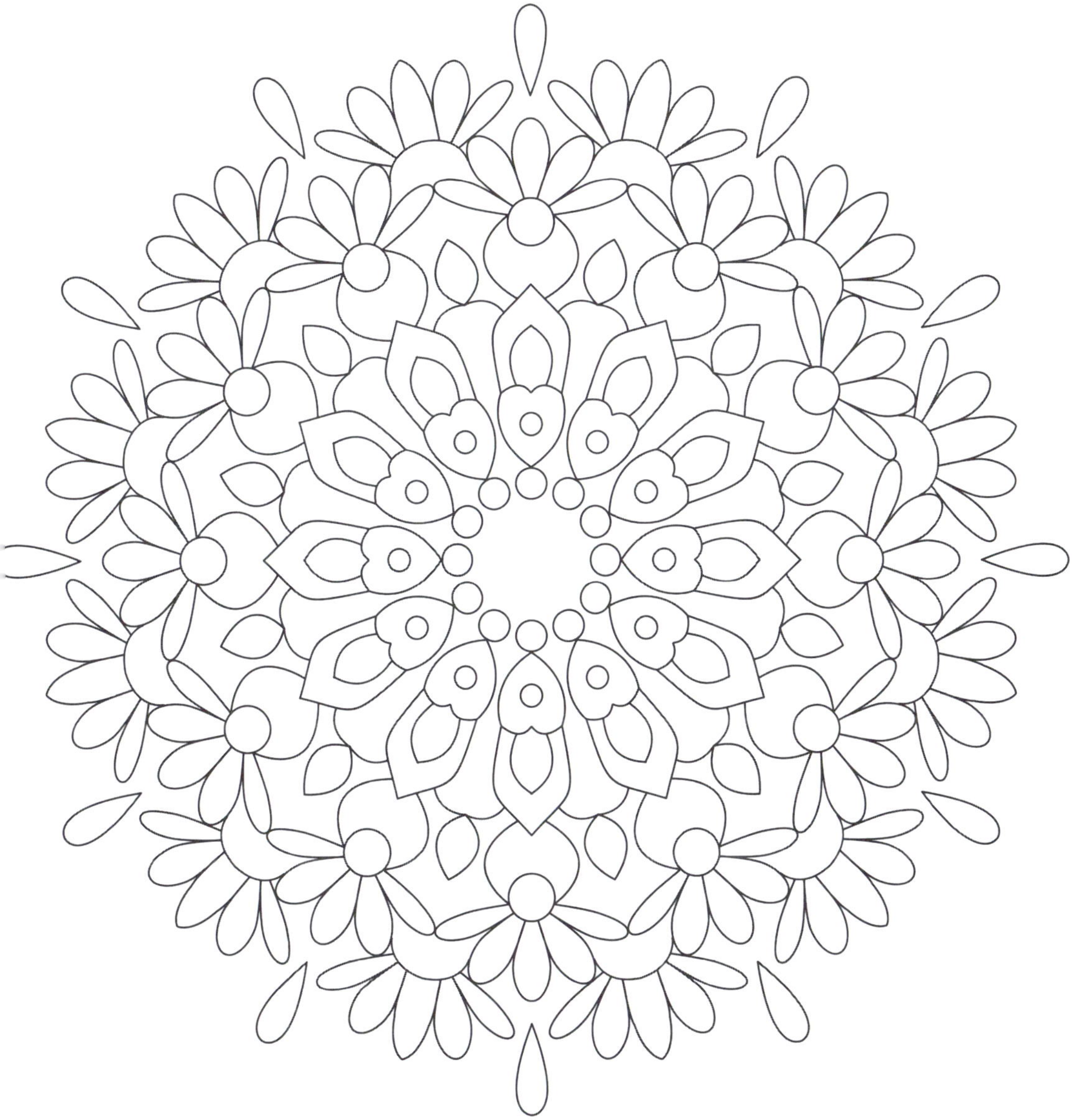

Cada trazo te devuelve un poco a ti.

Respira, suelta, confía.

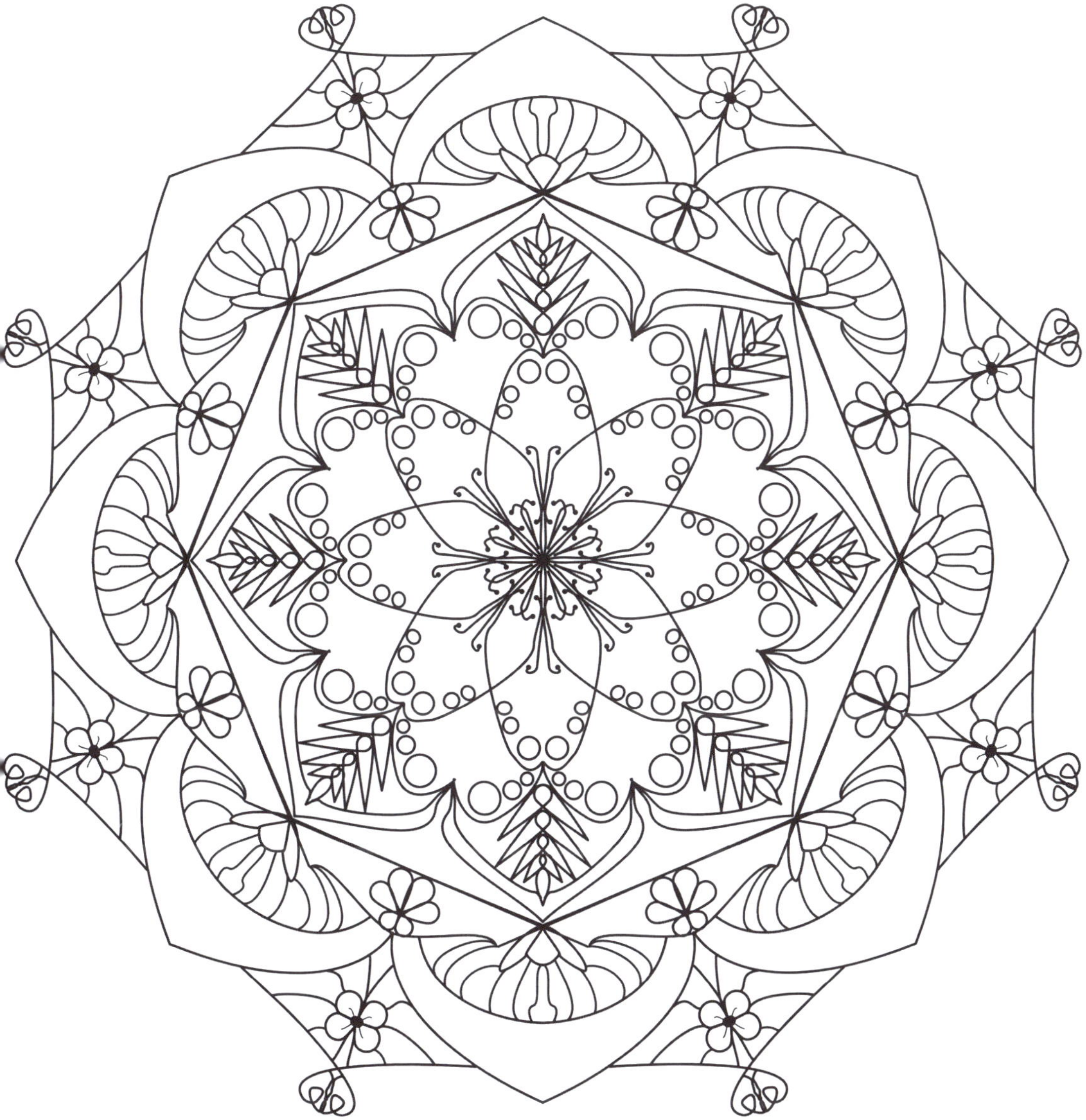

Mientras coloreas, la prisa se queda fuera.

SOLTAR

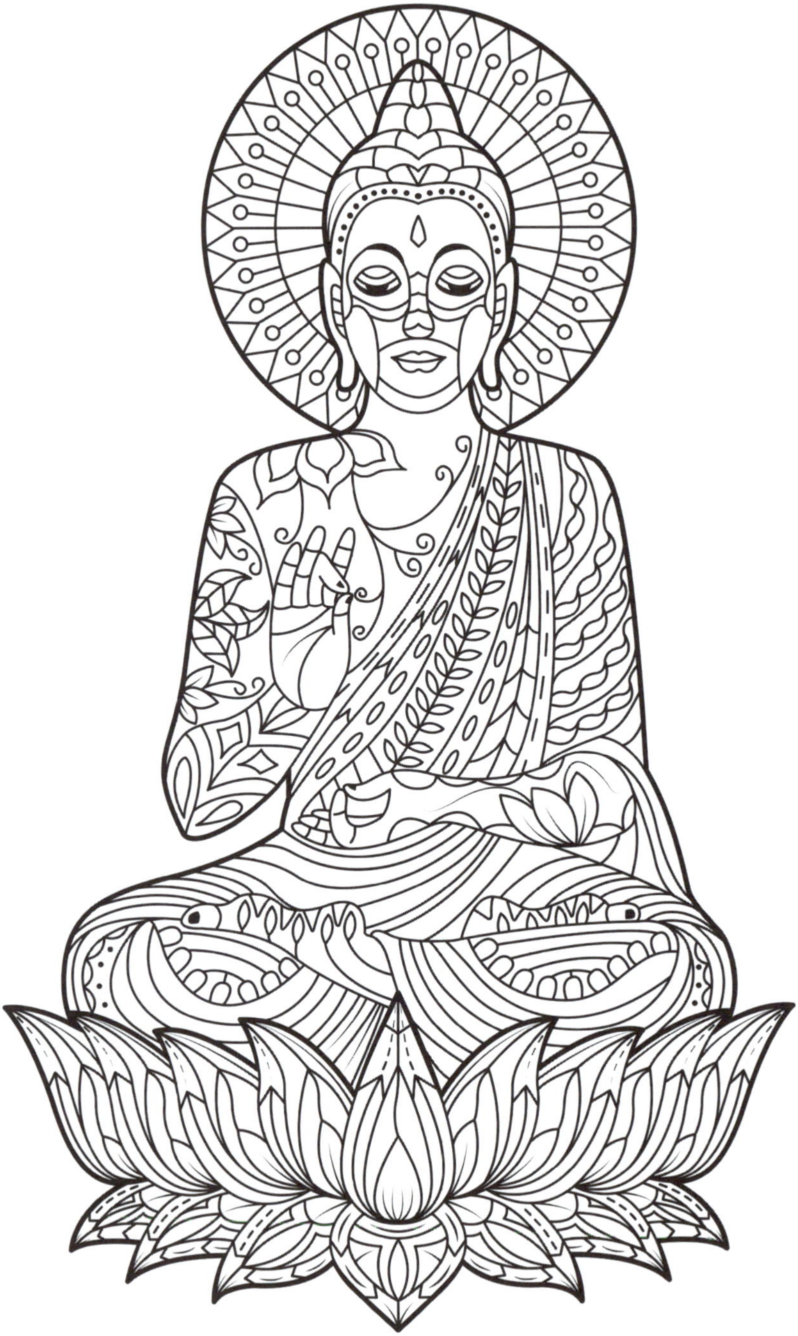

Este mandala no pide perfección, pide sinceridad.

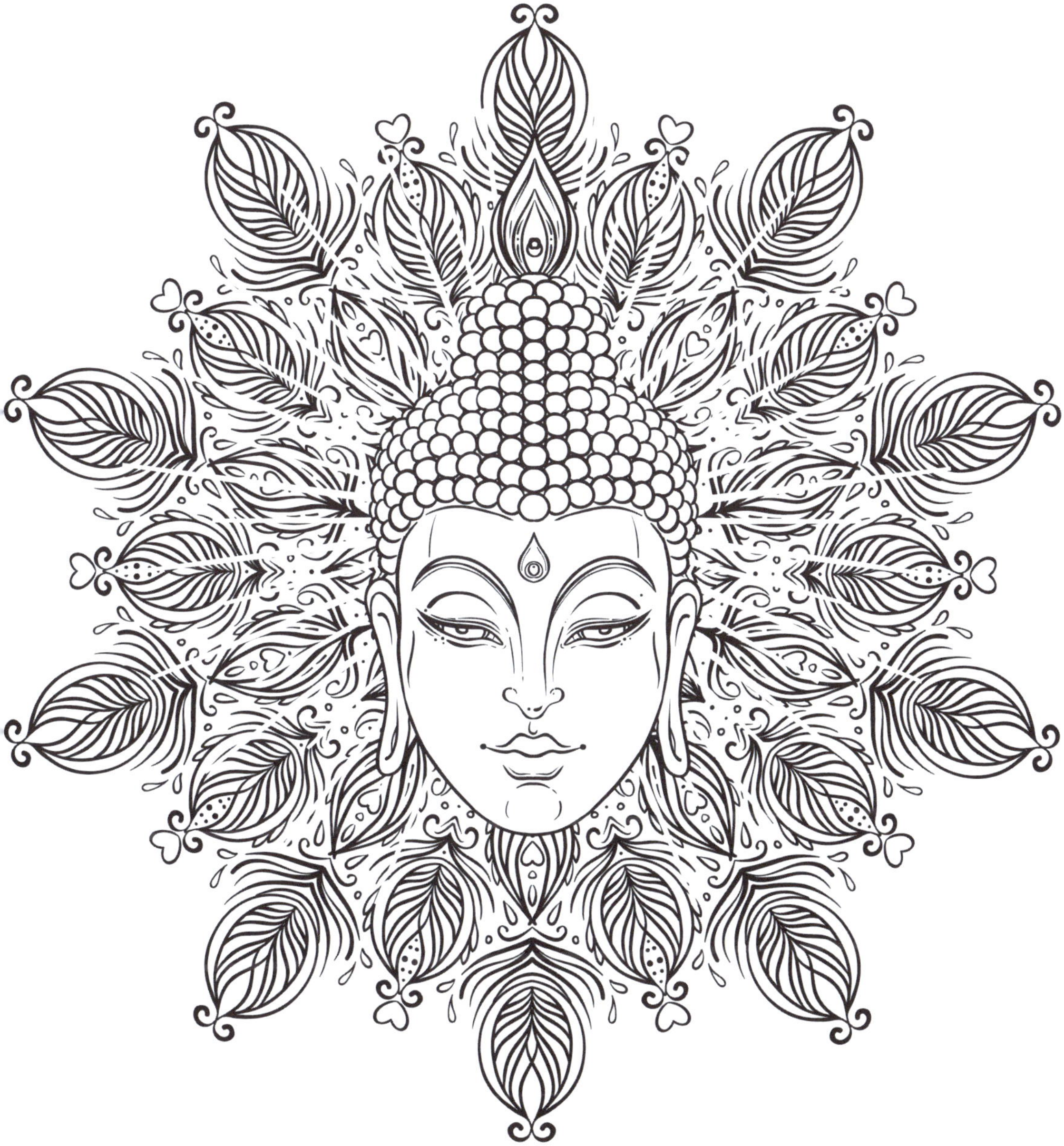

Lo que llenas de color, lo llenas de atención.

En cada vuelta del mandala hay un pequeño «todo está bien».

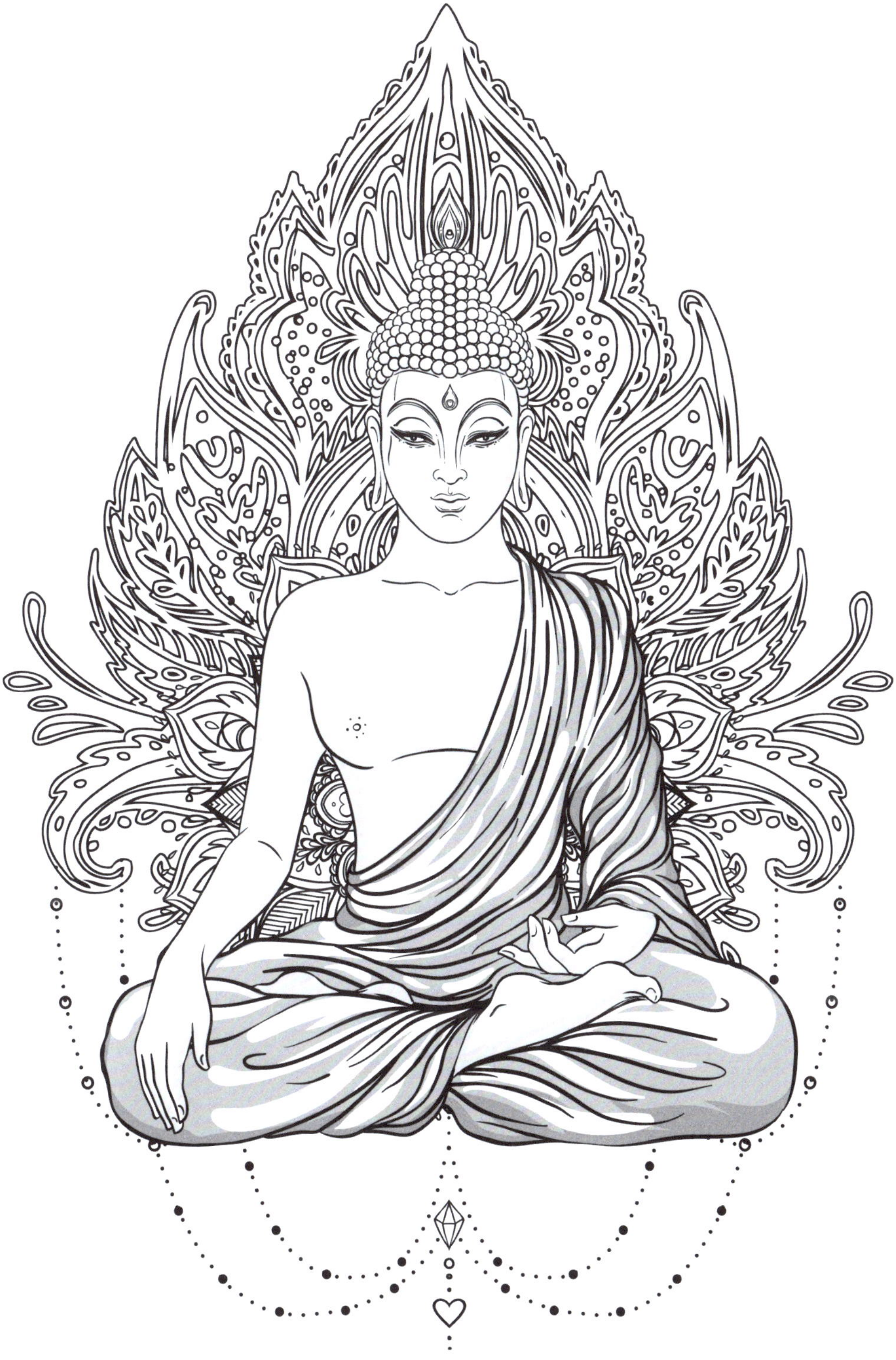

La calma no se encuentra, se crea.

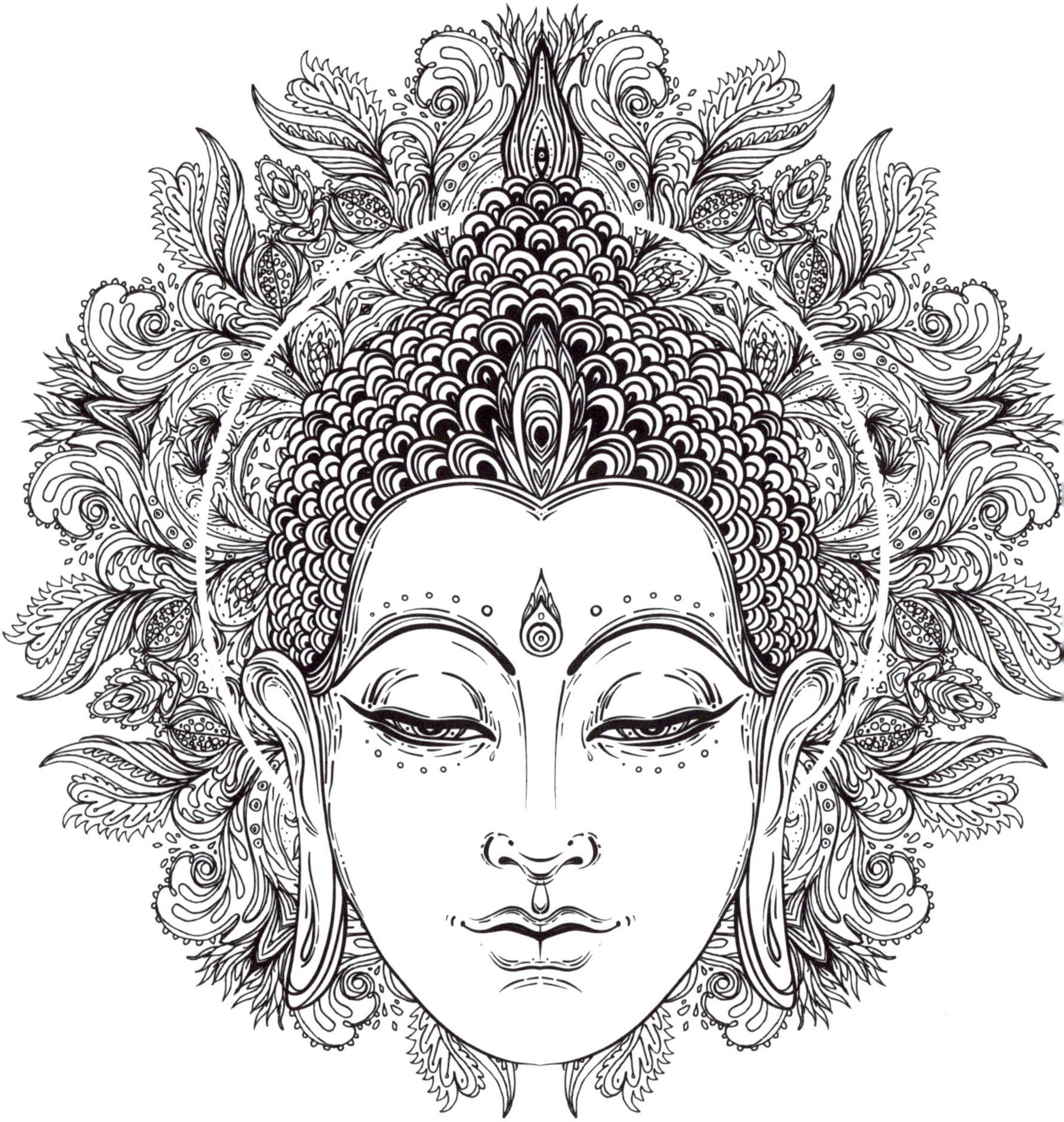

Haz sitio a la paz: empieza por un respiro.

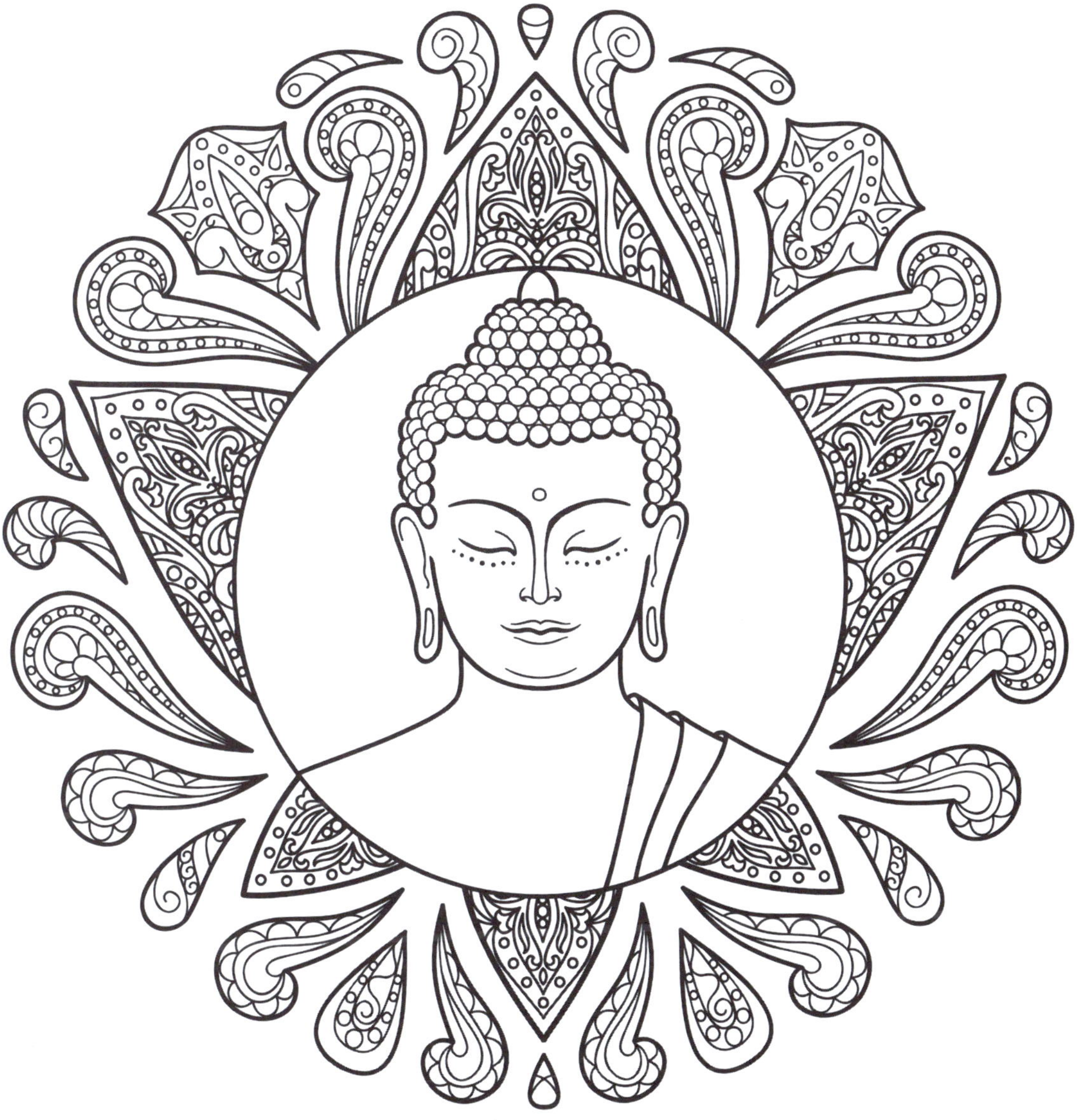

Hoy no hace falta llegar a ningún sitio.

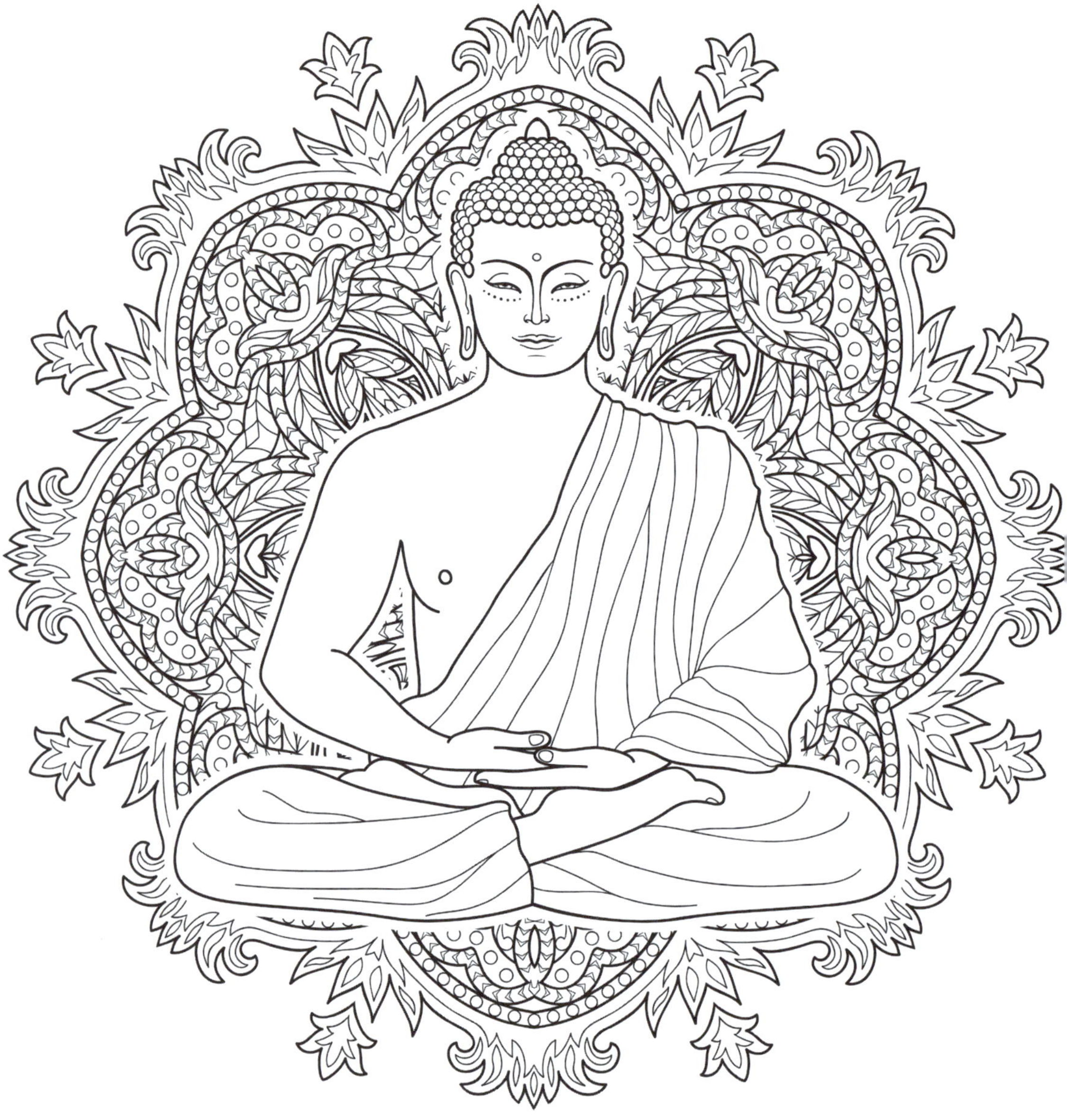

Solo por este rato, suelta las expectativas.

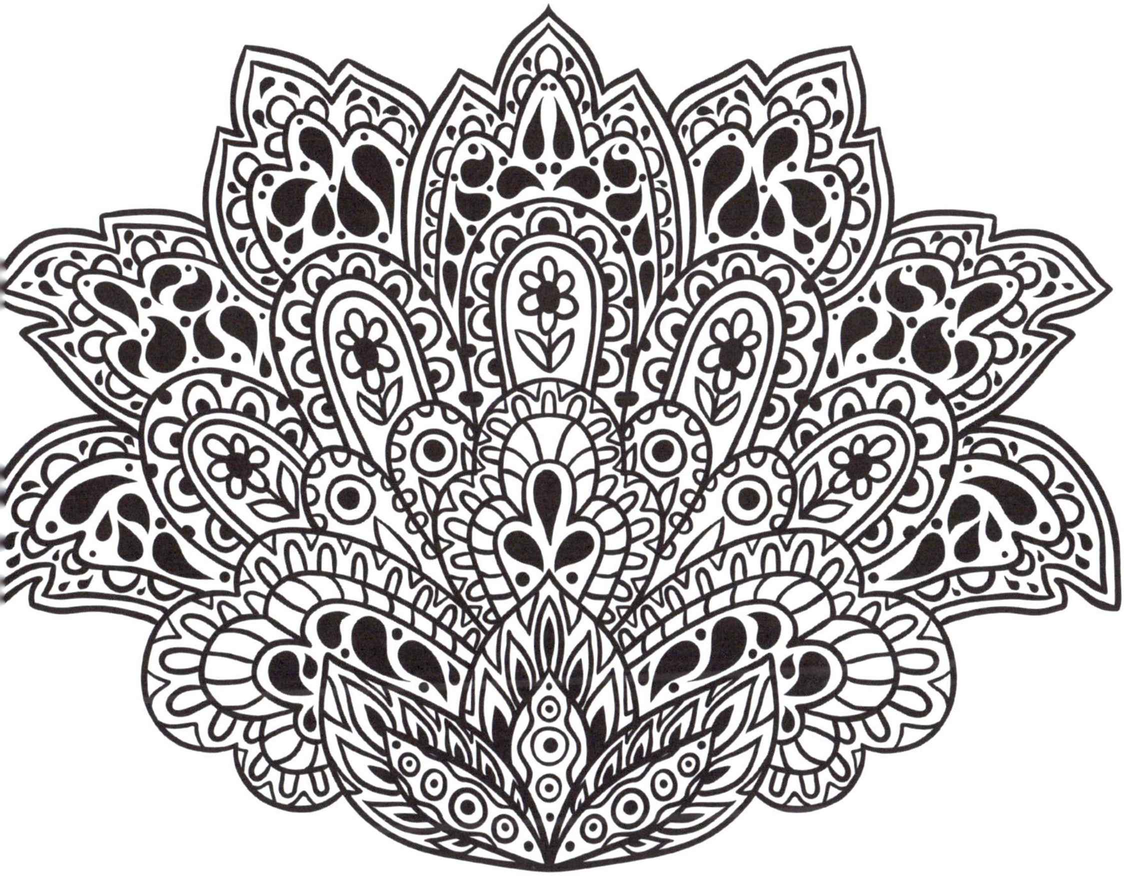

Colorear también es una forma de meditar.

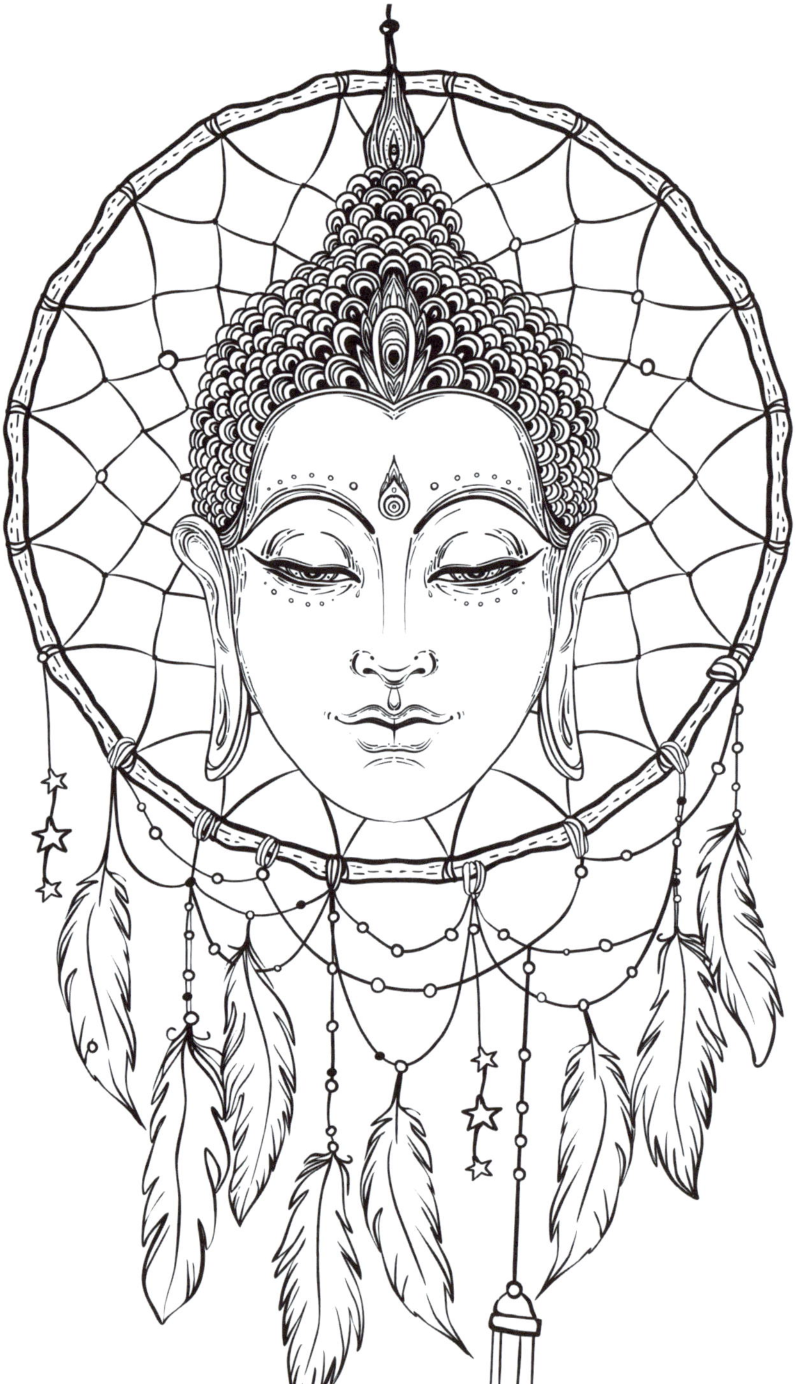

Tu mente se ordena mientras juegas con el color.

Cuando cuidas este momento, te cuidas a ti.

Este mandala es una pausa en forma de dibujo.

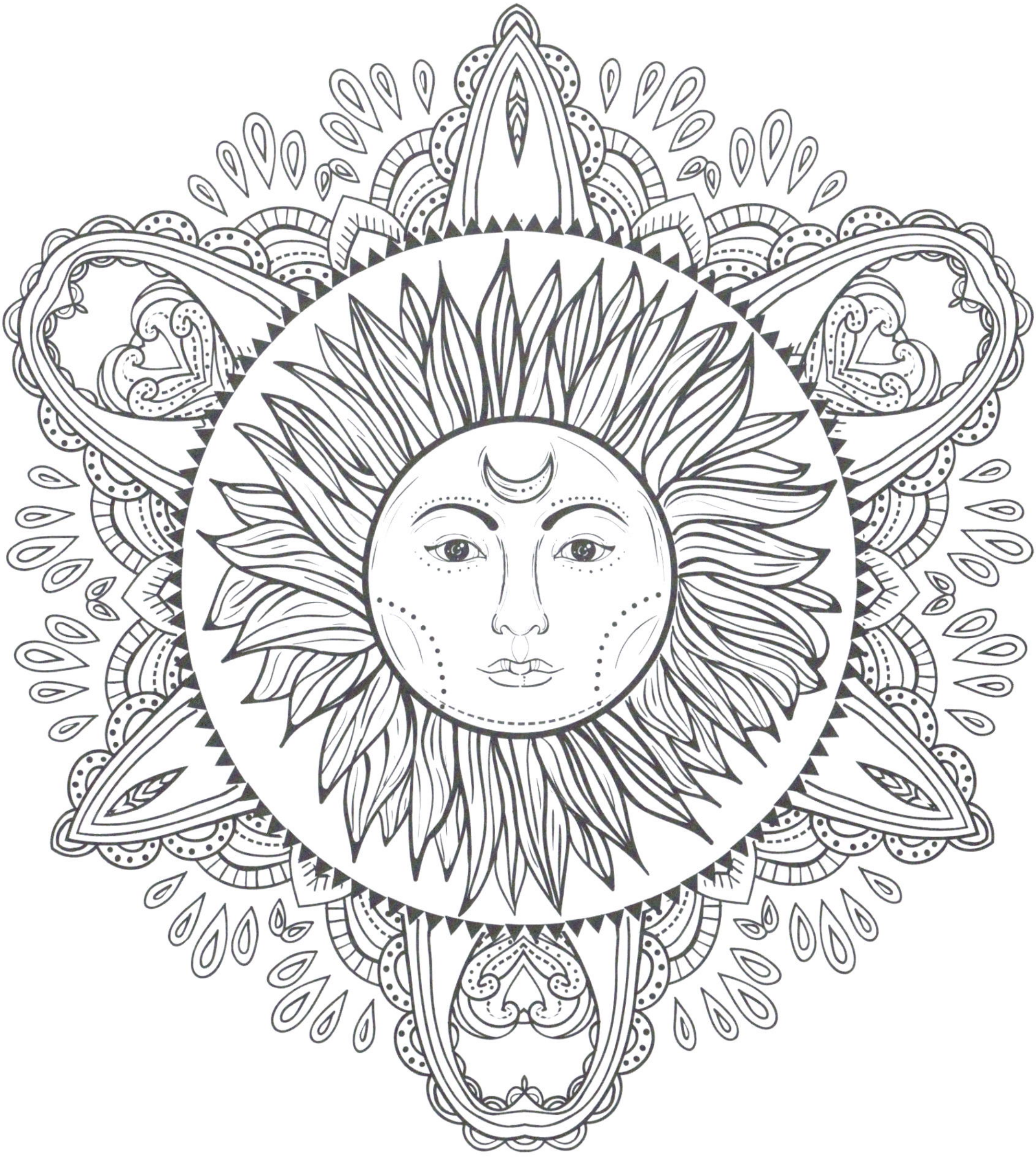

Aquí dentro no hay «debería», solo «me apetece».

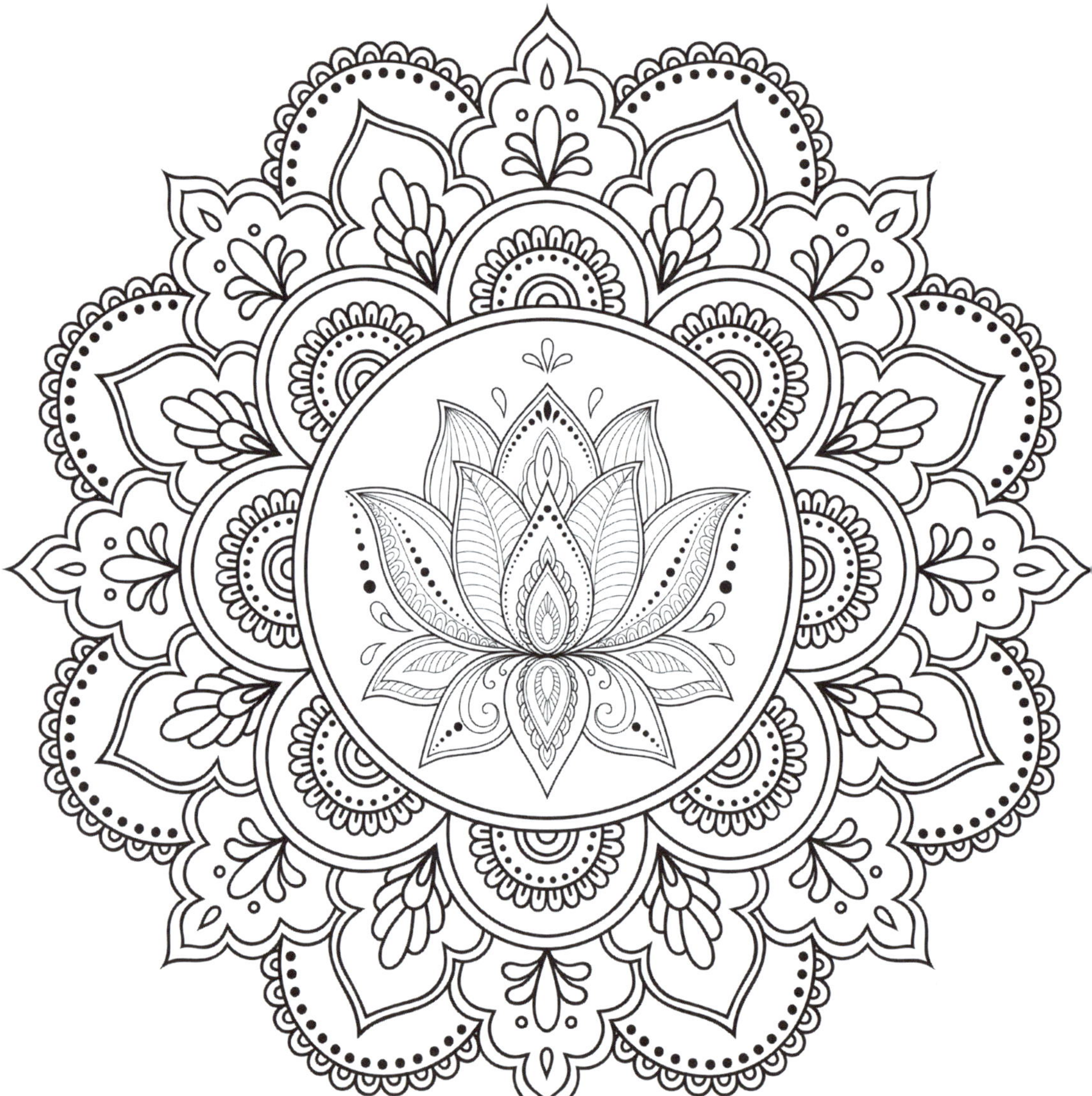

Lo que haces despacio, lo disfrutas el doble.

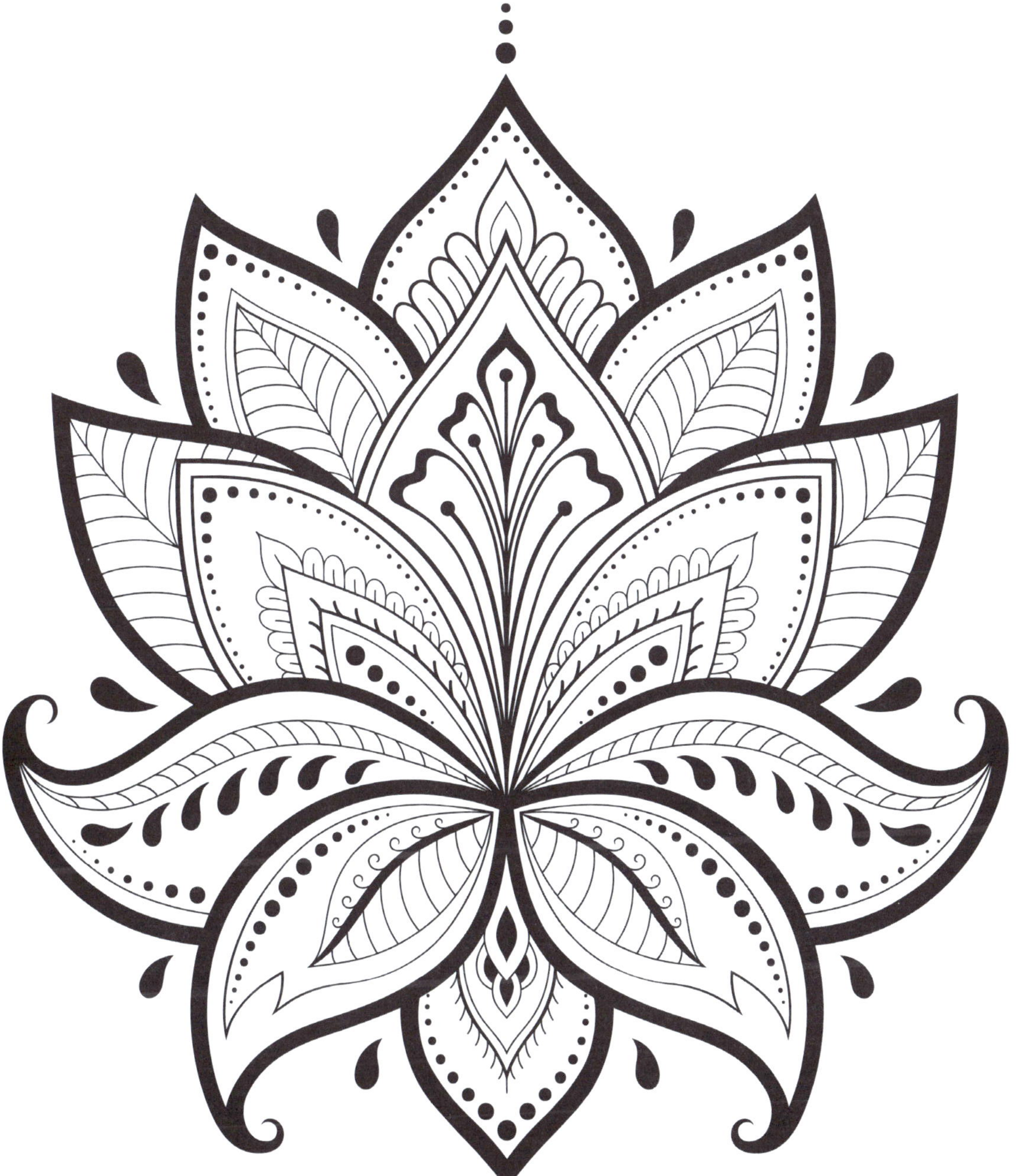

Cada mandala es un recordatorio de que mereces descanso.

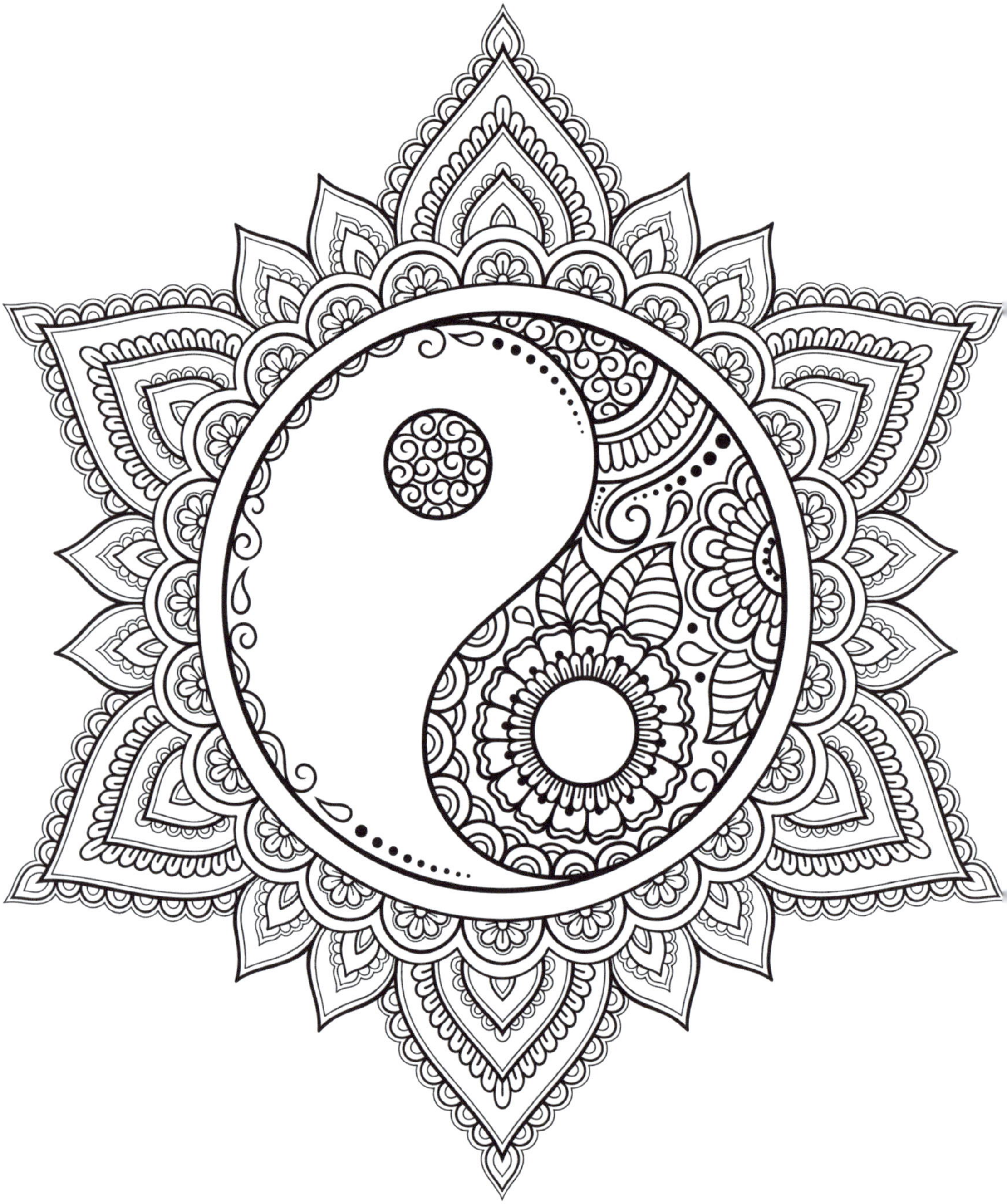

Tu presencia es el mejor color de esta página.

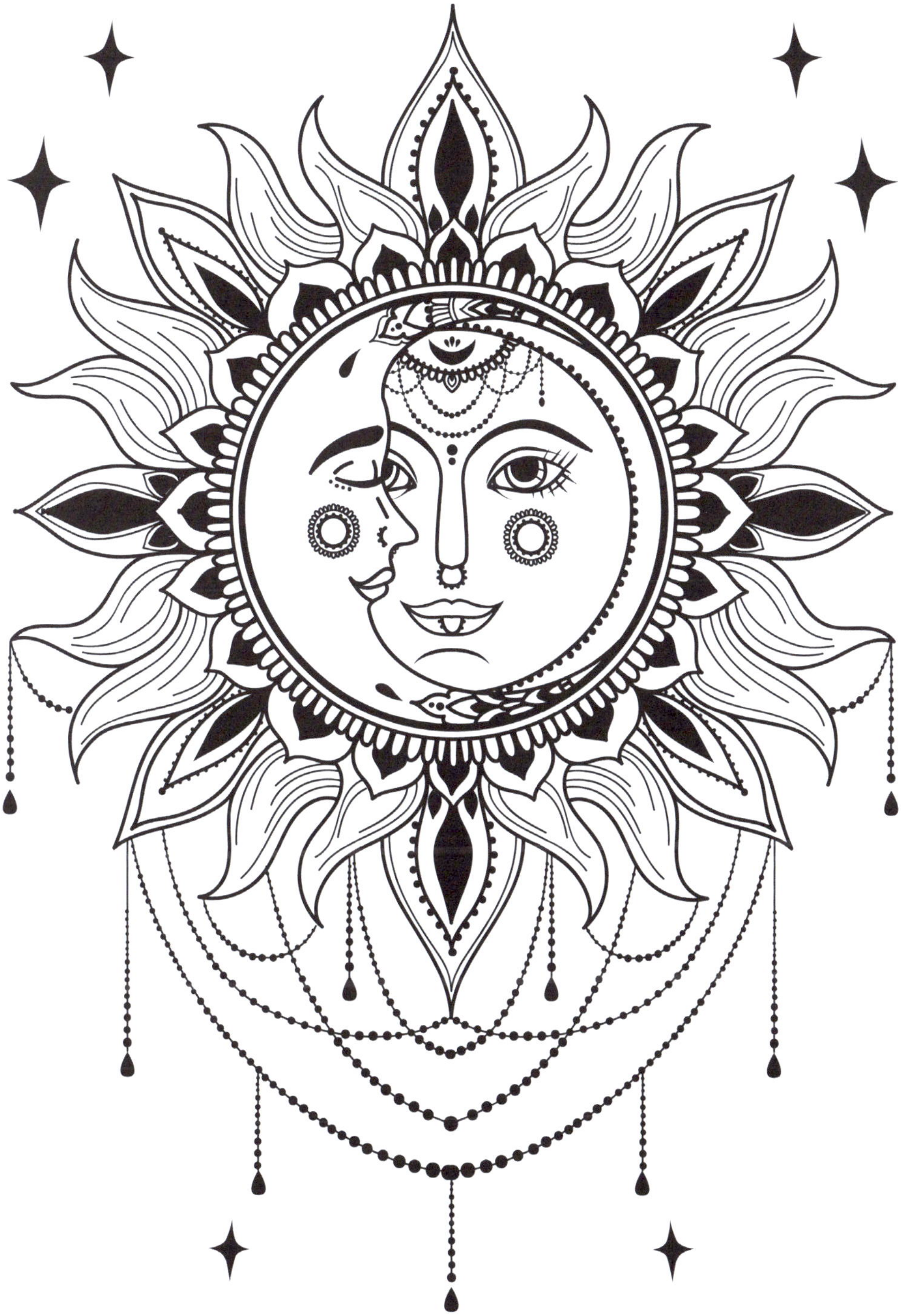

Deja que tus preocupaciones se diluyan entre líneas.

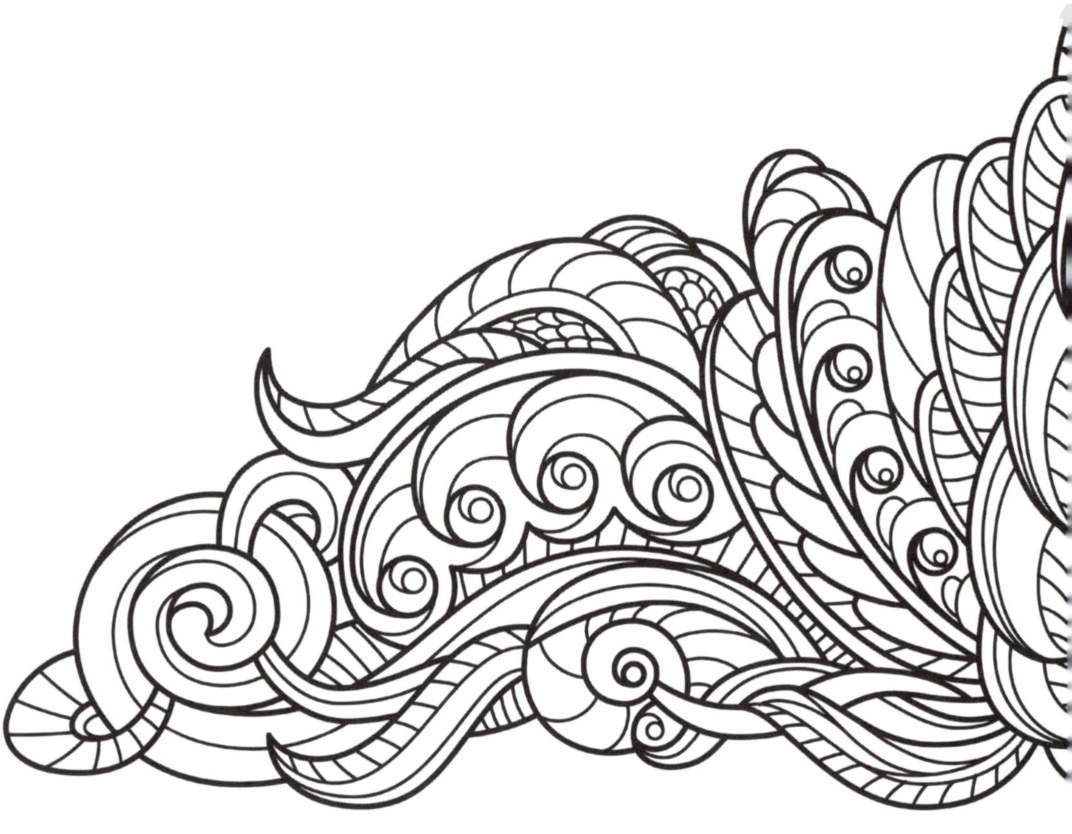

Respira como si cada inhalación limpiara tu día.

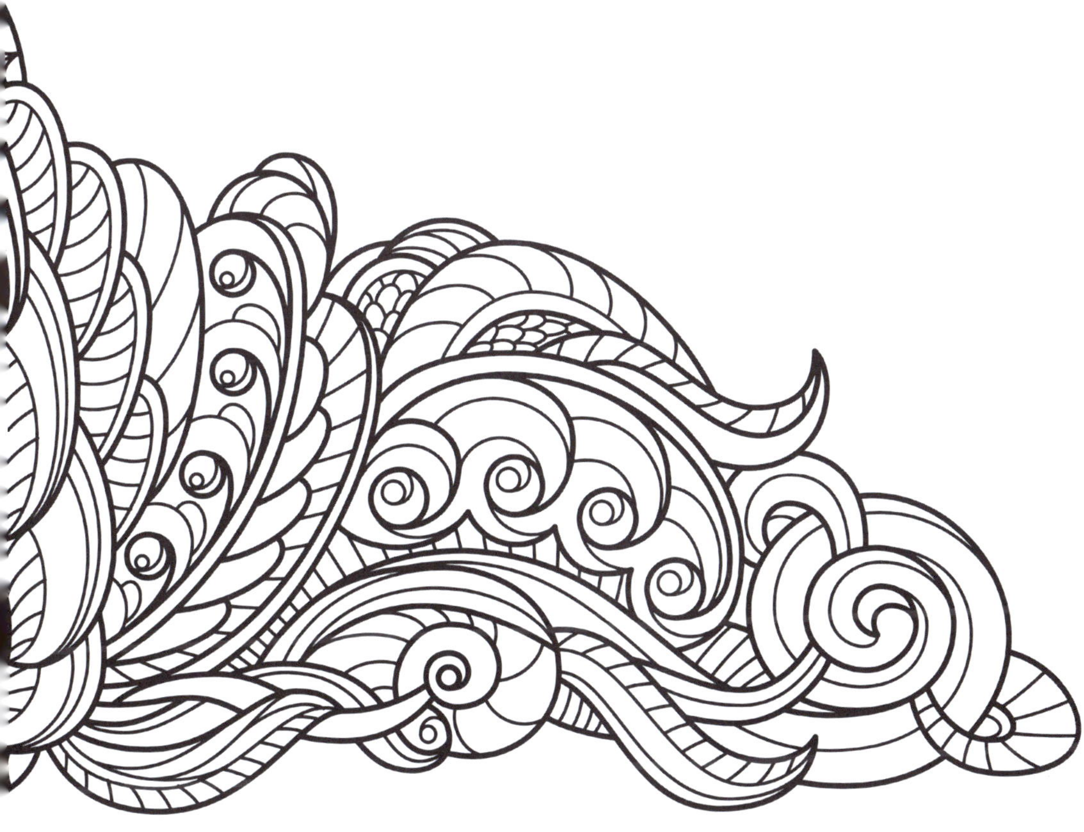

Hoy eliges ser suave contigo.

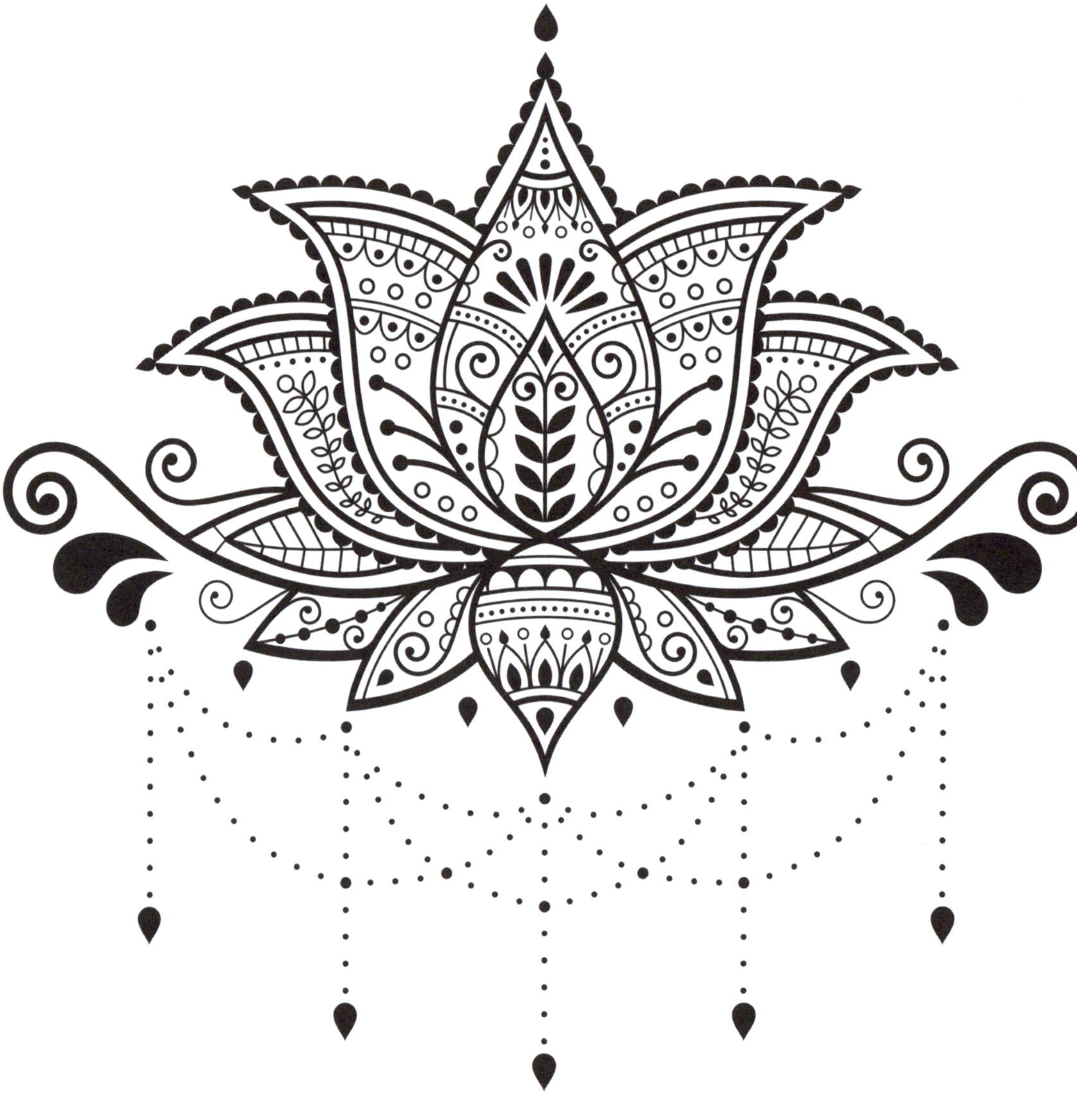

A veces, el mejor plan es no hacer nada más que esto.

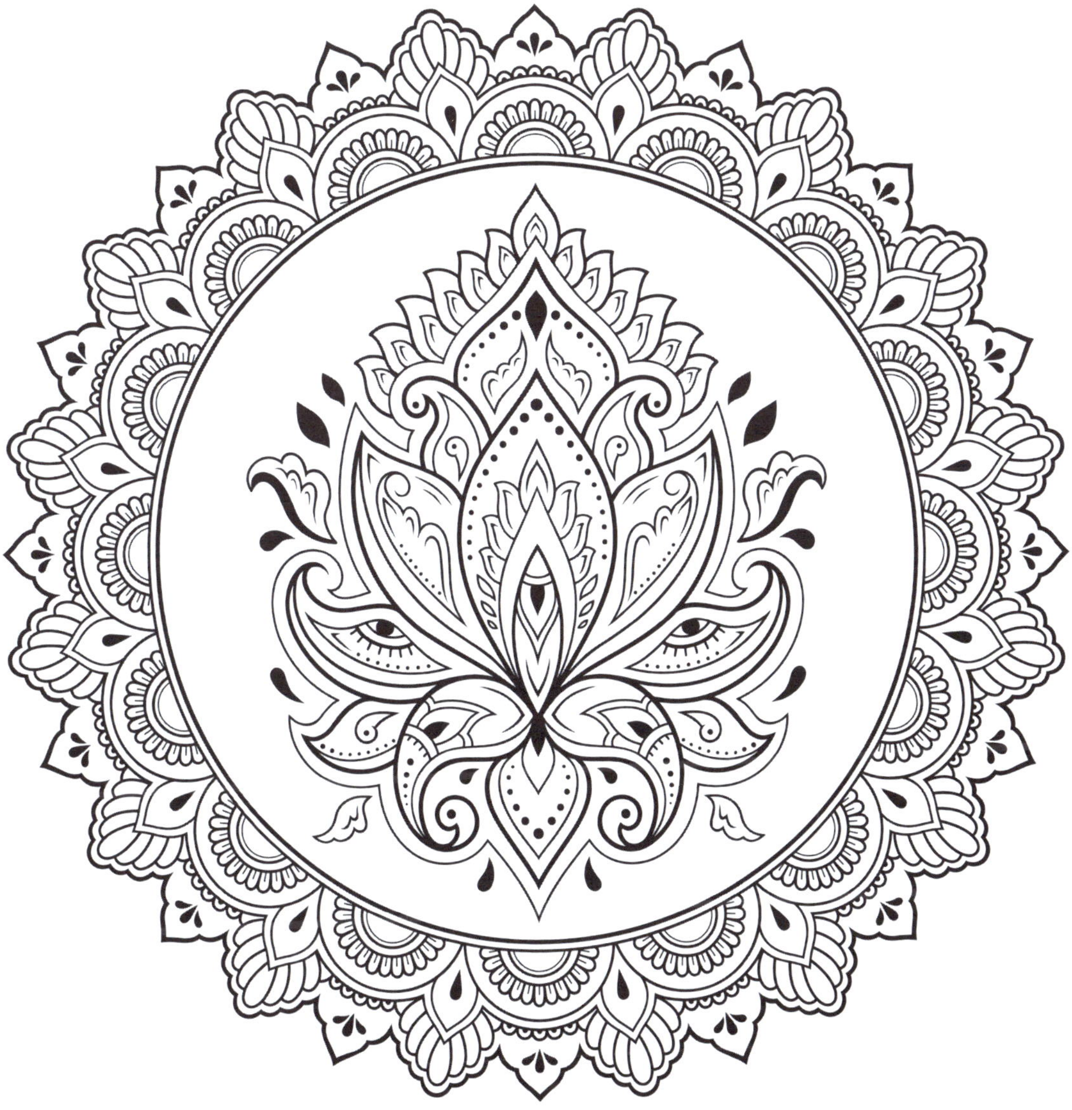

Tu paz interior es tu verdadero hogar.

Entre trazo y trazo, también se recoloca el alma.

El mundo puede esperar unos minutos más.

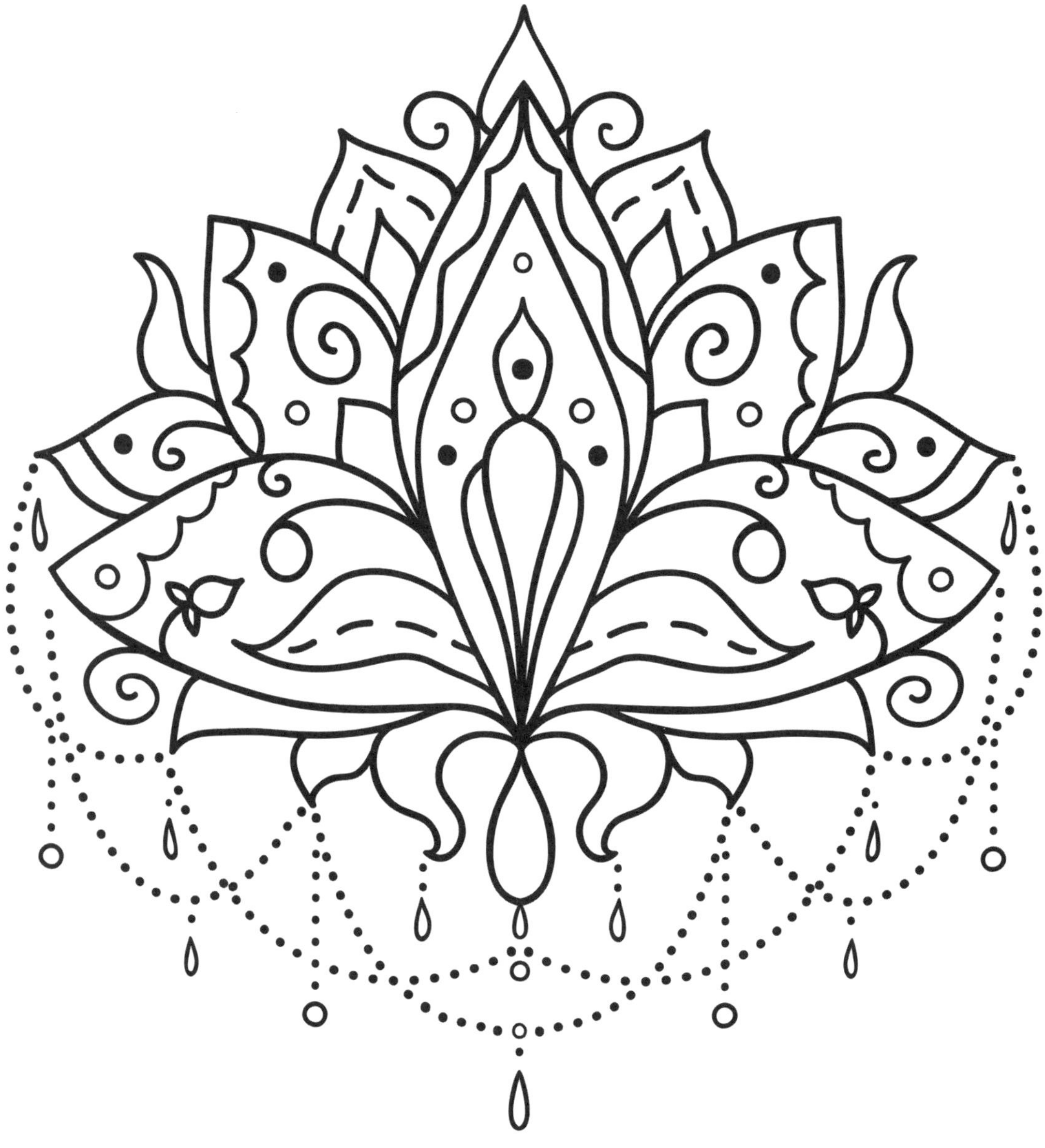

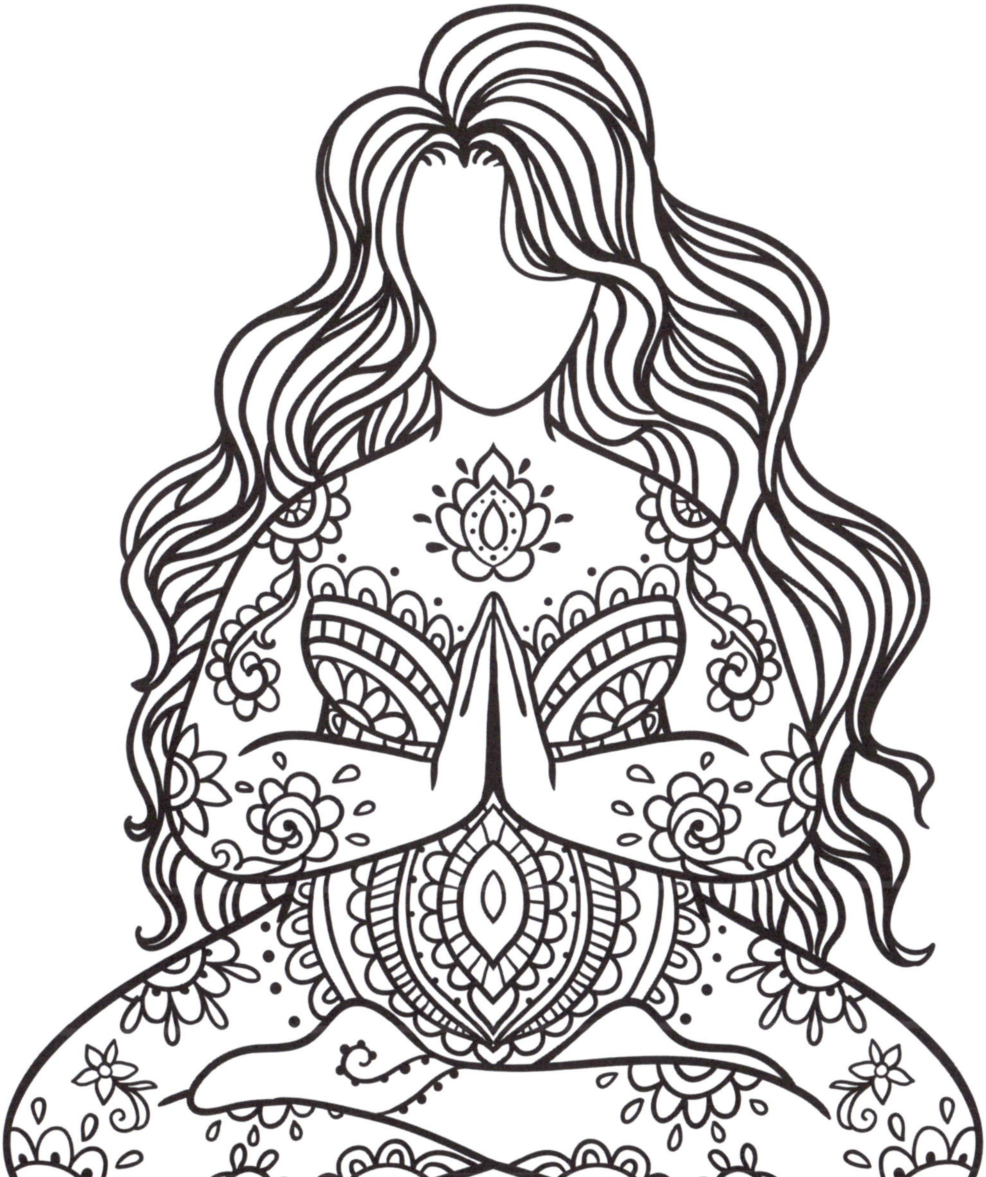

Escucha lo que sientes mientras coloreas.

Este instante es un regalo que te das a ti.

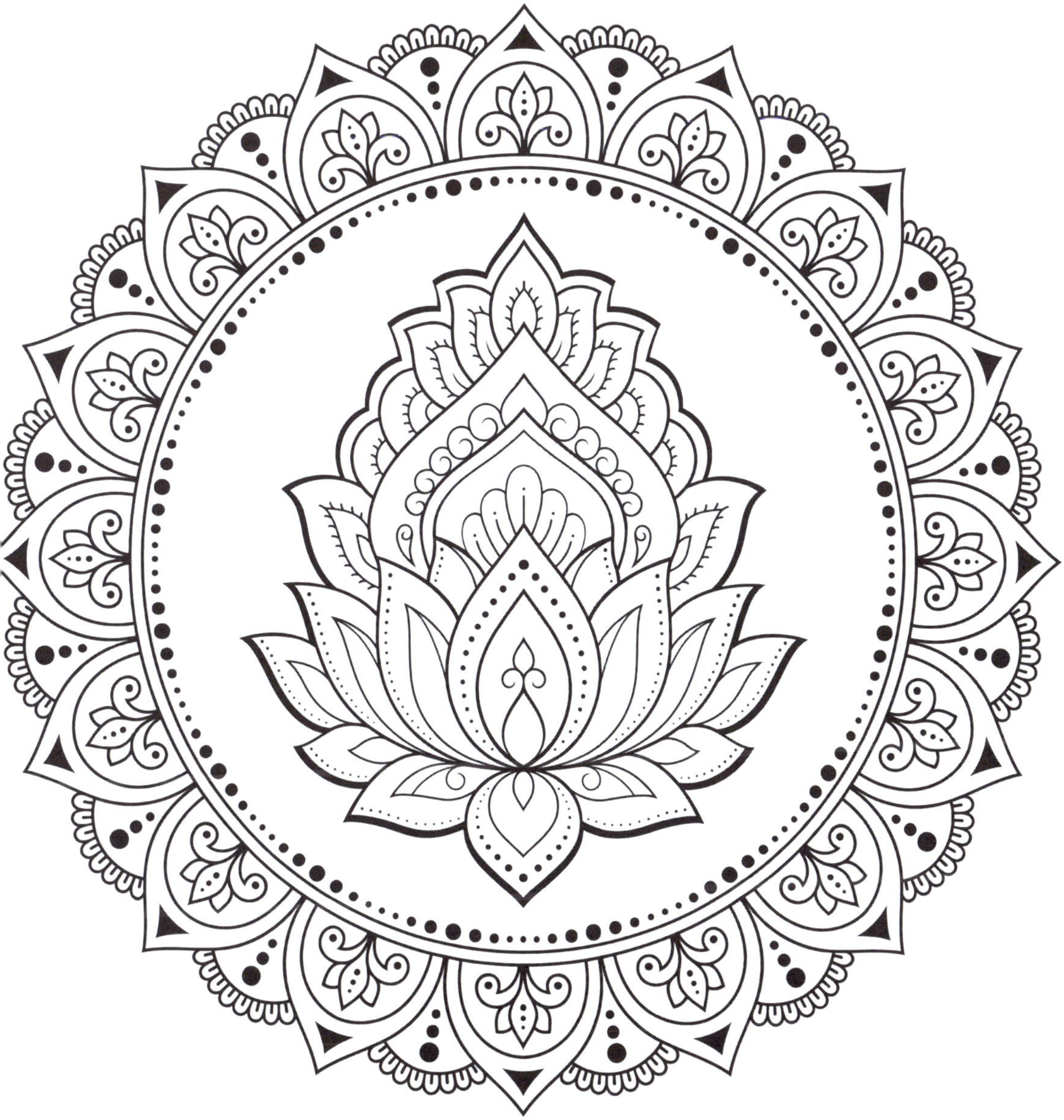

La calma empieza cuando decides no correr.

Haz de este mandala tu pequeño altar de tranquilidad.

Mientras coloreas fuera, te ordenas por dentro.

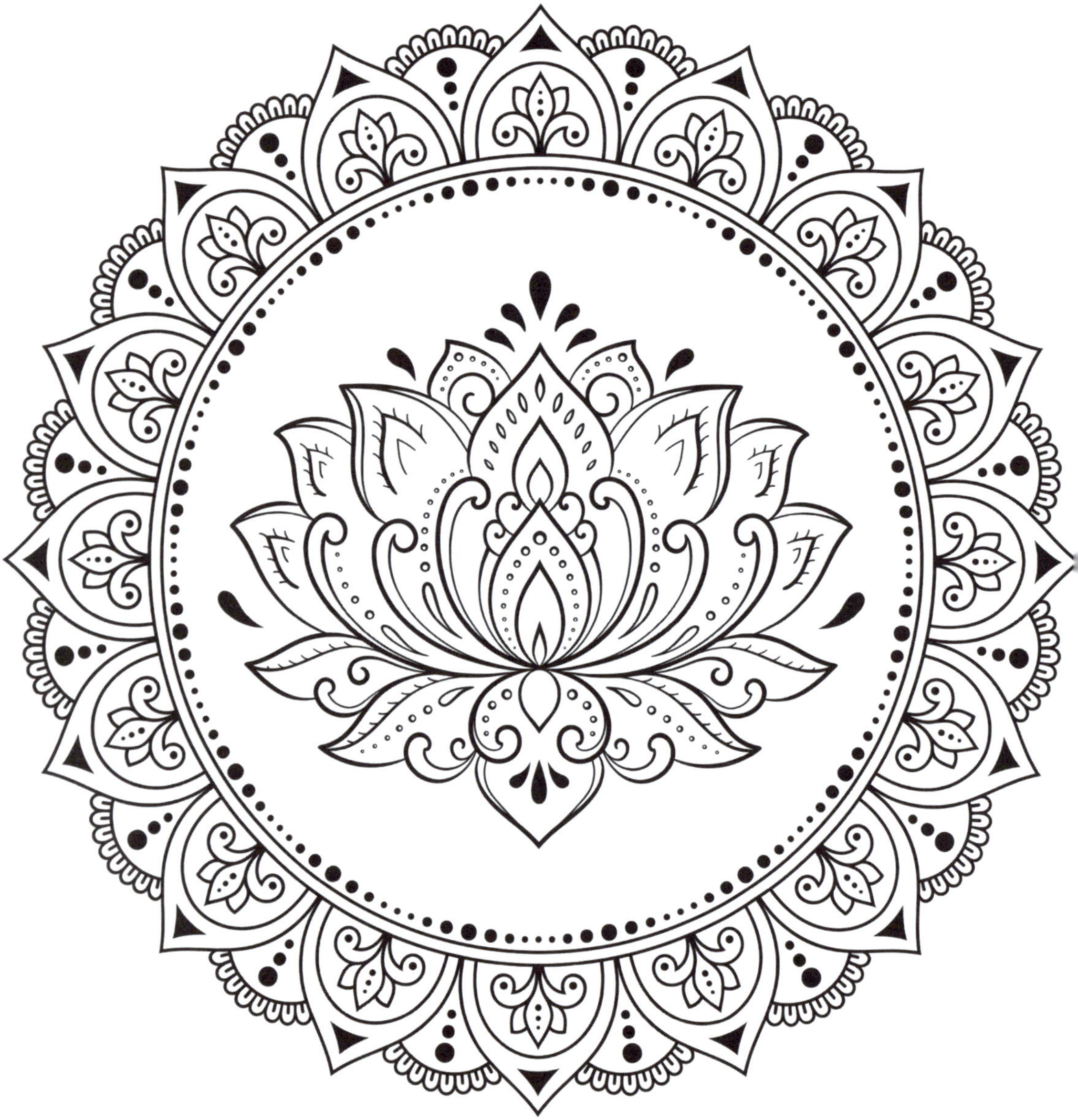

Hoy tu mantra puede ser tan simple como «estoy aquí».

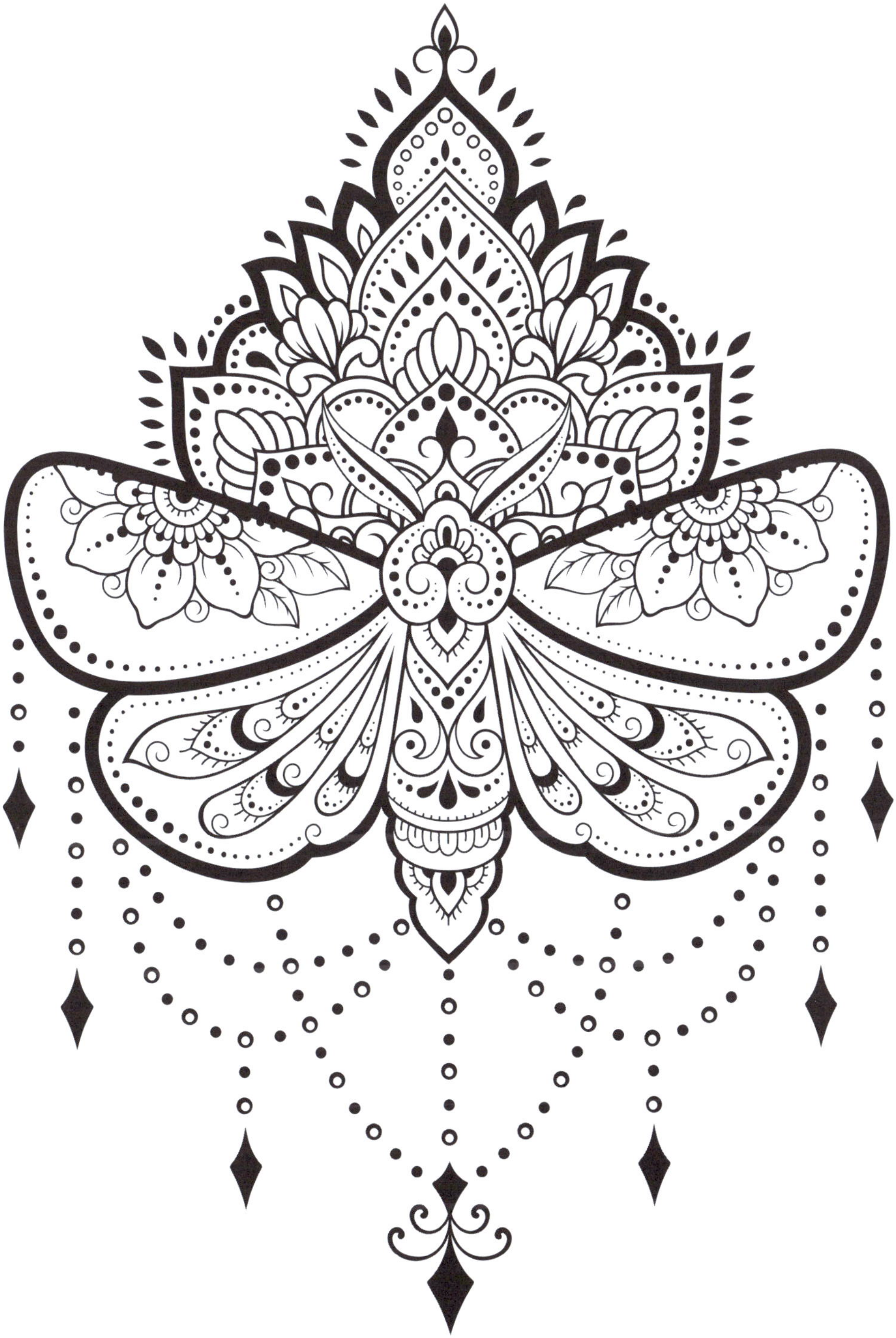

Que cada color que elijas sea una caricia para tu mente.

No te evalúes, solo exprimenta.

Apaga el piloto automático y enciende tu presencia.

Te mereces este descanso, sin explicaciones.

En el silencio de este momento también hay respuestas.

Lo que nutre tu calma, nutre tu vida.

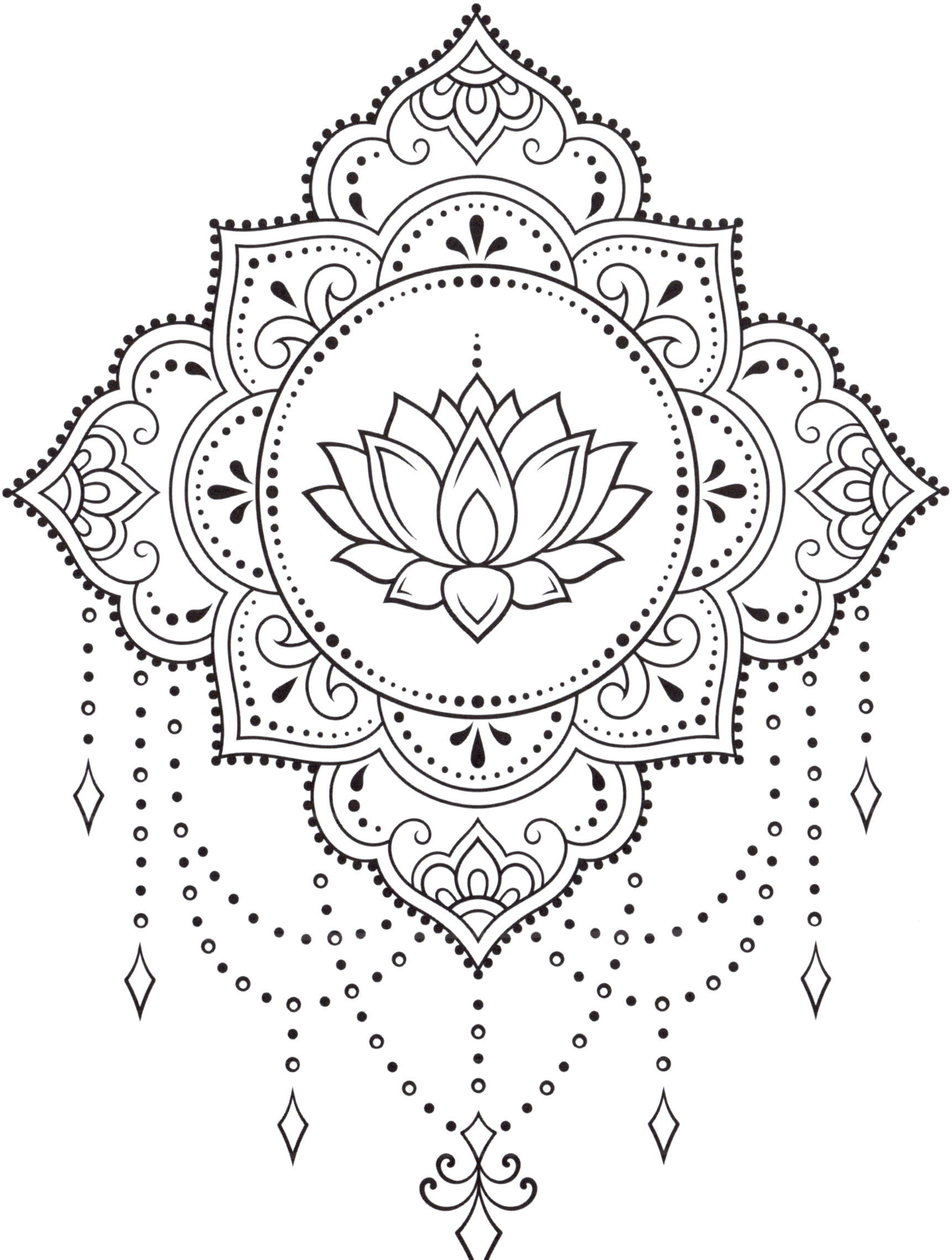

Respira profundamente: ya estás haciendo suficiente.

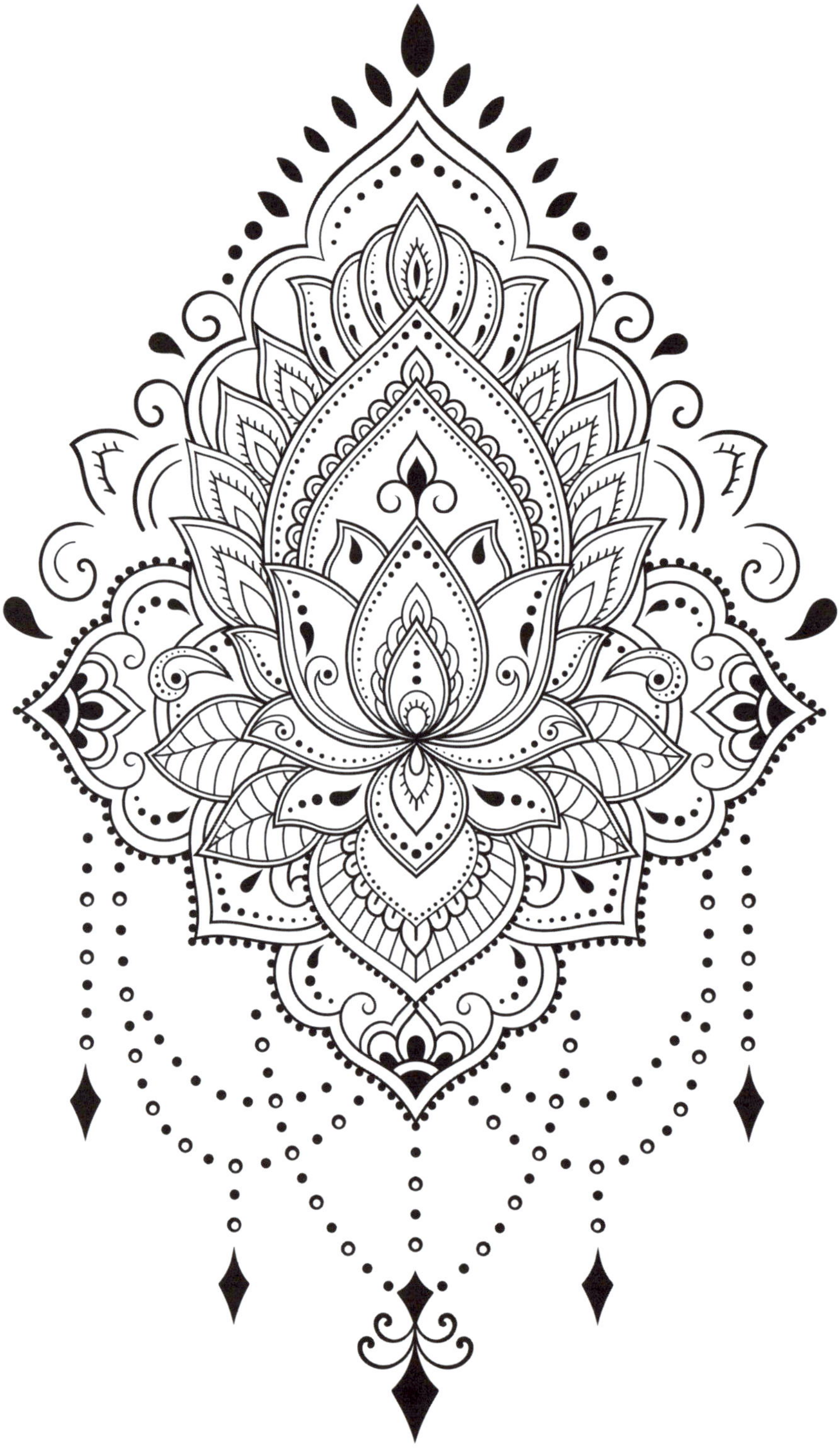

Deja que este mandala sea tu entrenamiento de paz.

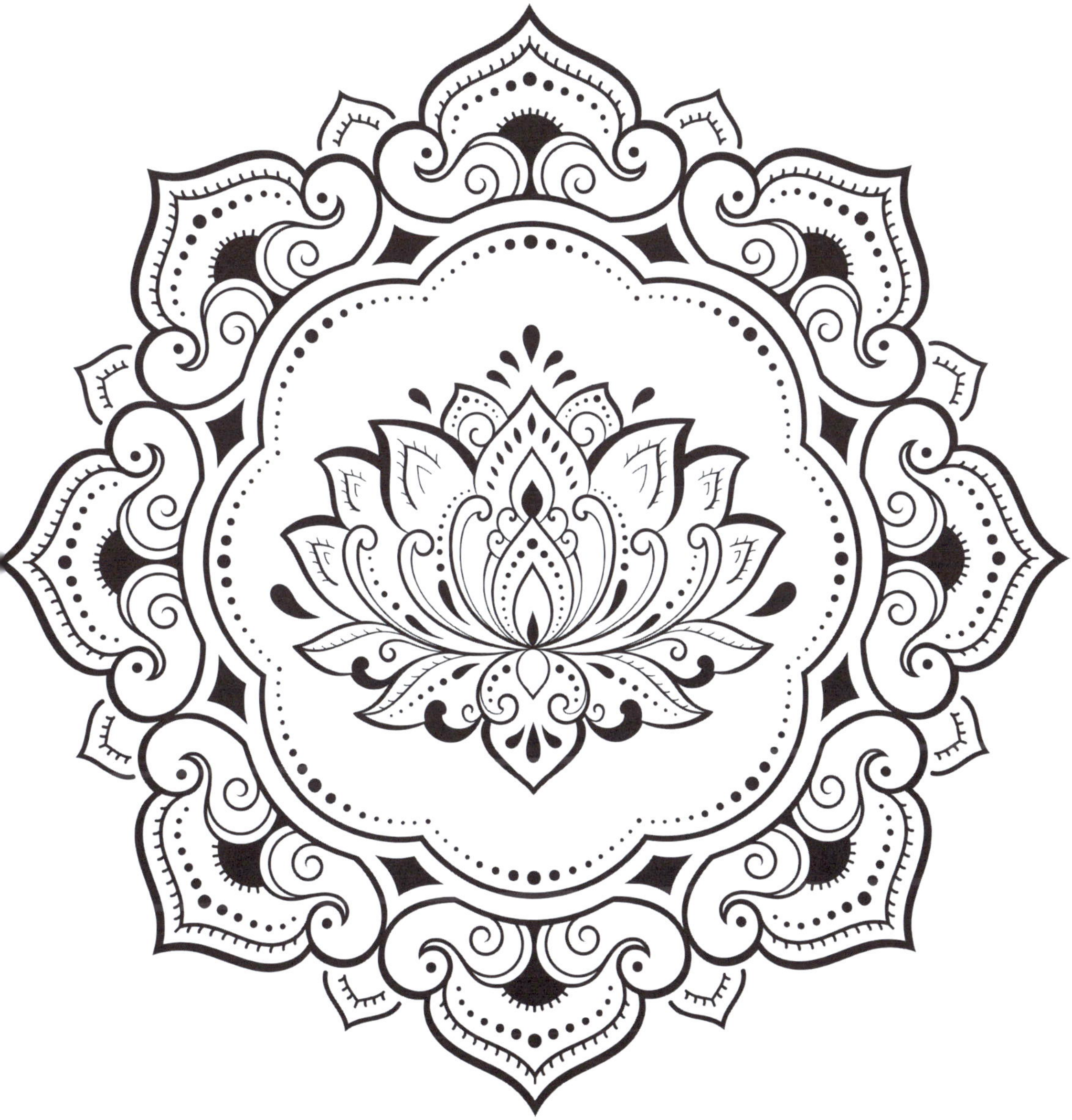

Elige colores que te recuerden cómo quieres sentirte.

Cada vuelta del mandala es una vuelta más hacia dentro.

Hoy no compites con nadie, ni siquiera contigo.

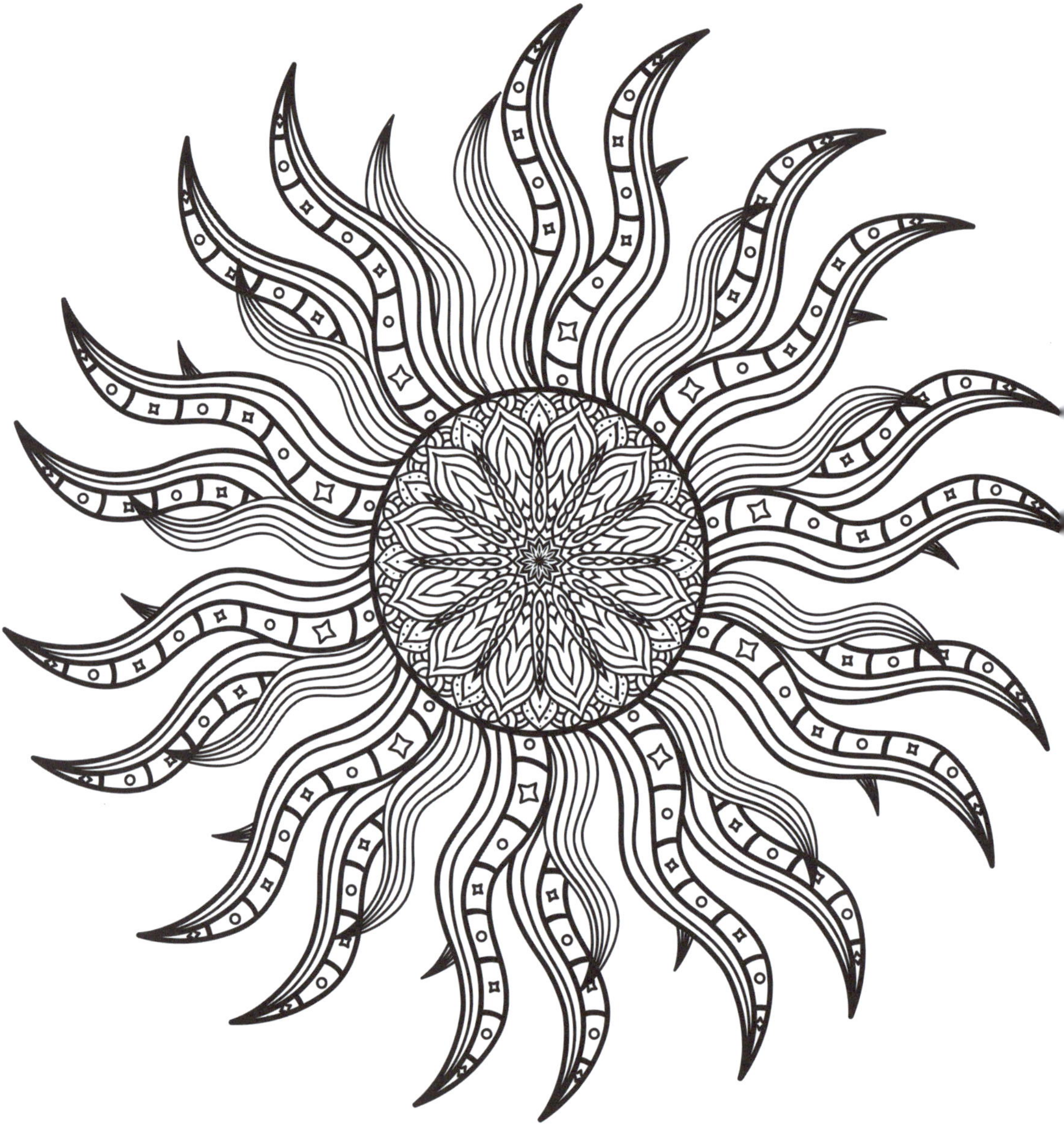

Este pequeño gesto de pausa puede cambiar tu día.

A veces, cuidarte es tan sencillo como quedarte aquí un rato.

Haz que este momento sea tan importante como cualquier tarea.

Tu mente se relaja, tu corazón se expande, tu cuerpo agradece.

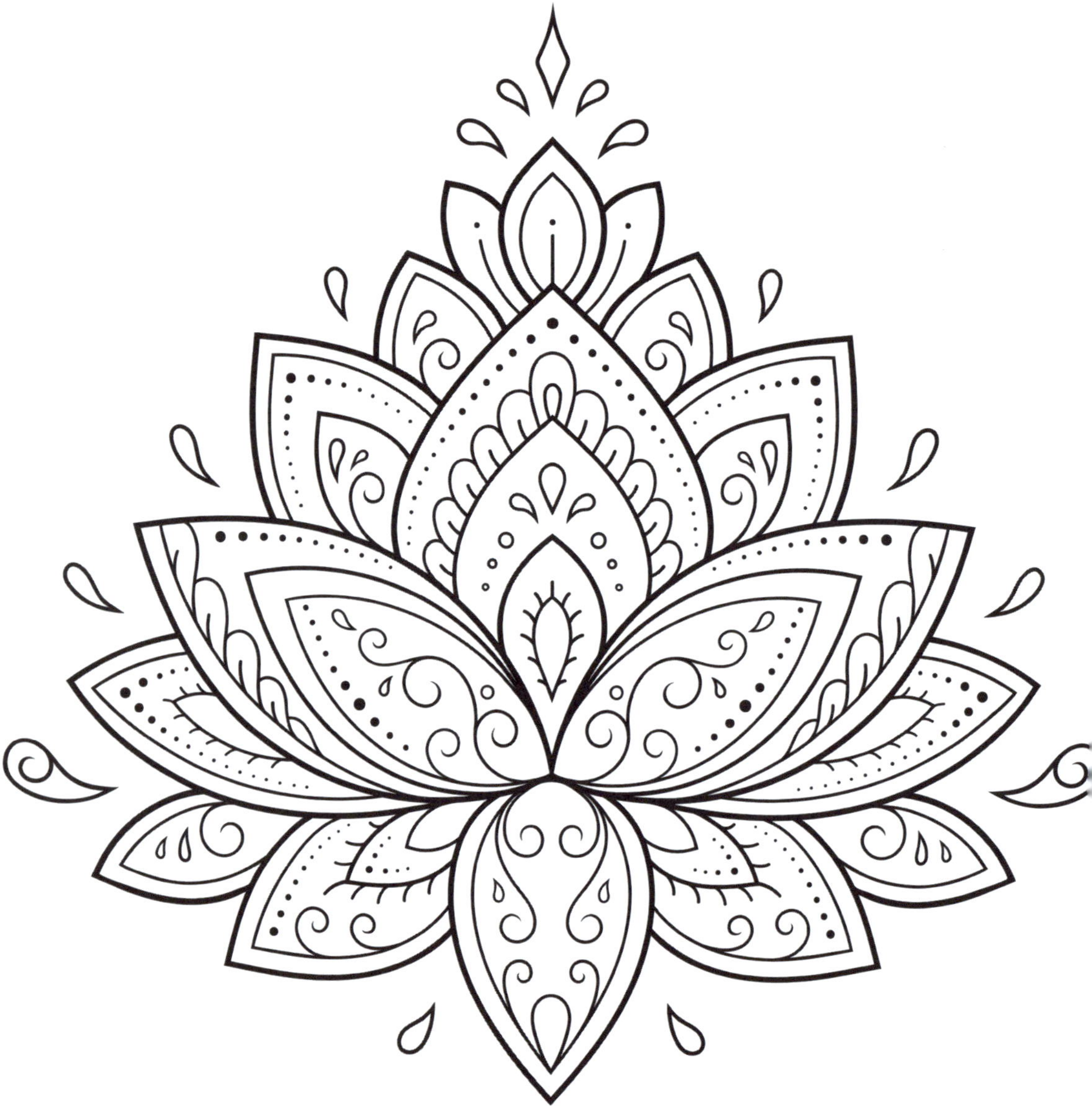

Haz de este mandala tu pausa sagrada del día.

Mientras coloreas, tu única obligación es respirar.

Cada color que eliges dice «me elijo a mí».

Este momento es tu refugio del ruido exterior.

Permite que el silencio te sostenga mientras dibujas.

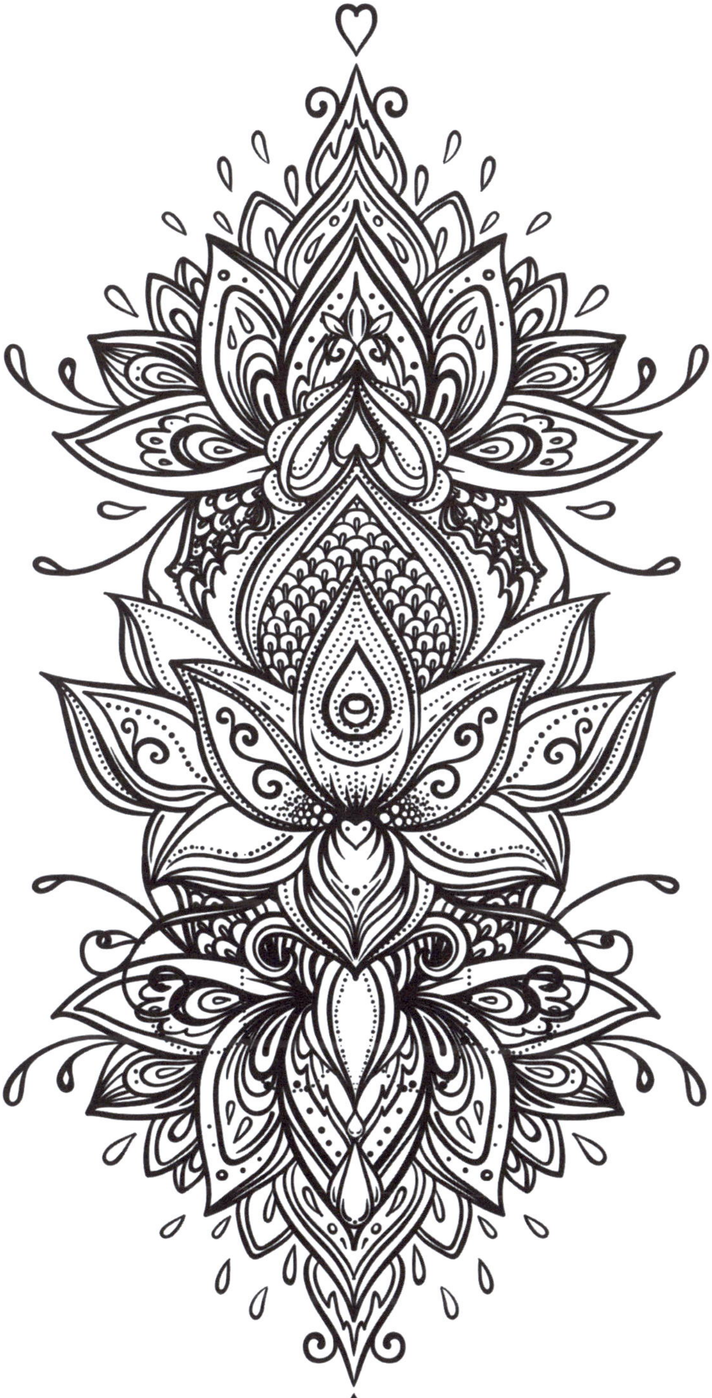

Lo que hoy llenas de calma, mañana pesa menos.

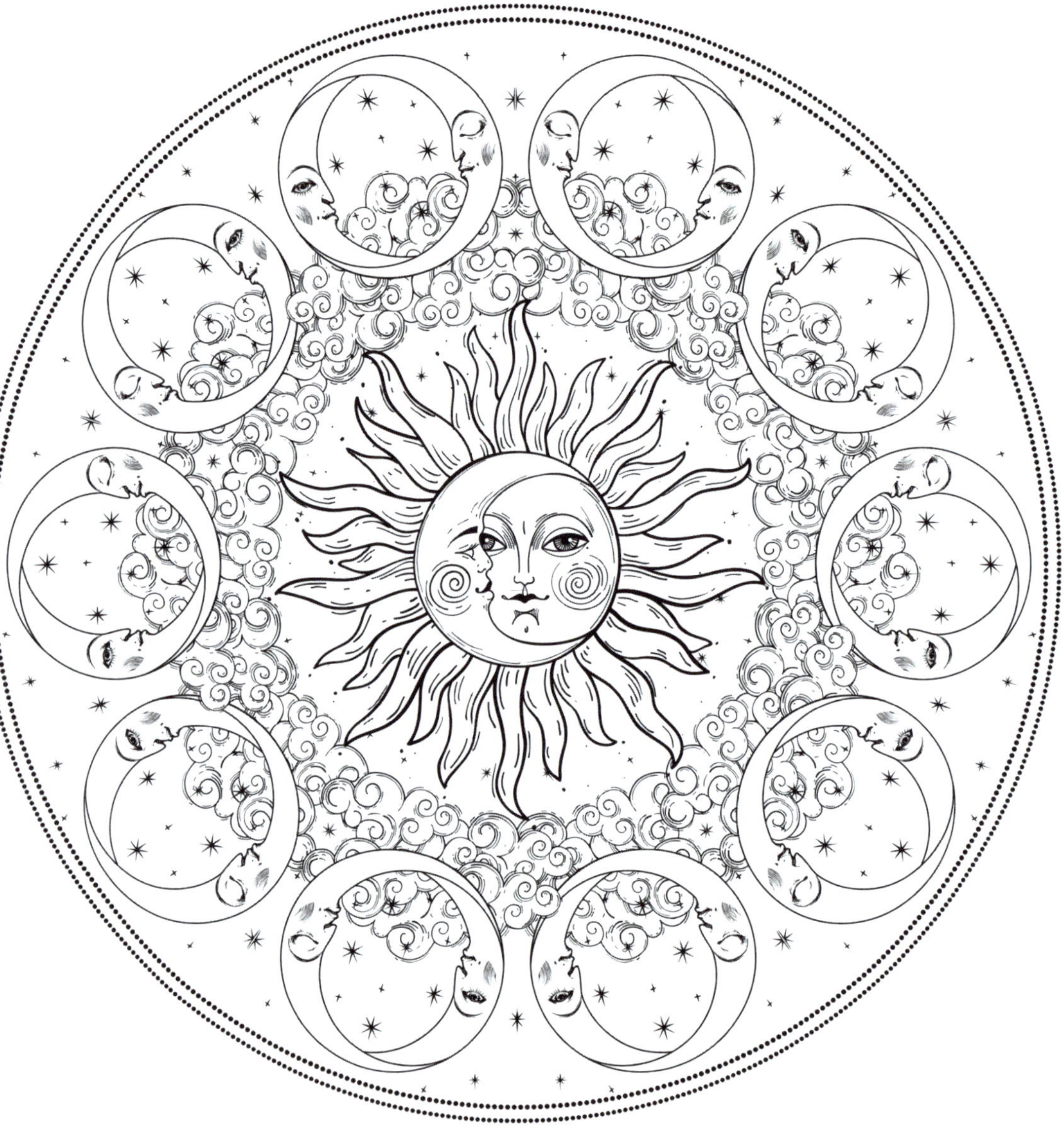

En este espacio no hay prisa, solo presencia.

Colorear es recordar que también sabes detenerte.

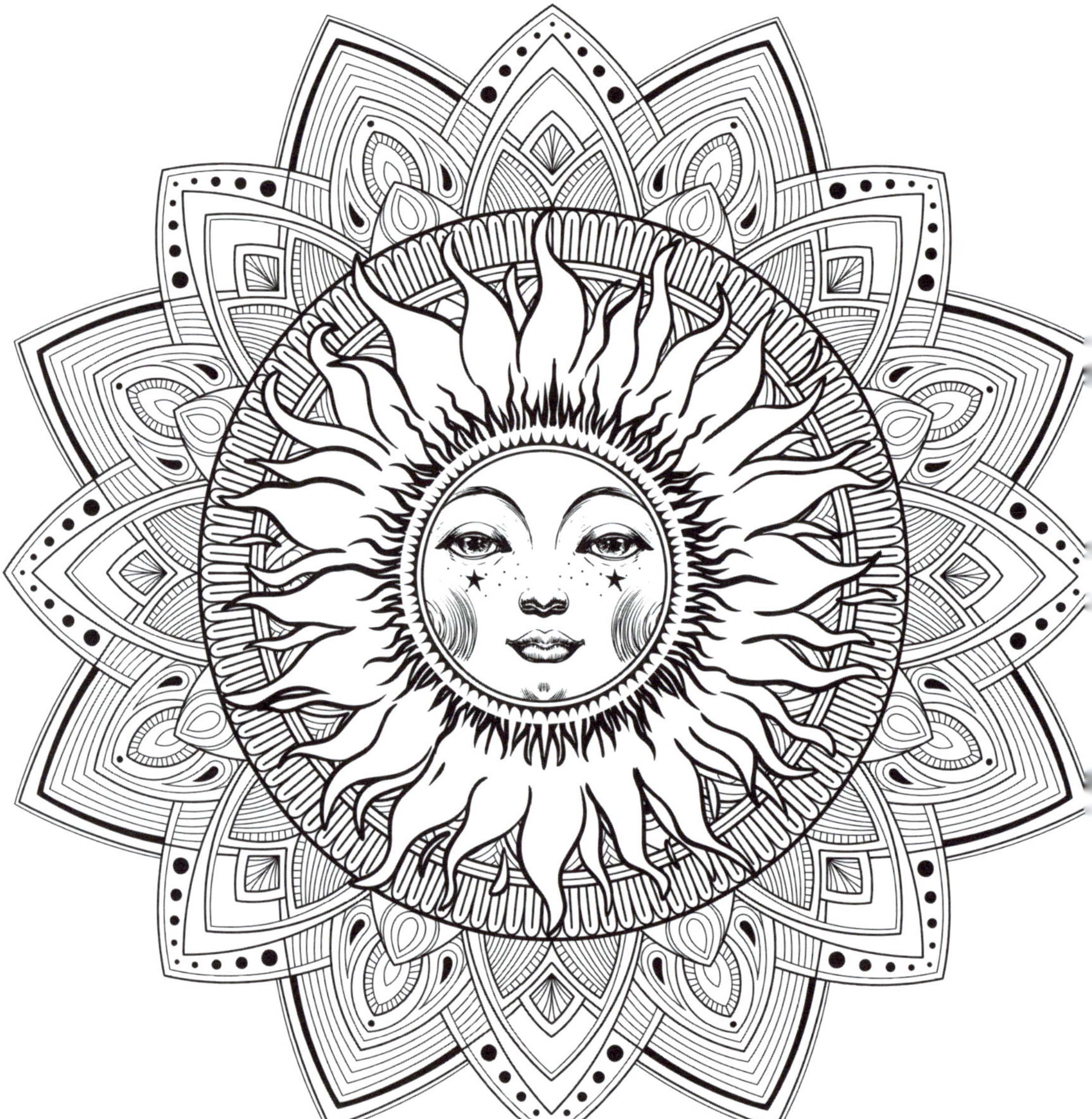

Cada trazo es una forma de decirte «estoy contigo».

Aquí no hay errores, solo caminos de color.

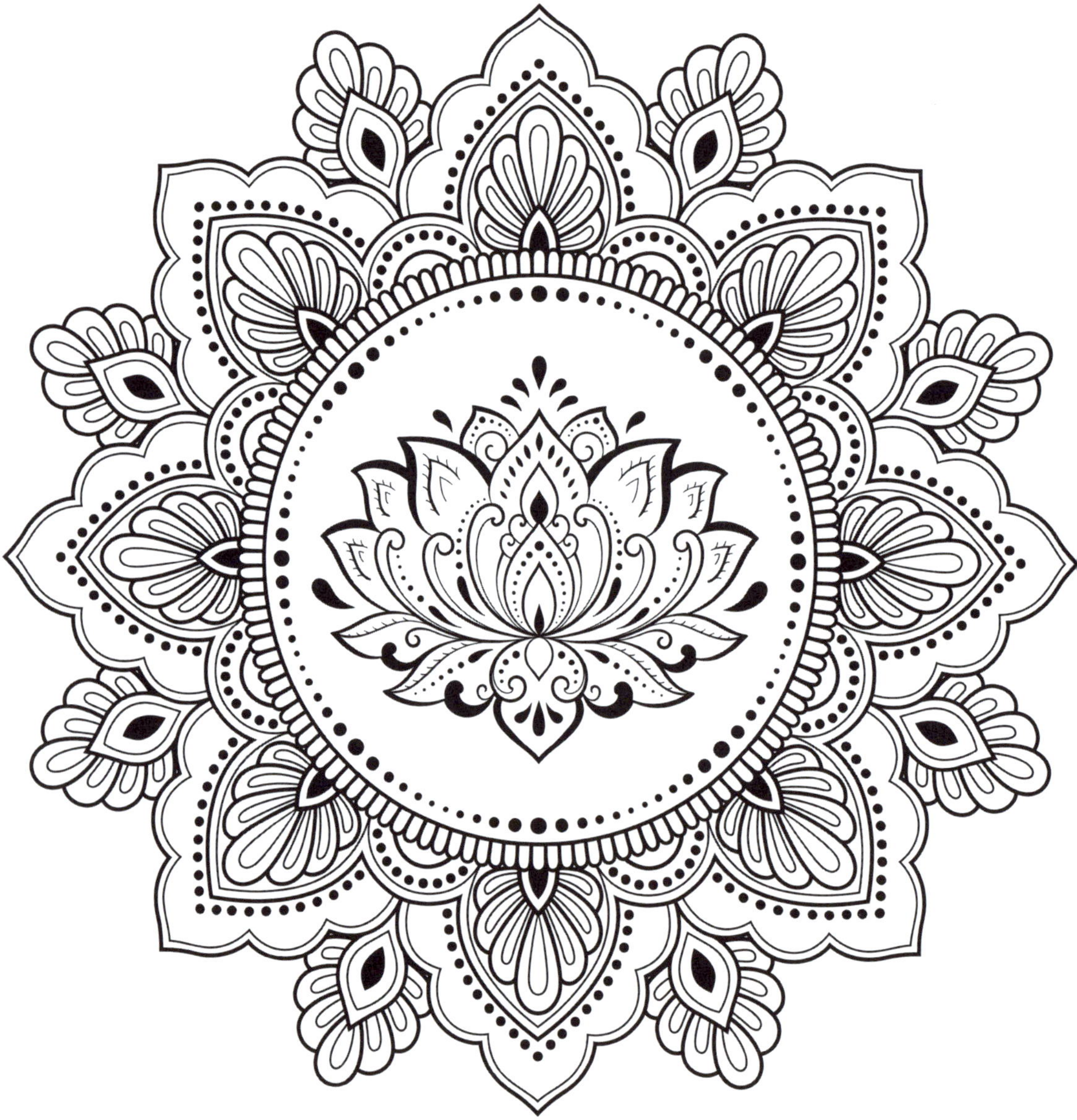

Deja que tu mente descanse y que tus manos hablen.

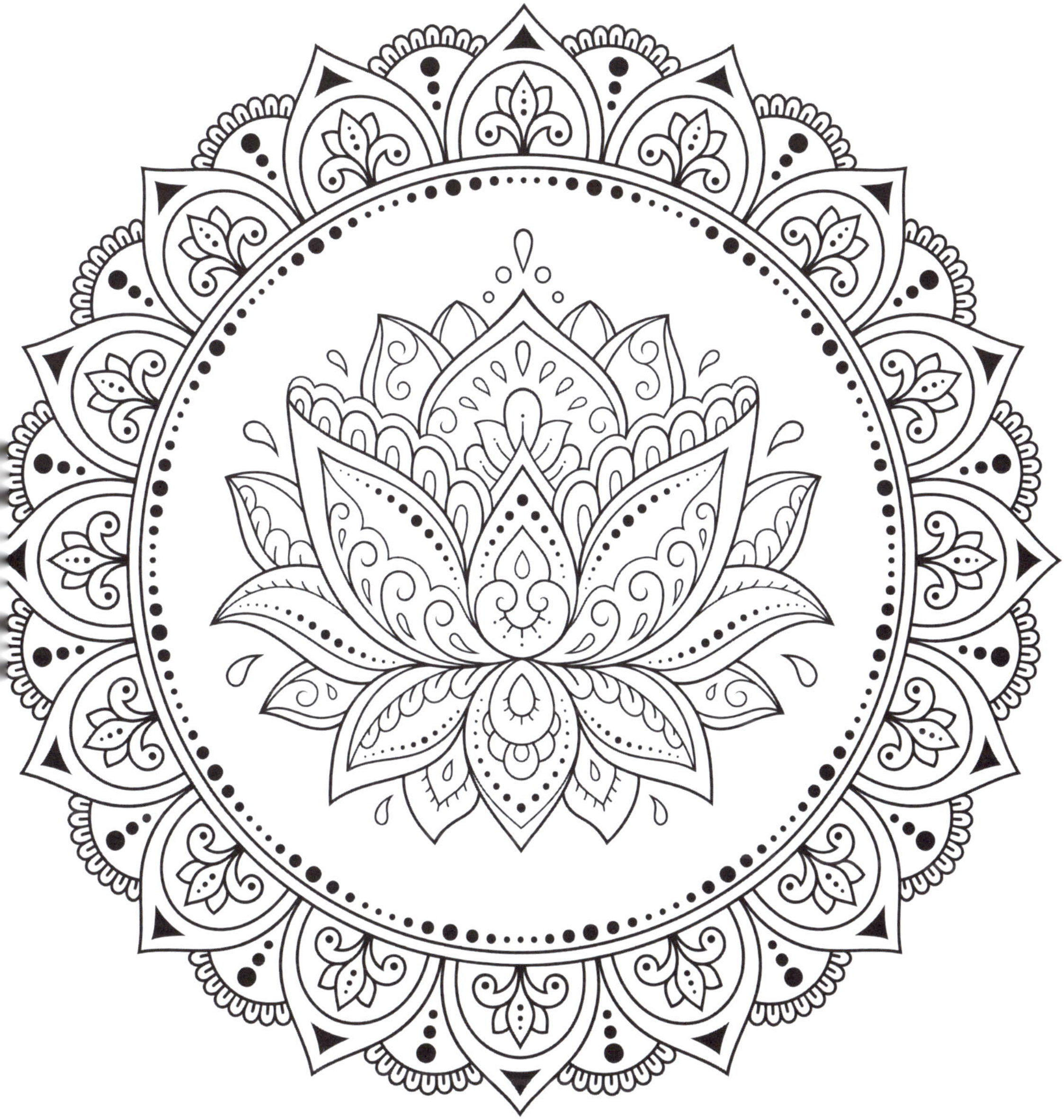

Este mandala es un paréntesis en el que todo se suaviza.

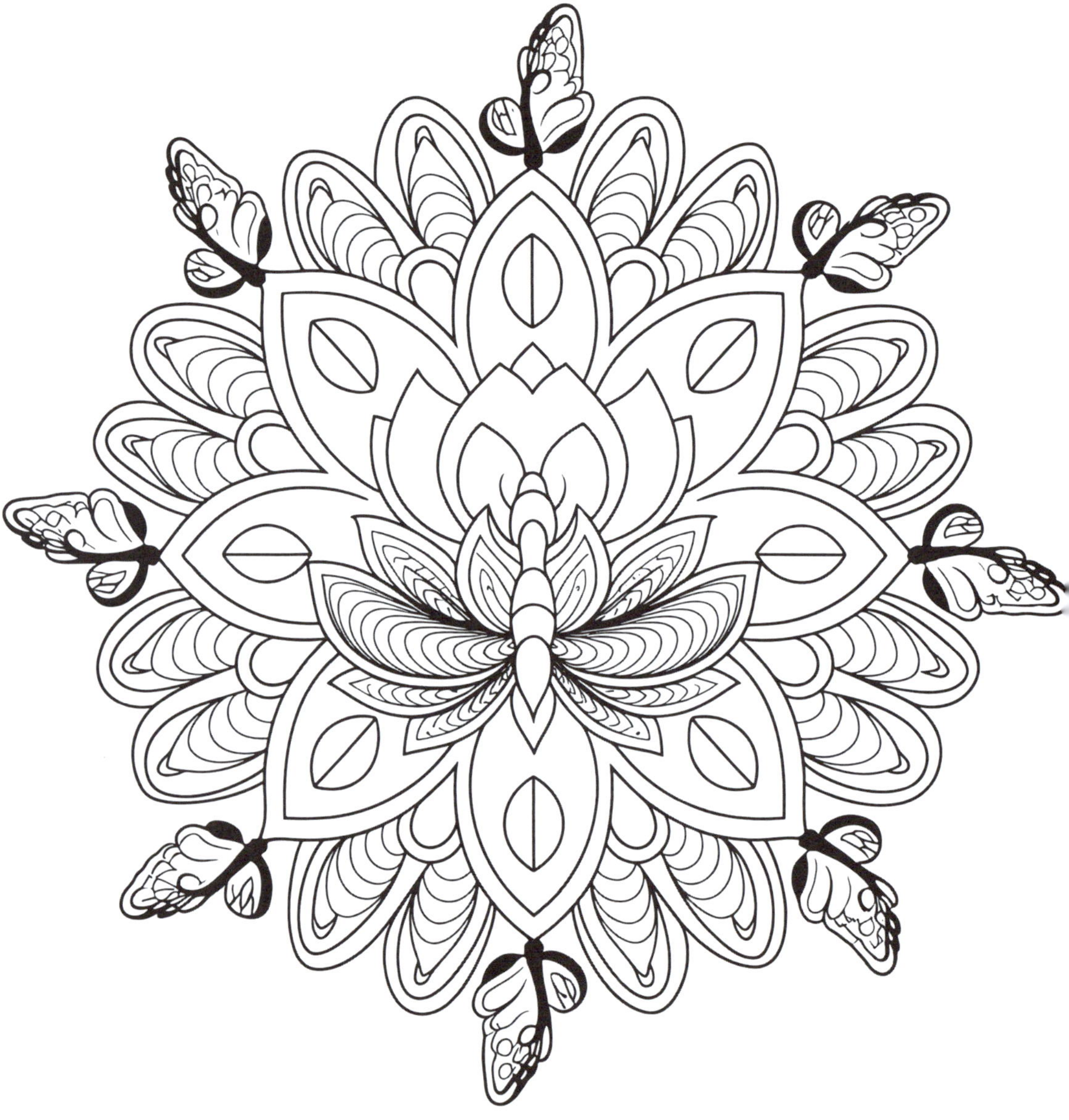

Lo importante ahora no es terminar, sino sentir.

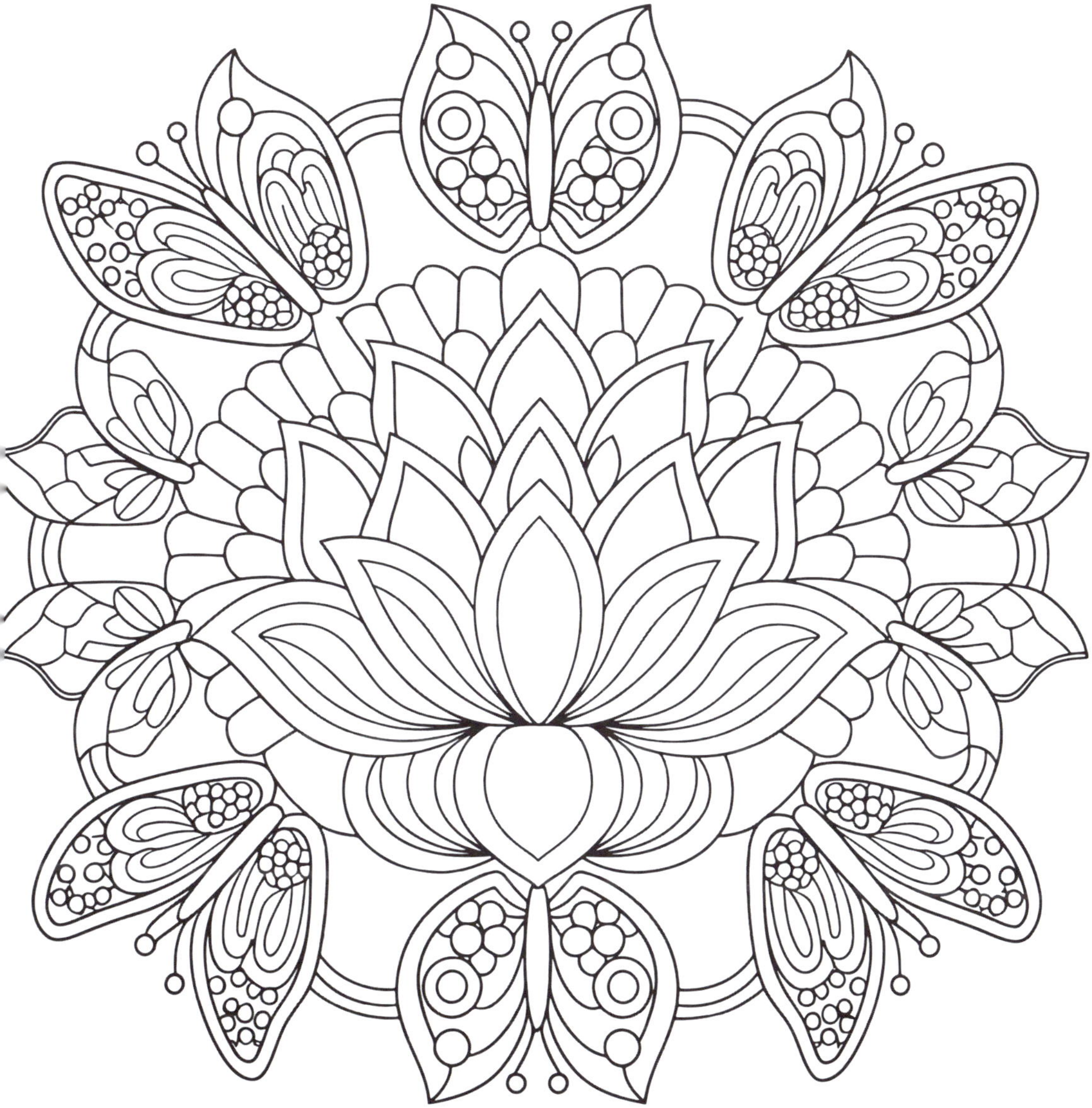

Cada línea que sigues te trae de vuelta al presente.

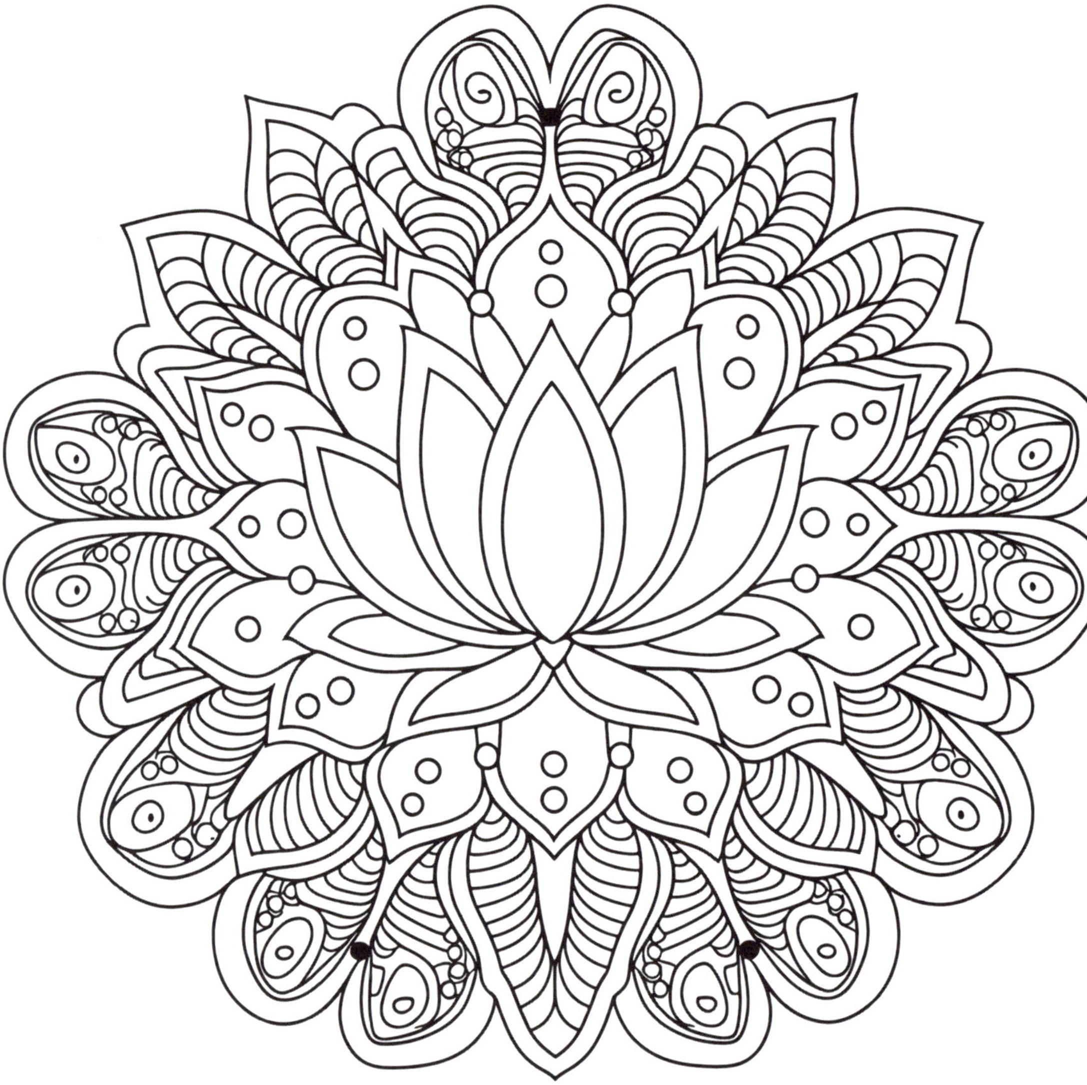

Hoy eliges ser tu propio remanso de paz.

En este rato, nada es más urgente que tu bienestar.

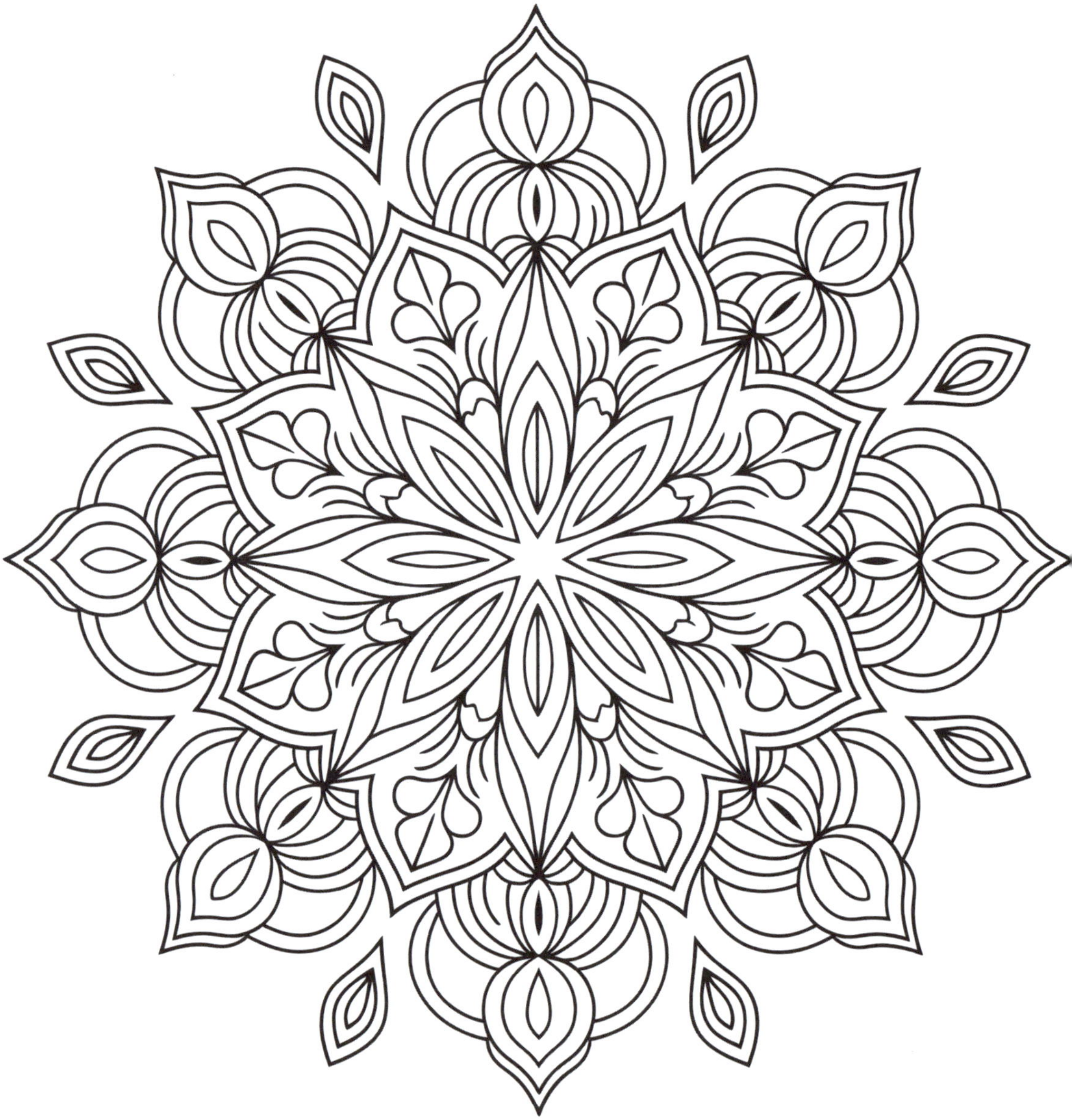

Deja que caiga la tensión con cada exhalación.

Tu única tarea ahora mismo: estar presente.

ENTRAR EN LA CALMA

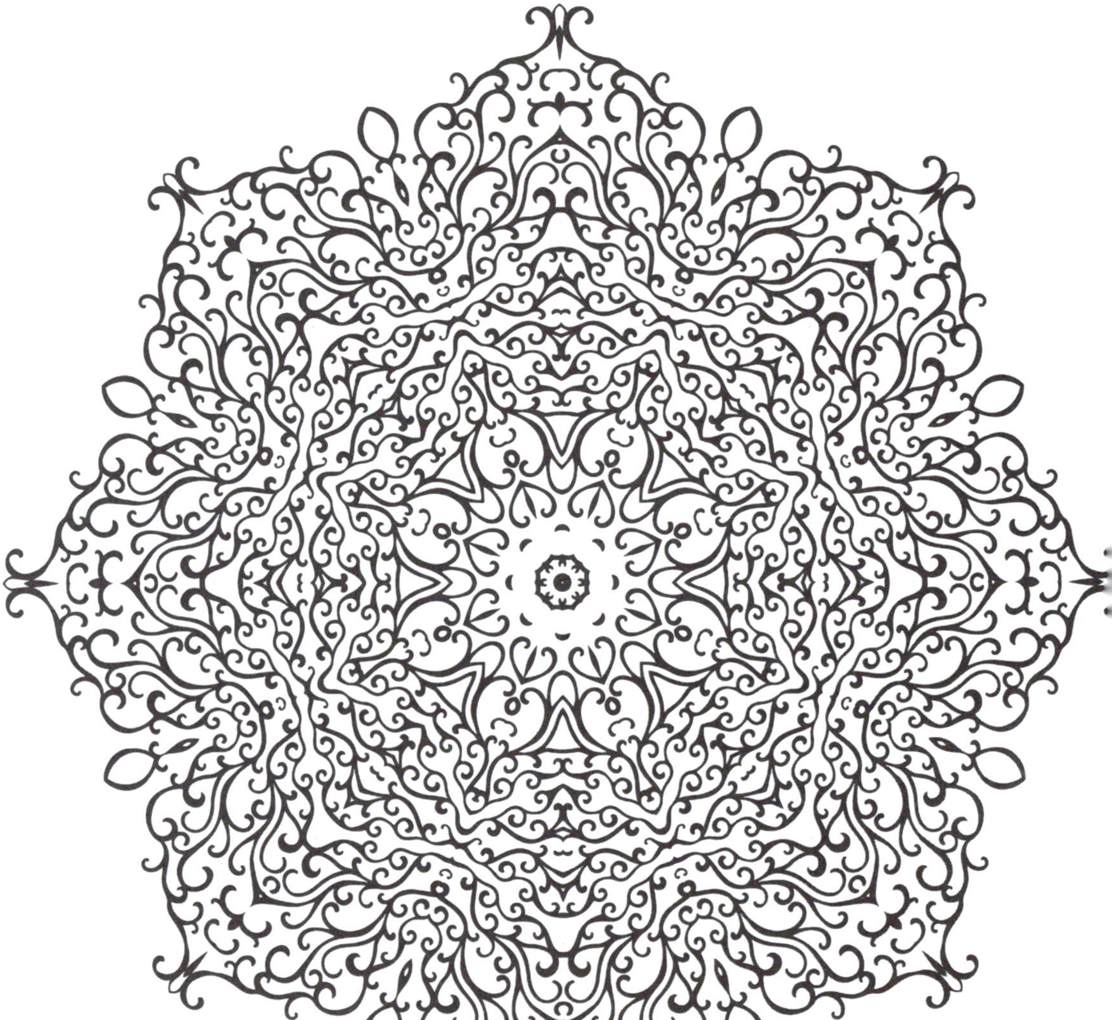

Este mandala no te exige nada, solo te acompaña.

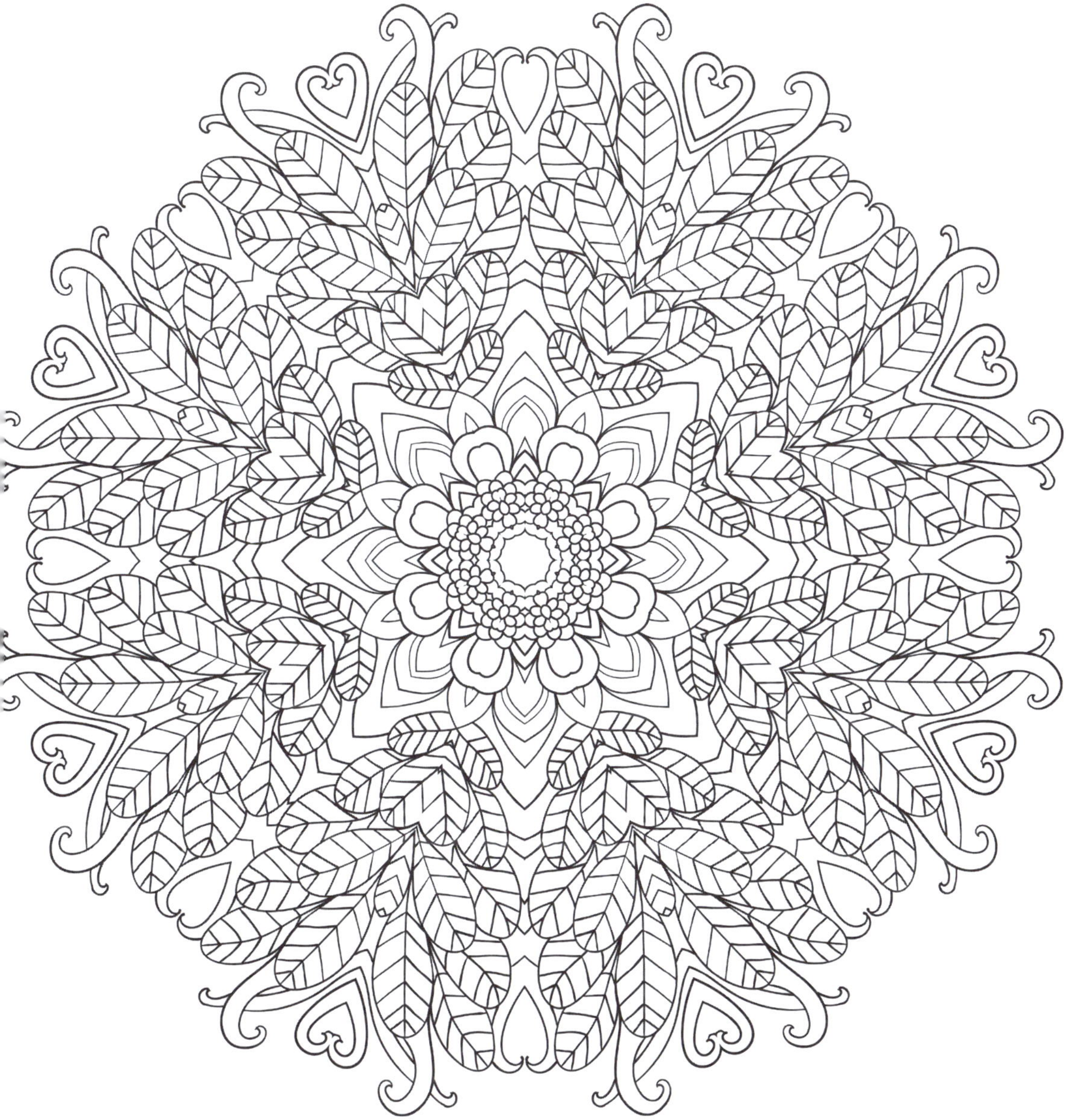

Cuando coloreas desde la calma, te abrazas por dentro.

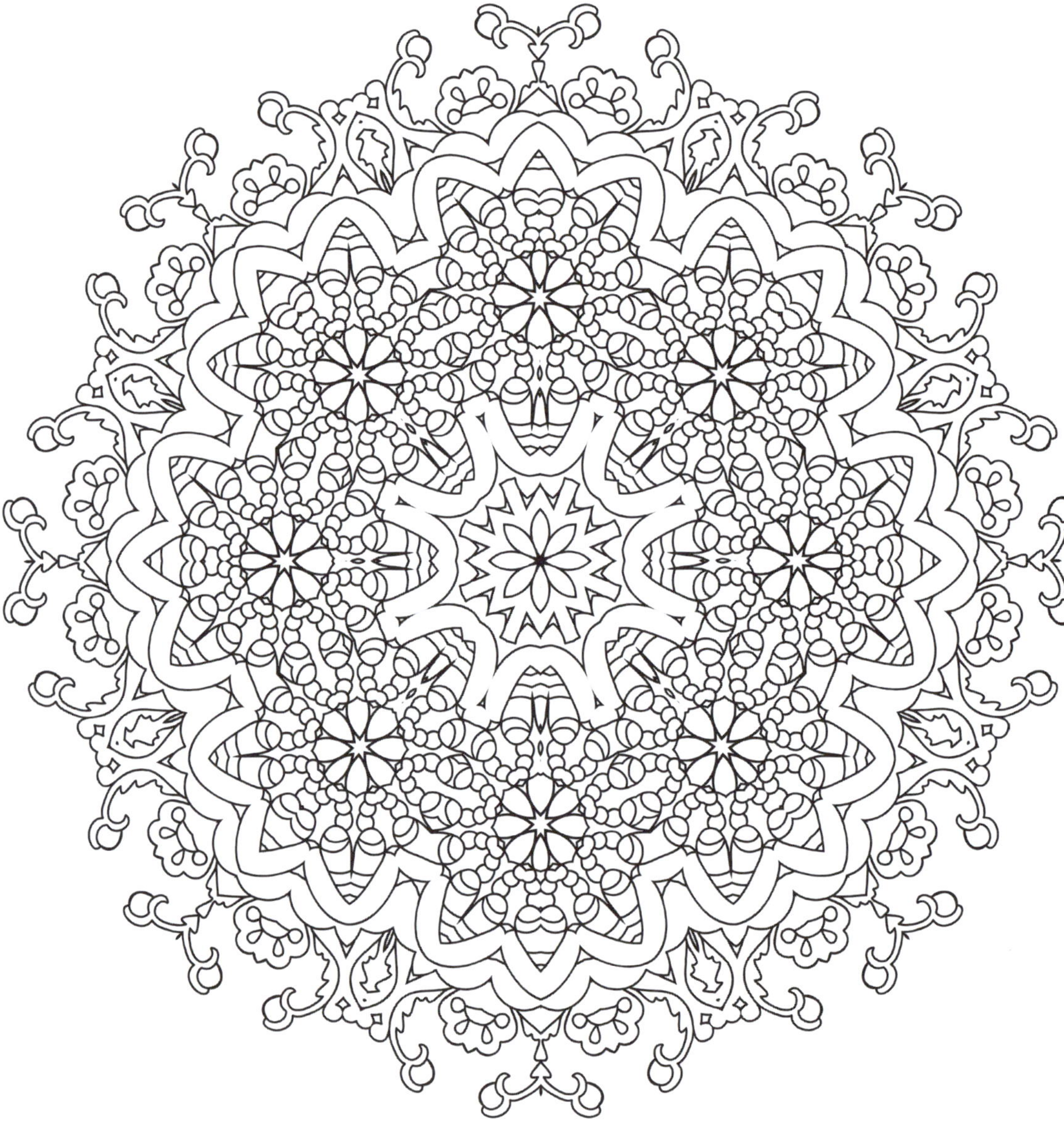

Tu mejor respuesta al estrés, por hoy, es este momento.

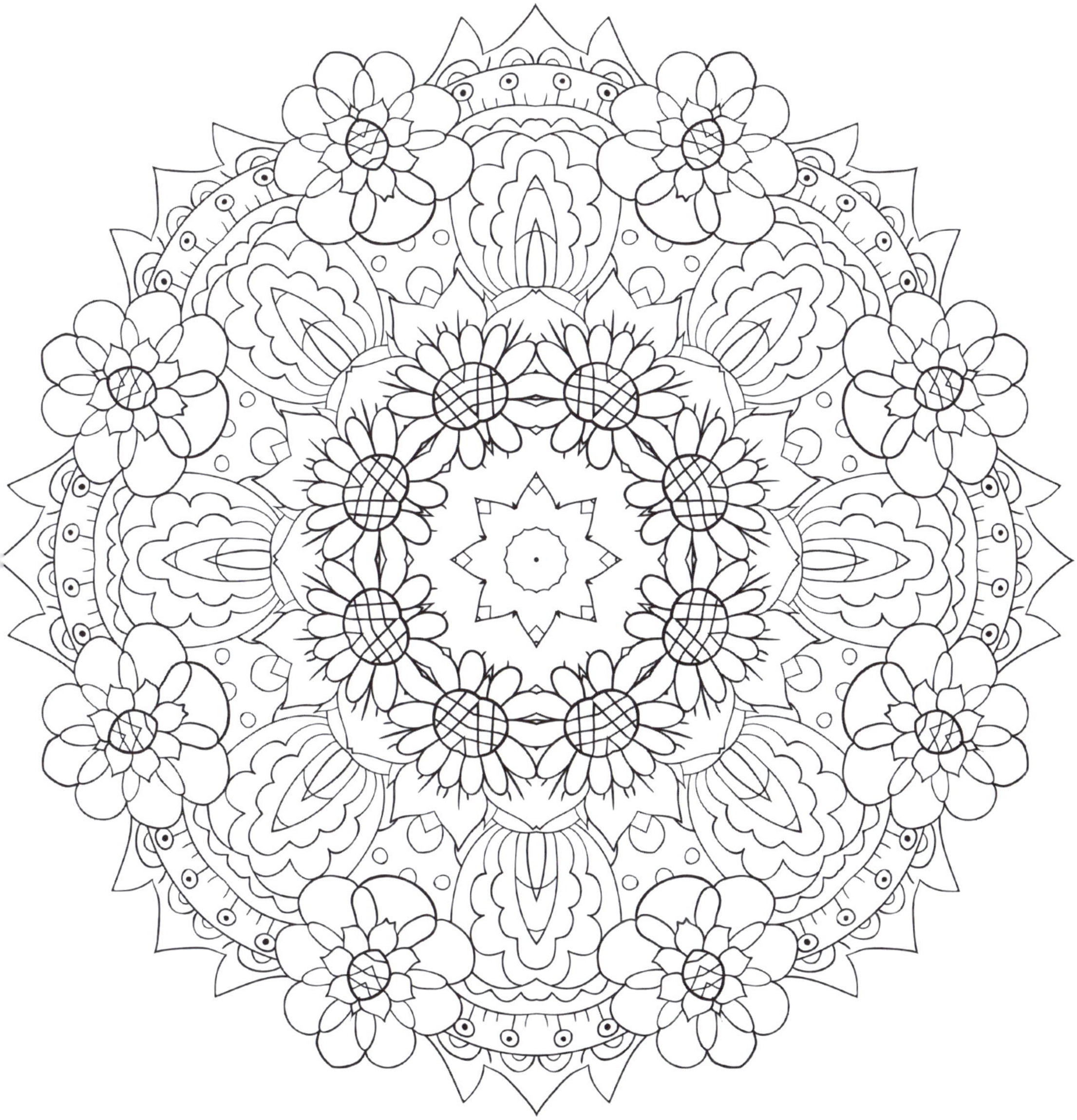

La paz que buscas fuera nace dentro de ti.

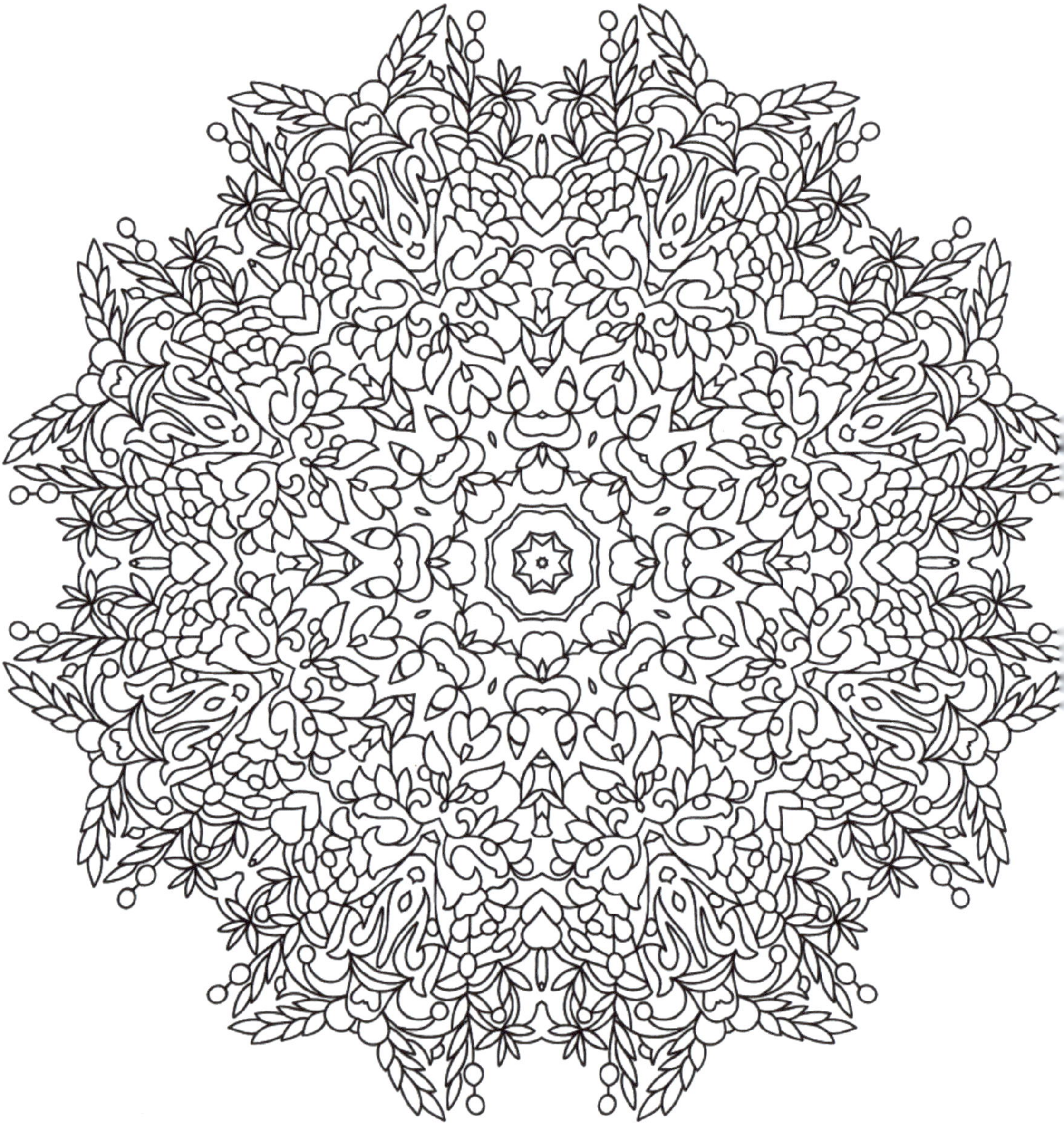

Cada trazo es una pequeña oración silenciosa.

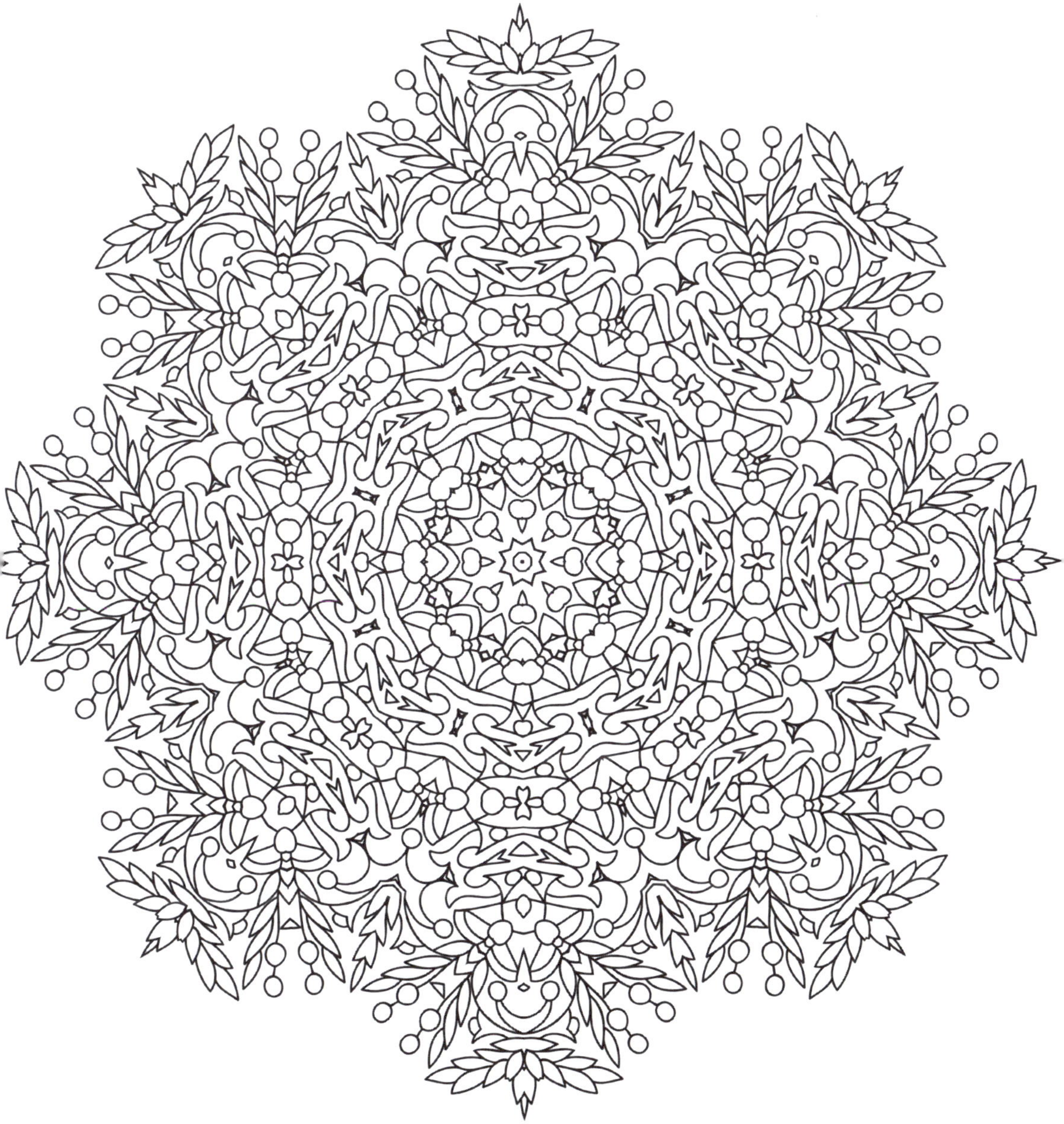

Deja que este mandala sea tu «om» en forma de color.

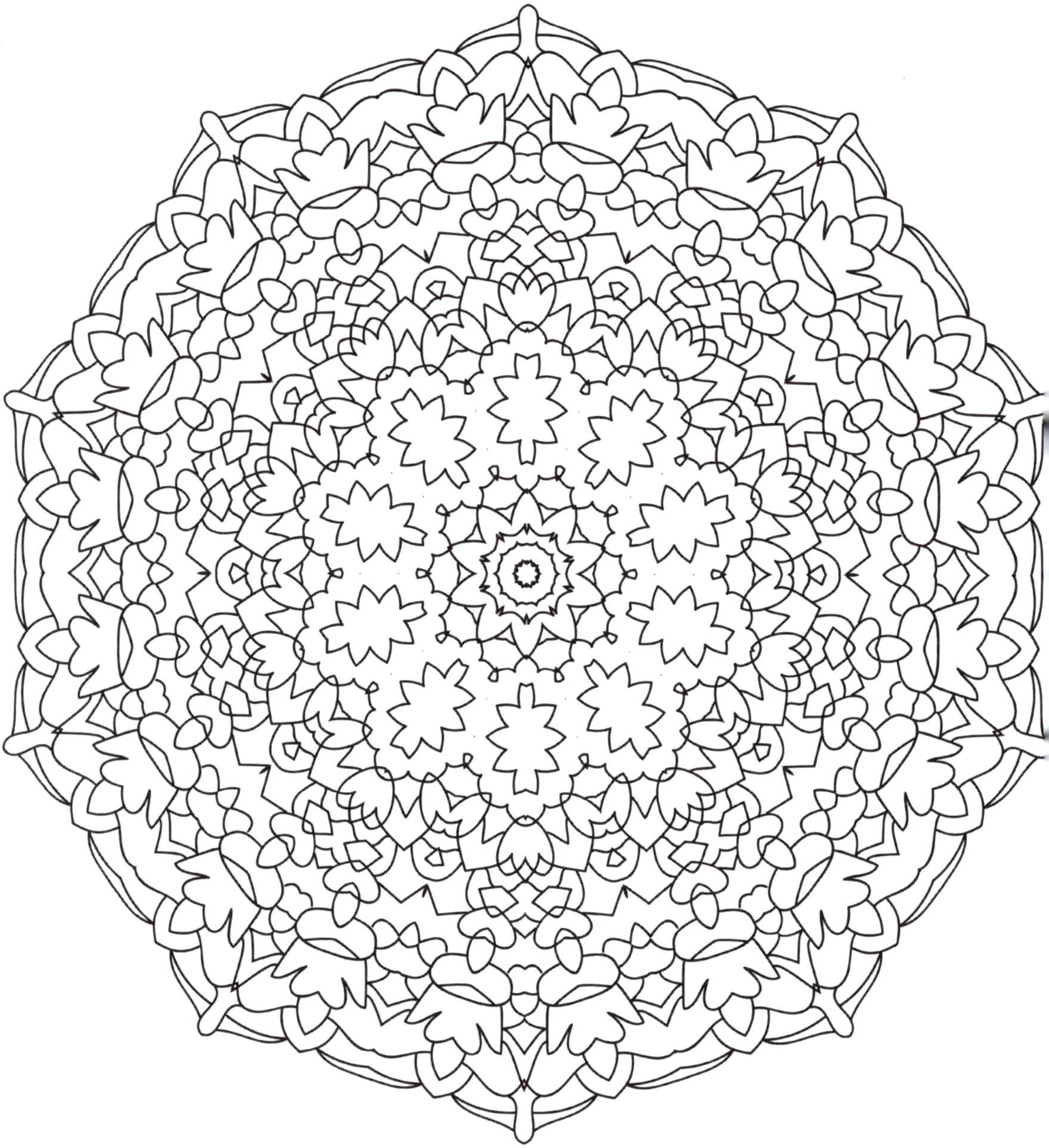

Mientras coloreas, el universo susurra: «Todo está bien».

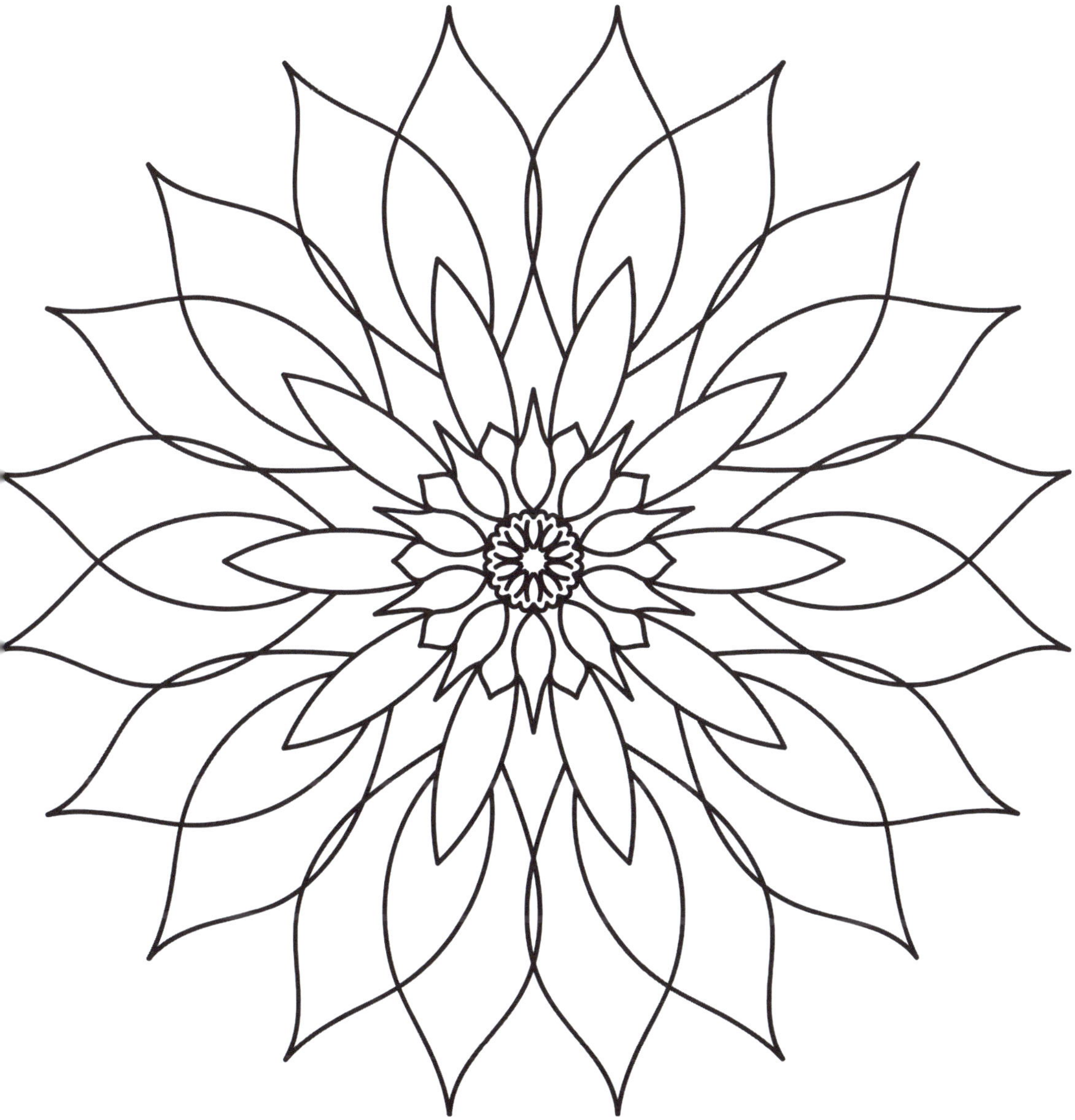

Eres respiración, eres luz, eres presencia.

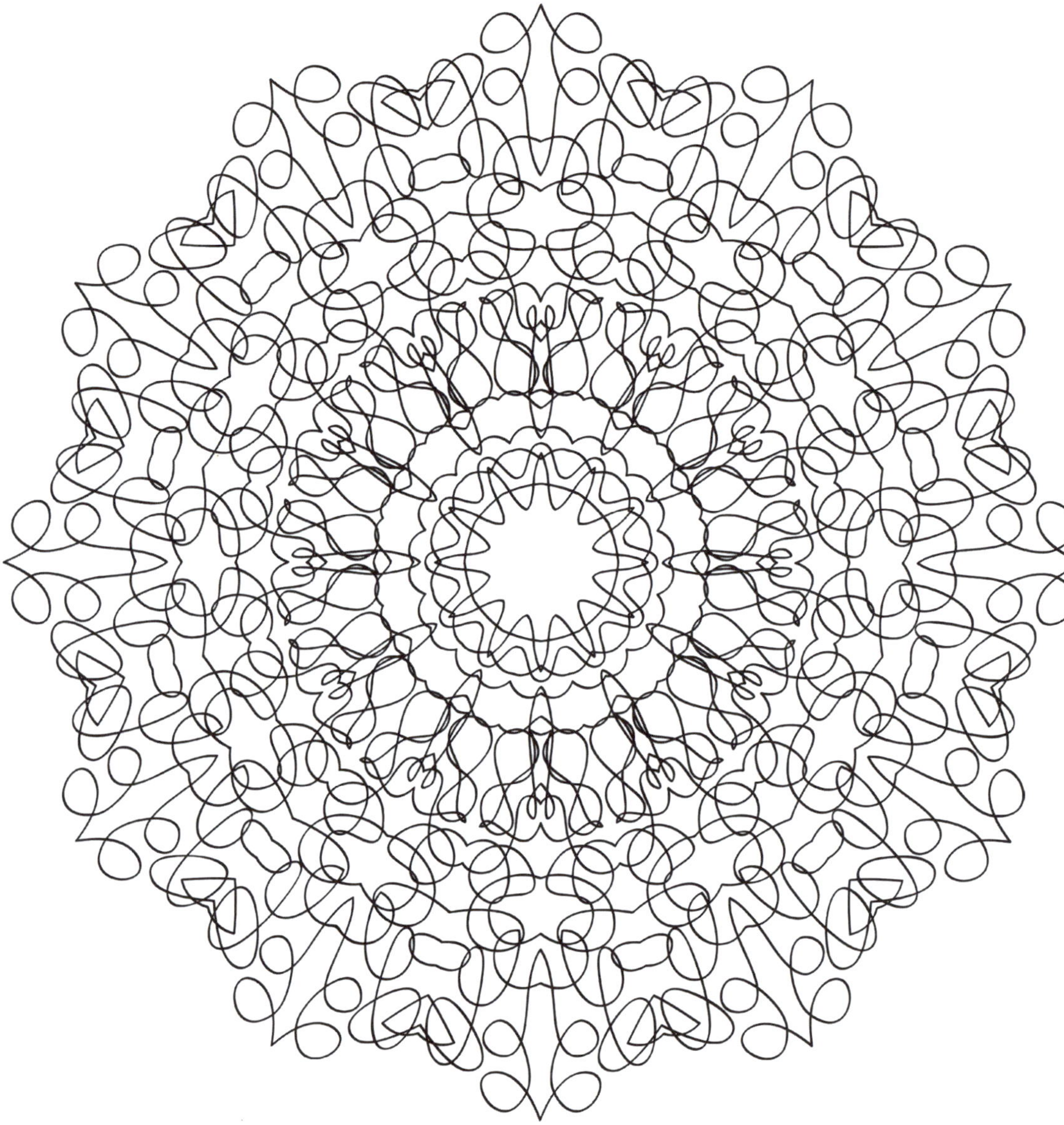

Este instante es tu templo interior.

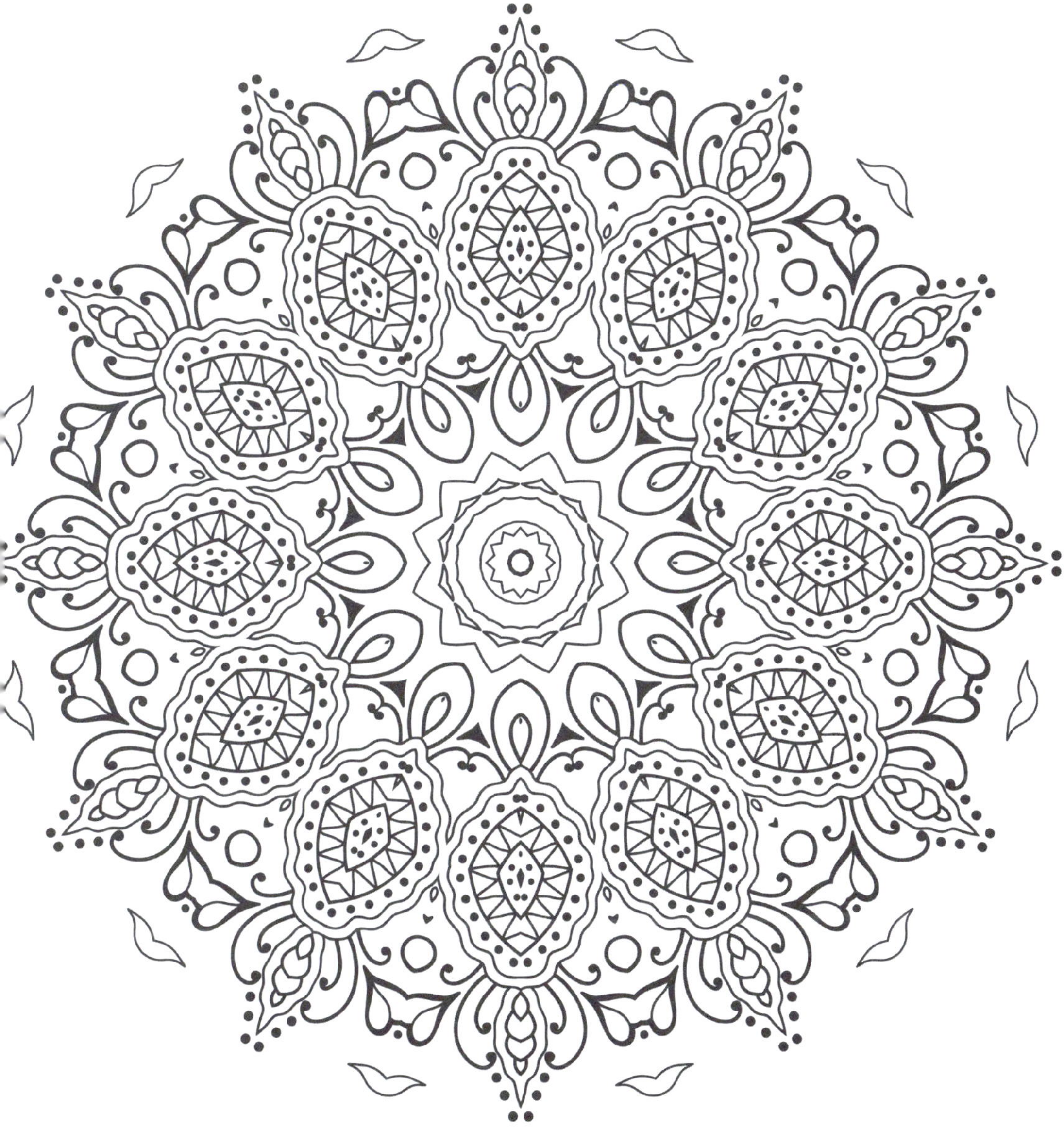

Con cada color, armonizas tu energía.

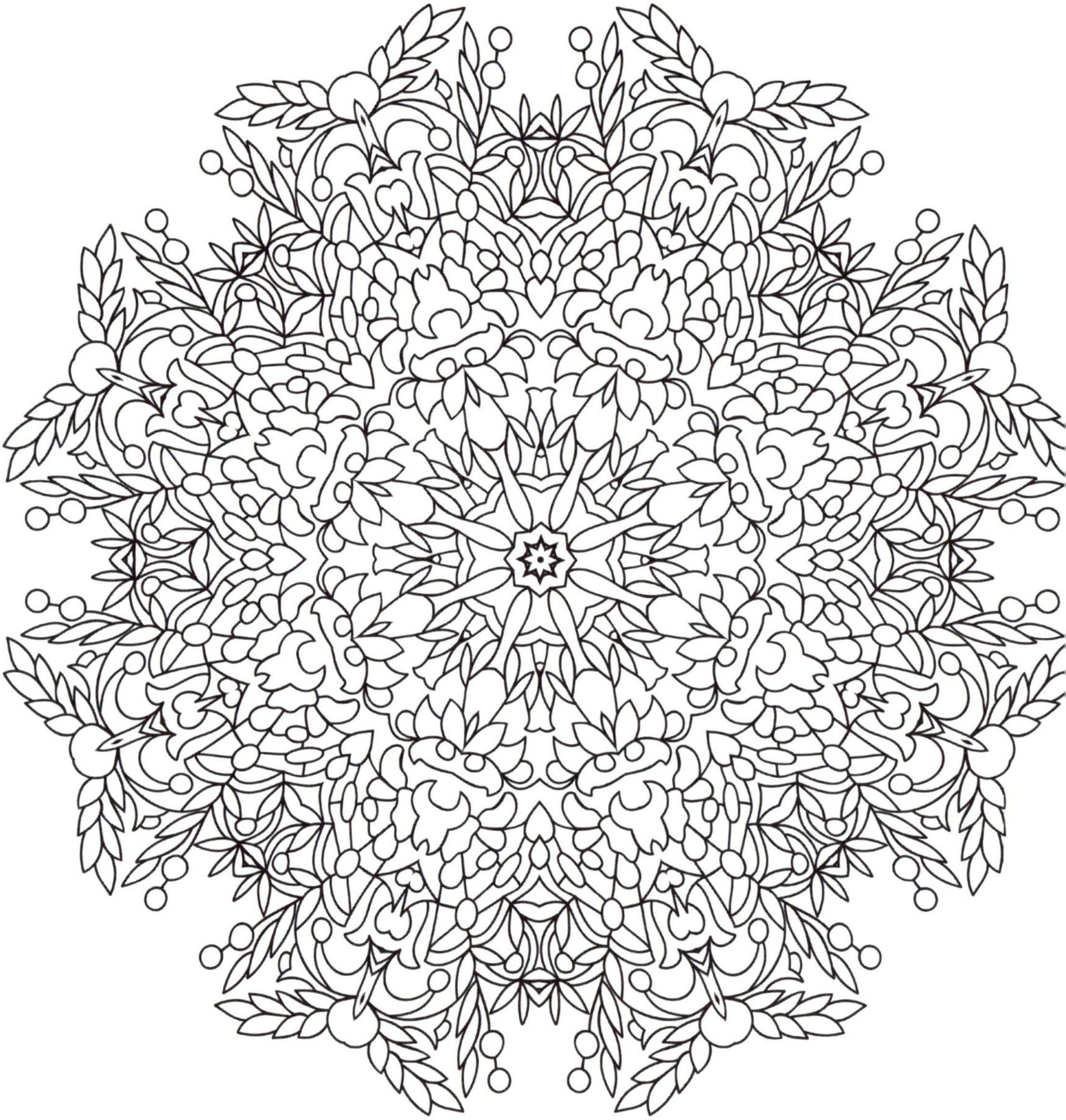

En el centro del mandala, también está el centro de tu ser.

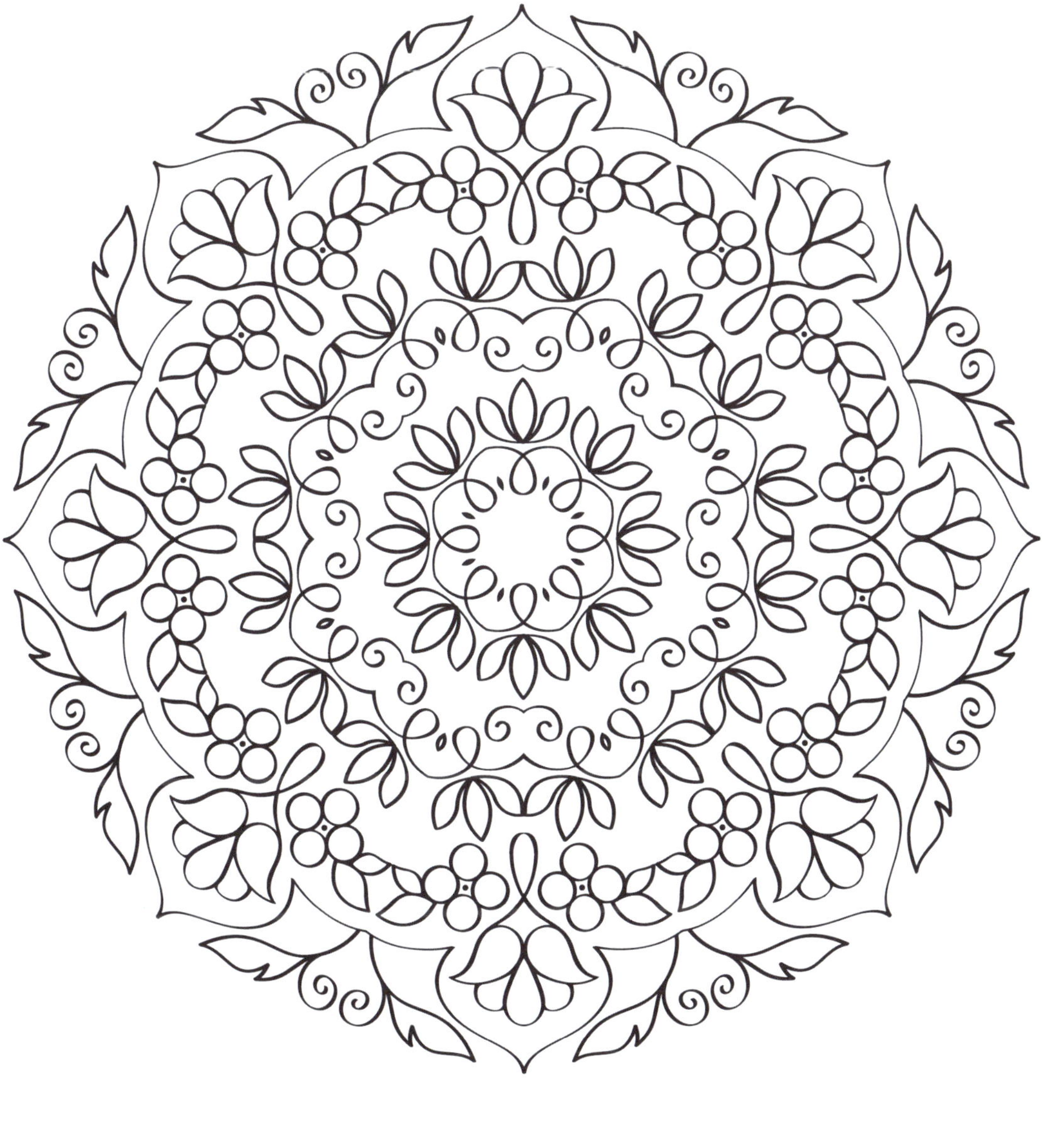

Siente cómo la calma entra con el aire... y la tensión se va.

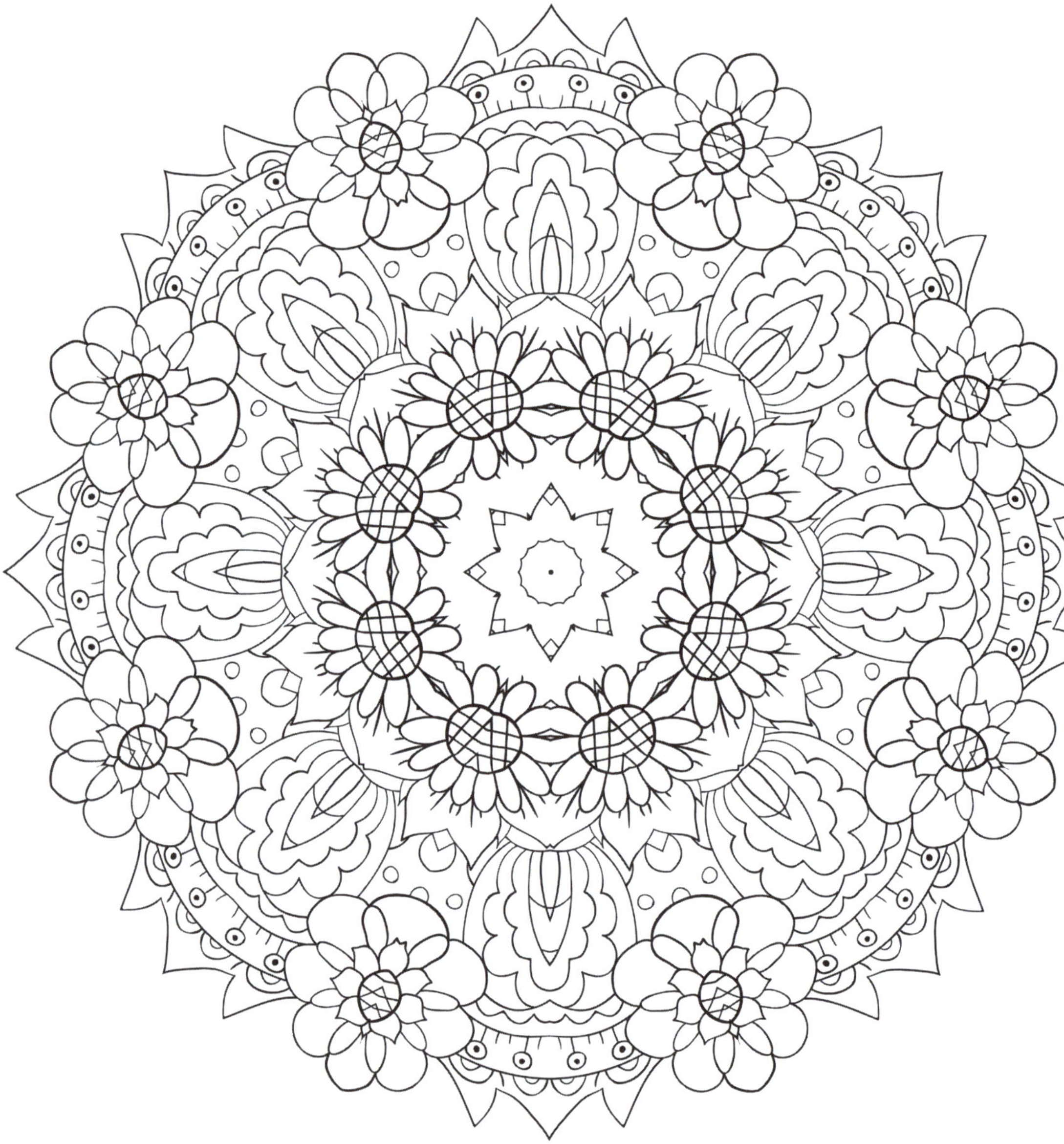

Cuando estás presente, la vida se vuelve sagrada.

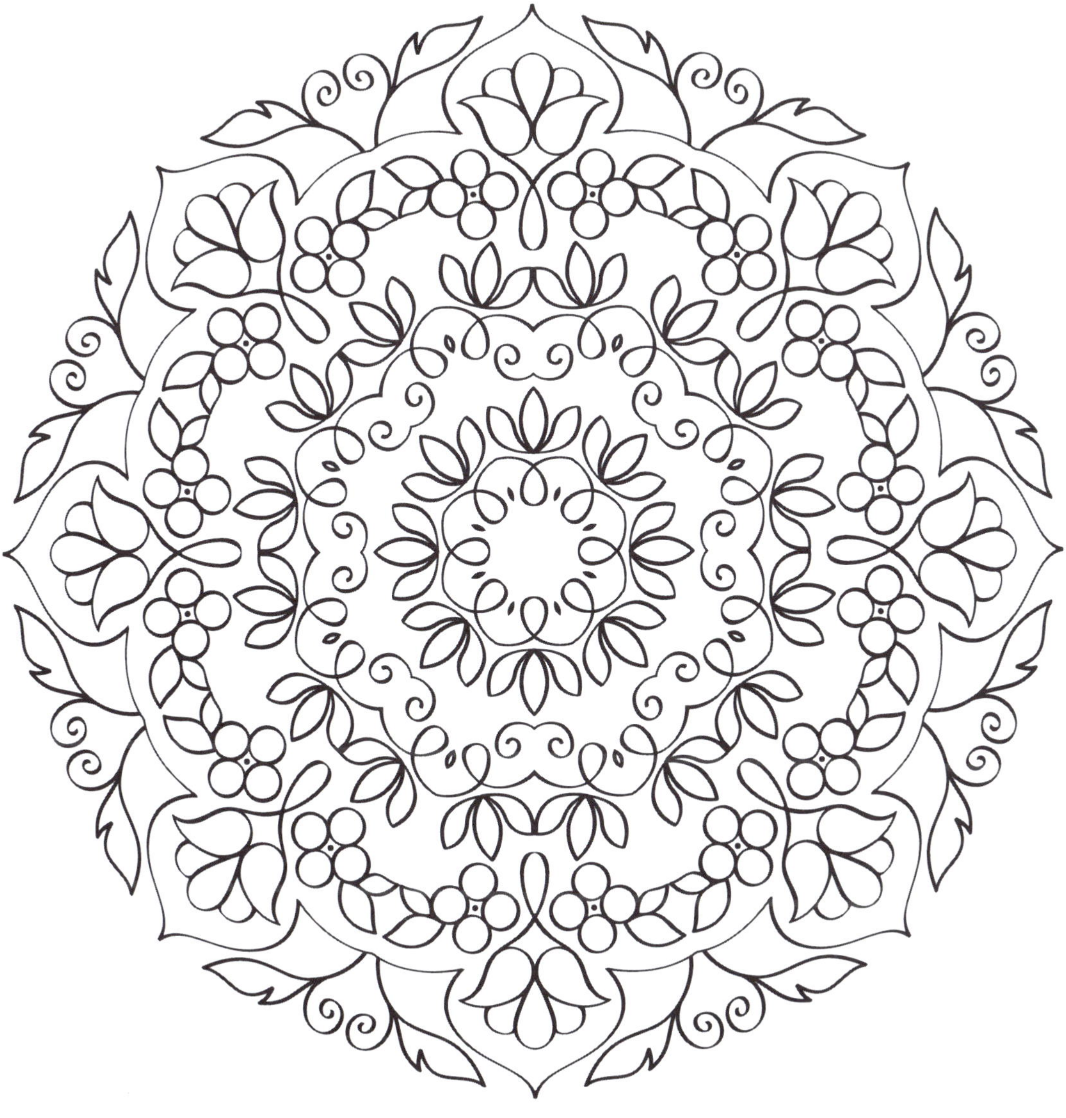

Este mandala es un espejo de tu mundo interior.

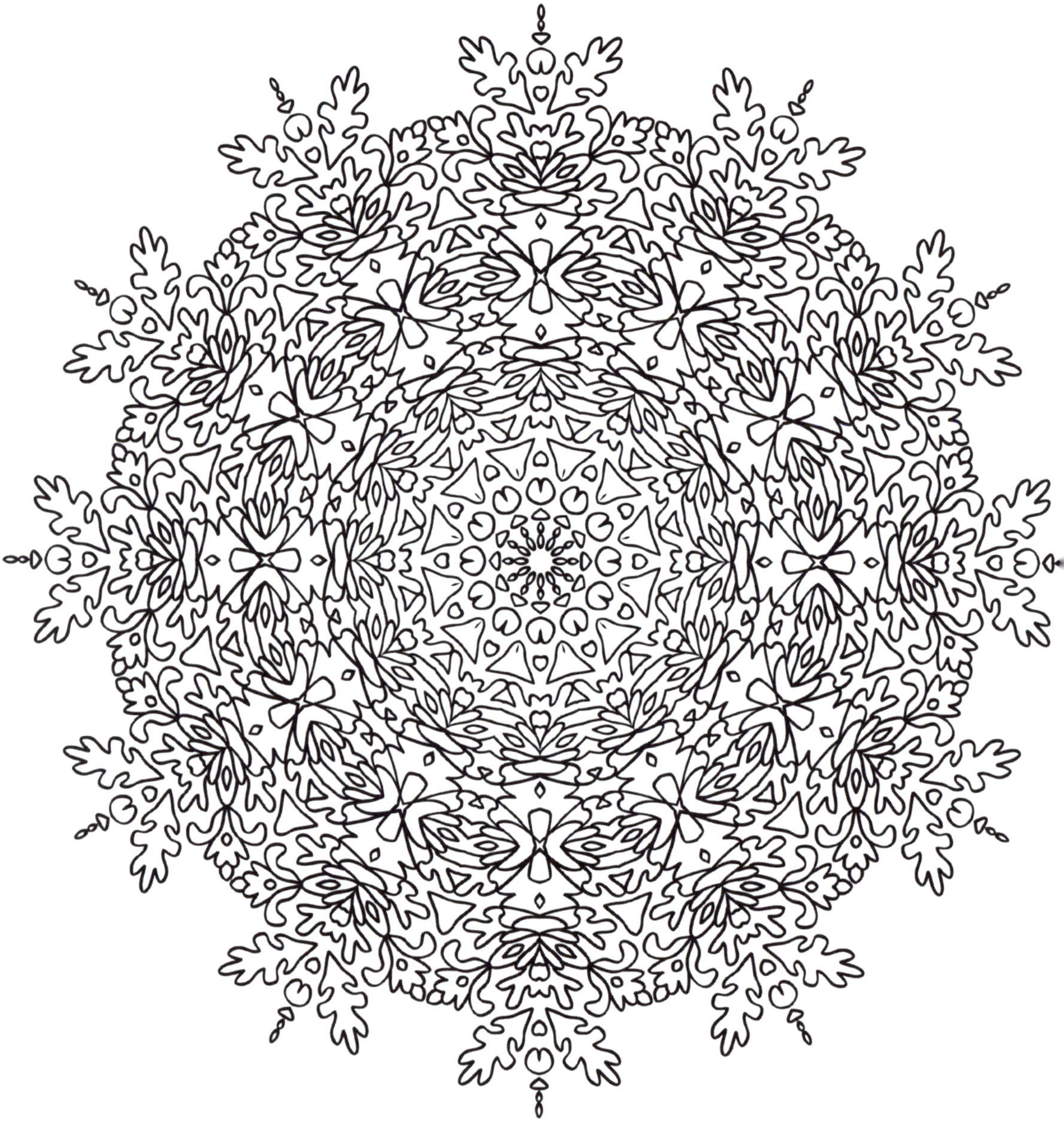

Que cada trazo te acerque un poco más a ti.

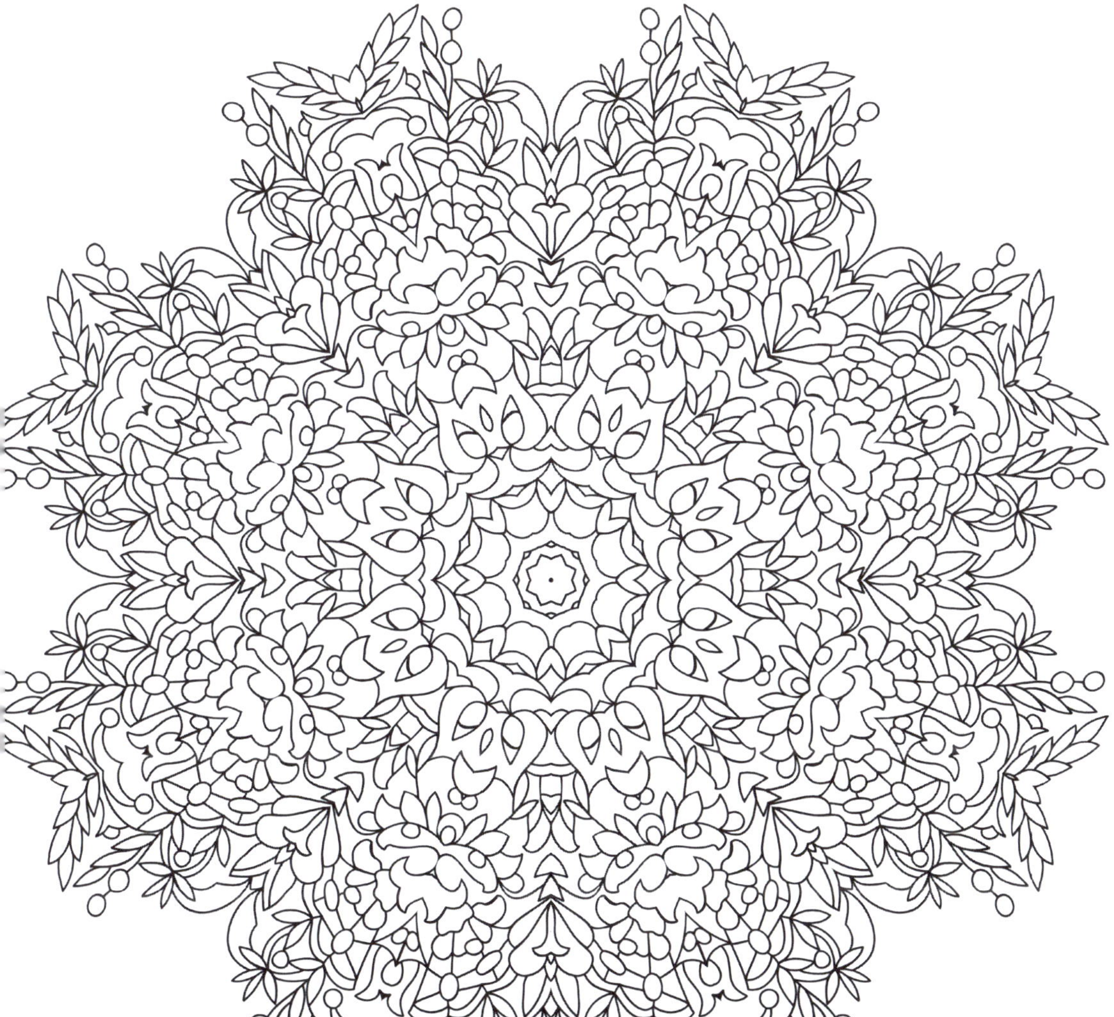

En cada línea hay una invitación a la serenidad.

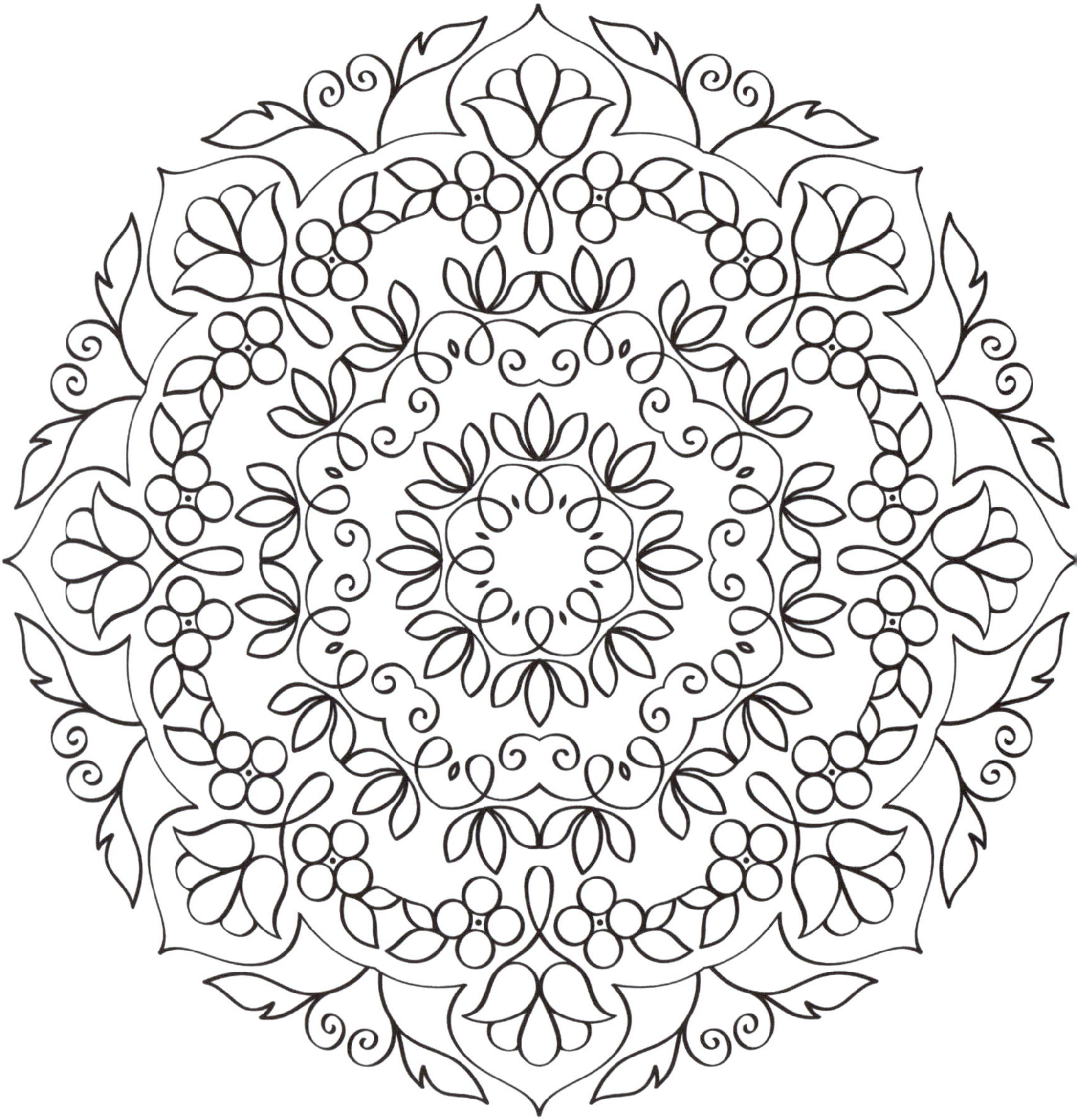

La luz que pones en el papel despierta la luz que llevas dentro.

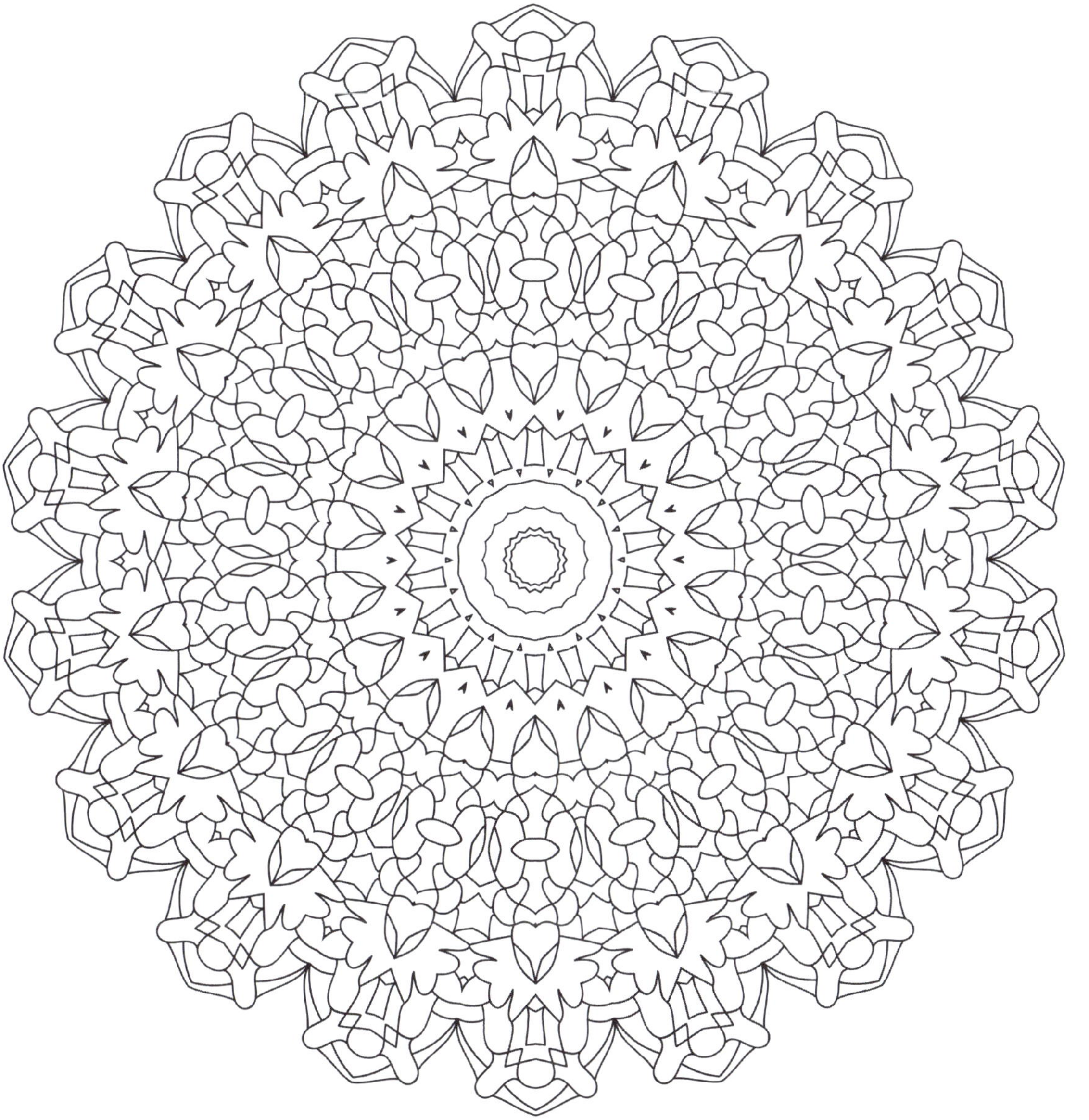

Deja que tu corazón marque el ritmo, no tu mente.

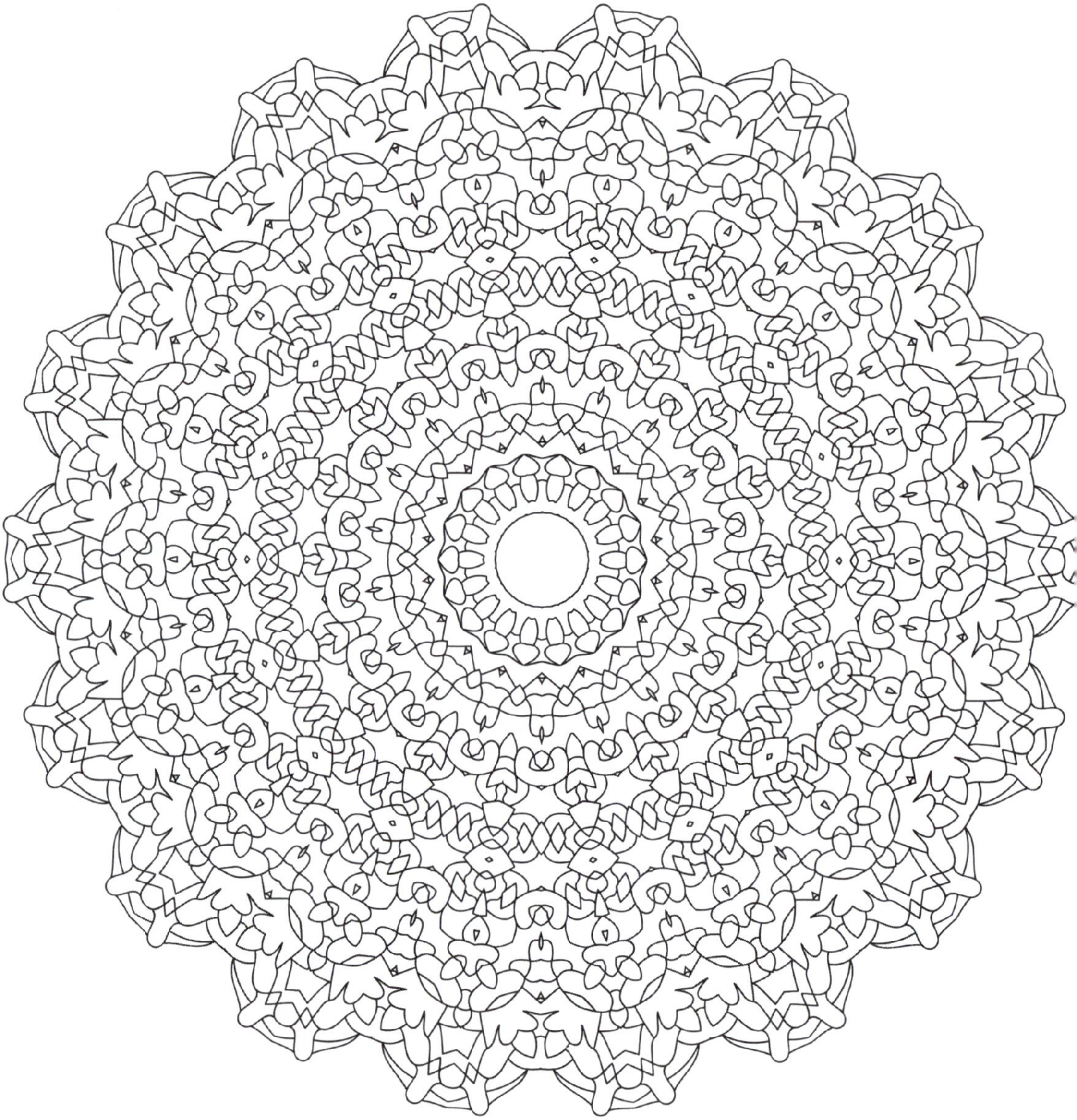

Cada color que eliges es una forma de decir «gracias» a la vida.

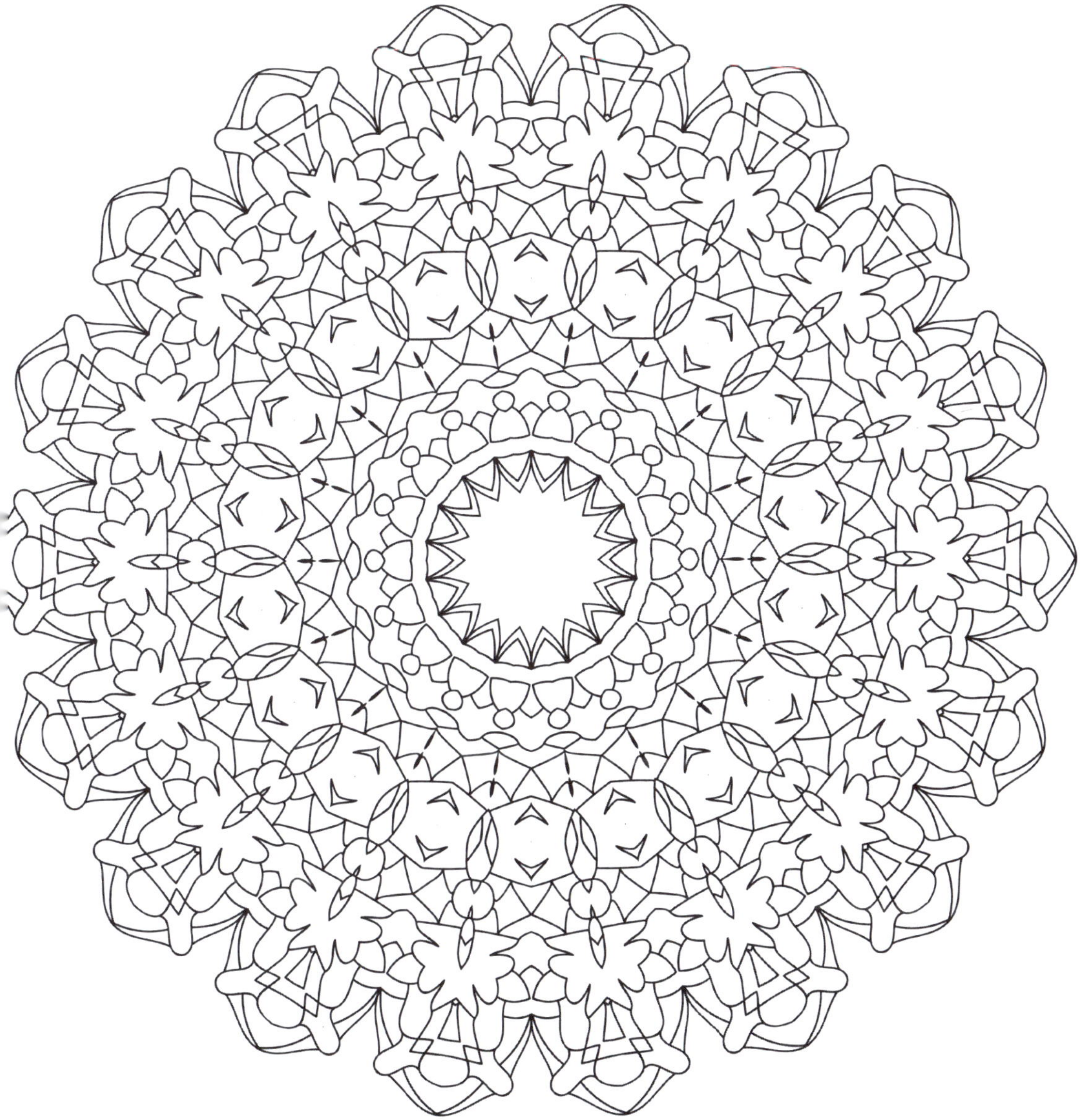

Aquí y ahora es tu única práctica espiritual.

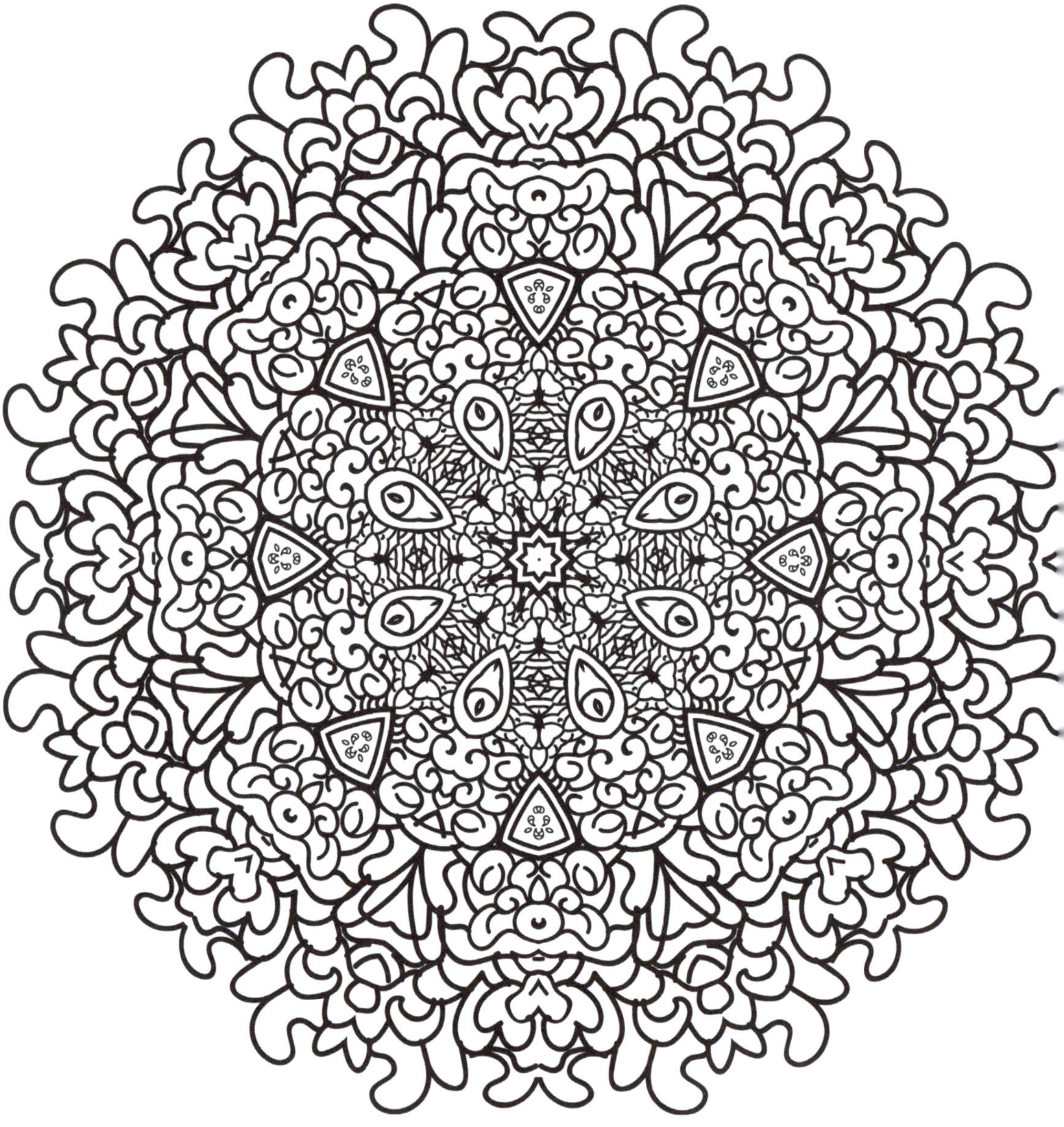

Mientras coloreas, la mente se rinde y el alma respira.

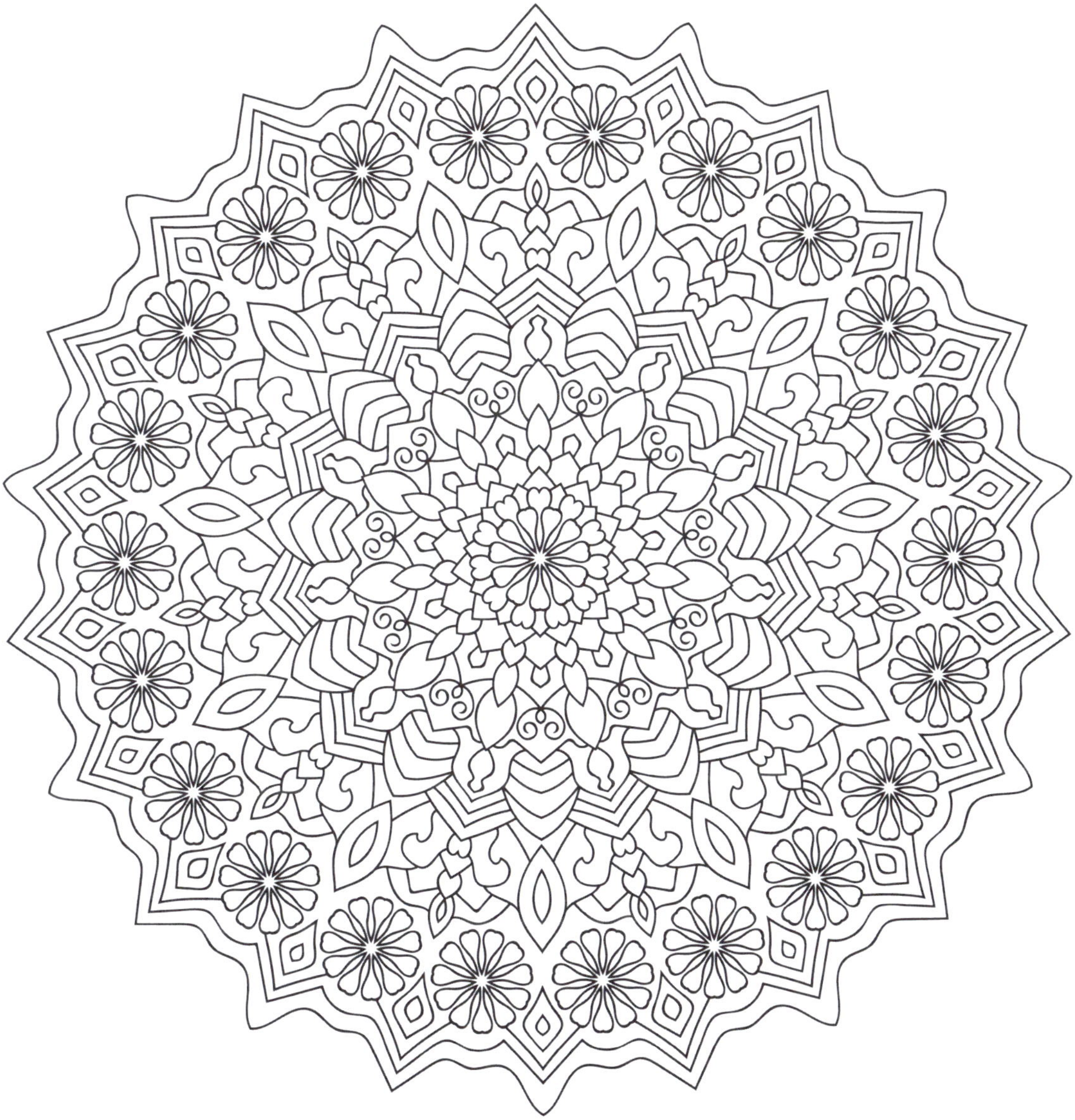

Este mandala es tu pequeño altar de paz cotidiana.

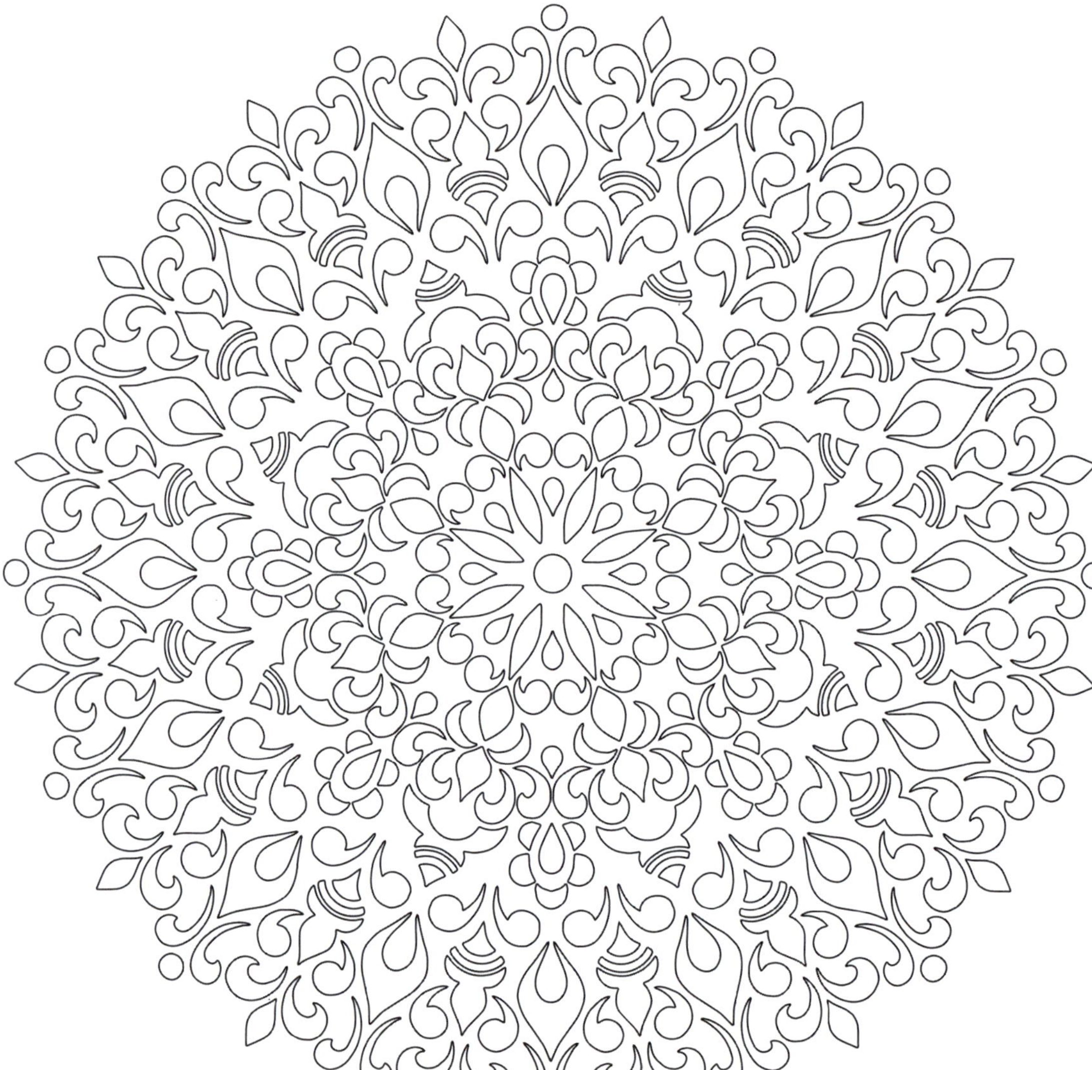

Colorea como quien reza: con calma y con amor.

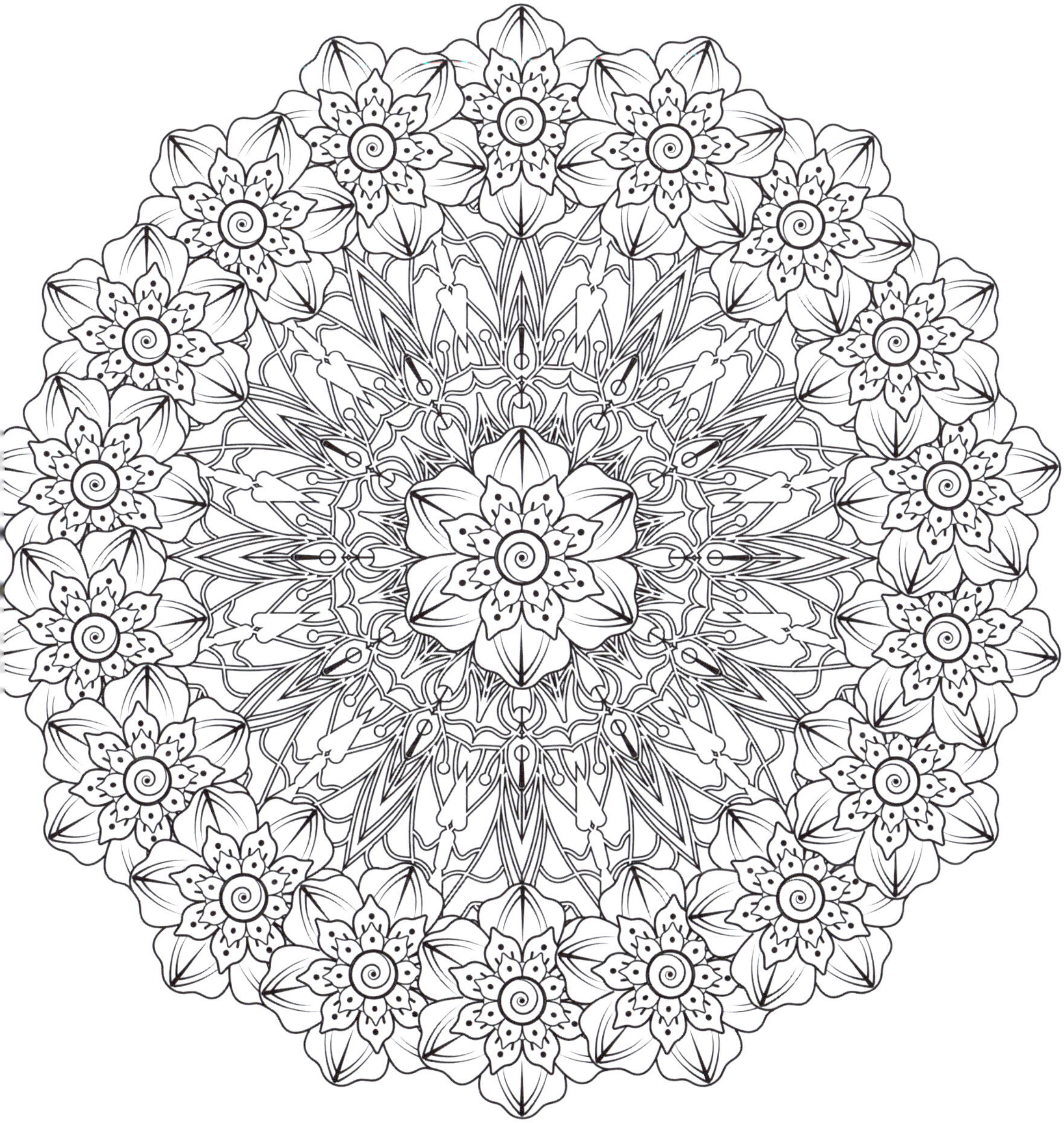

Hoy eliges la compasión, empezando por ti.

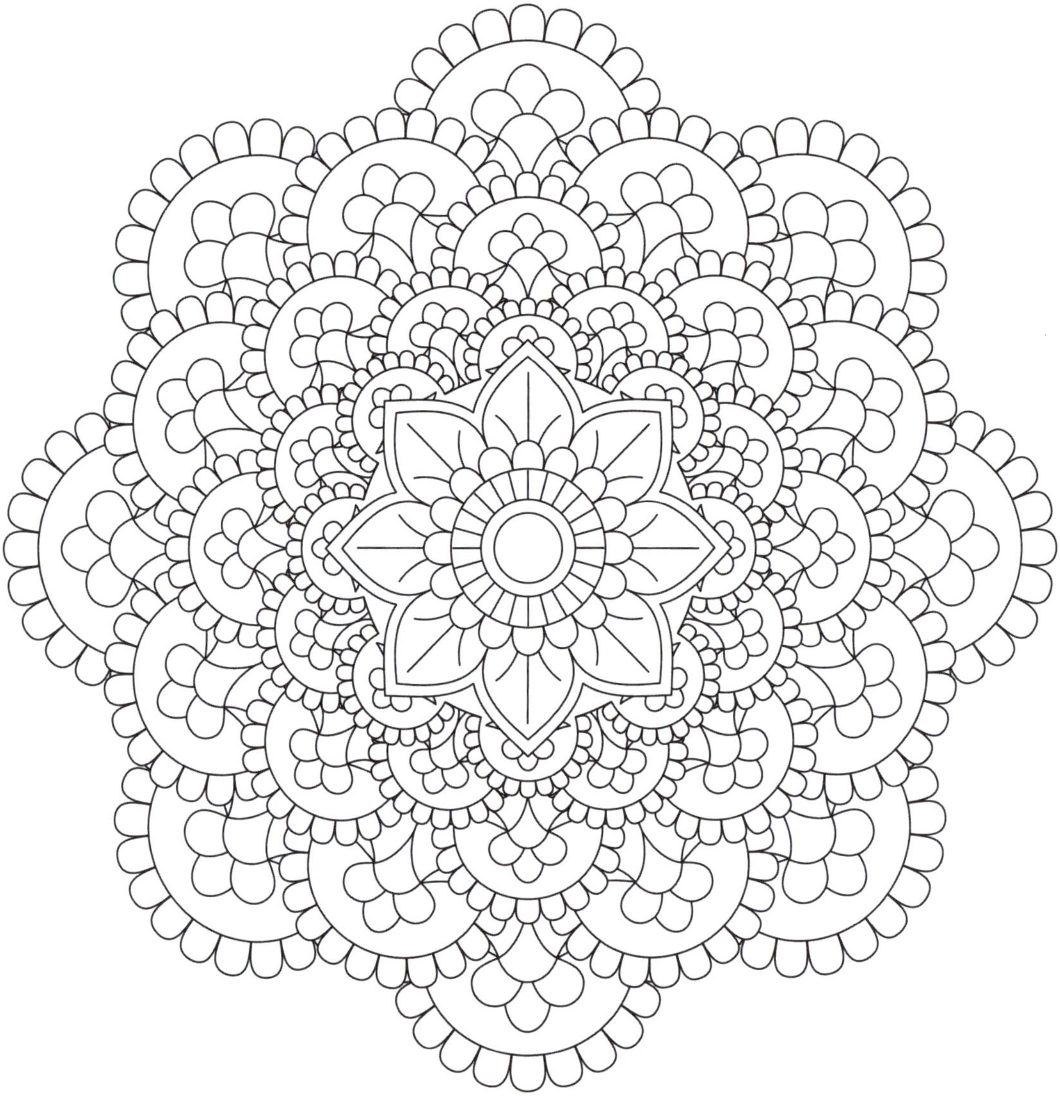

Escucha el silencio entre respiración y respiración: ahí habitas tú.

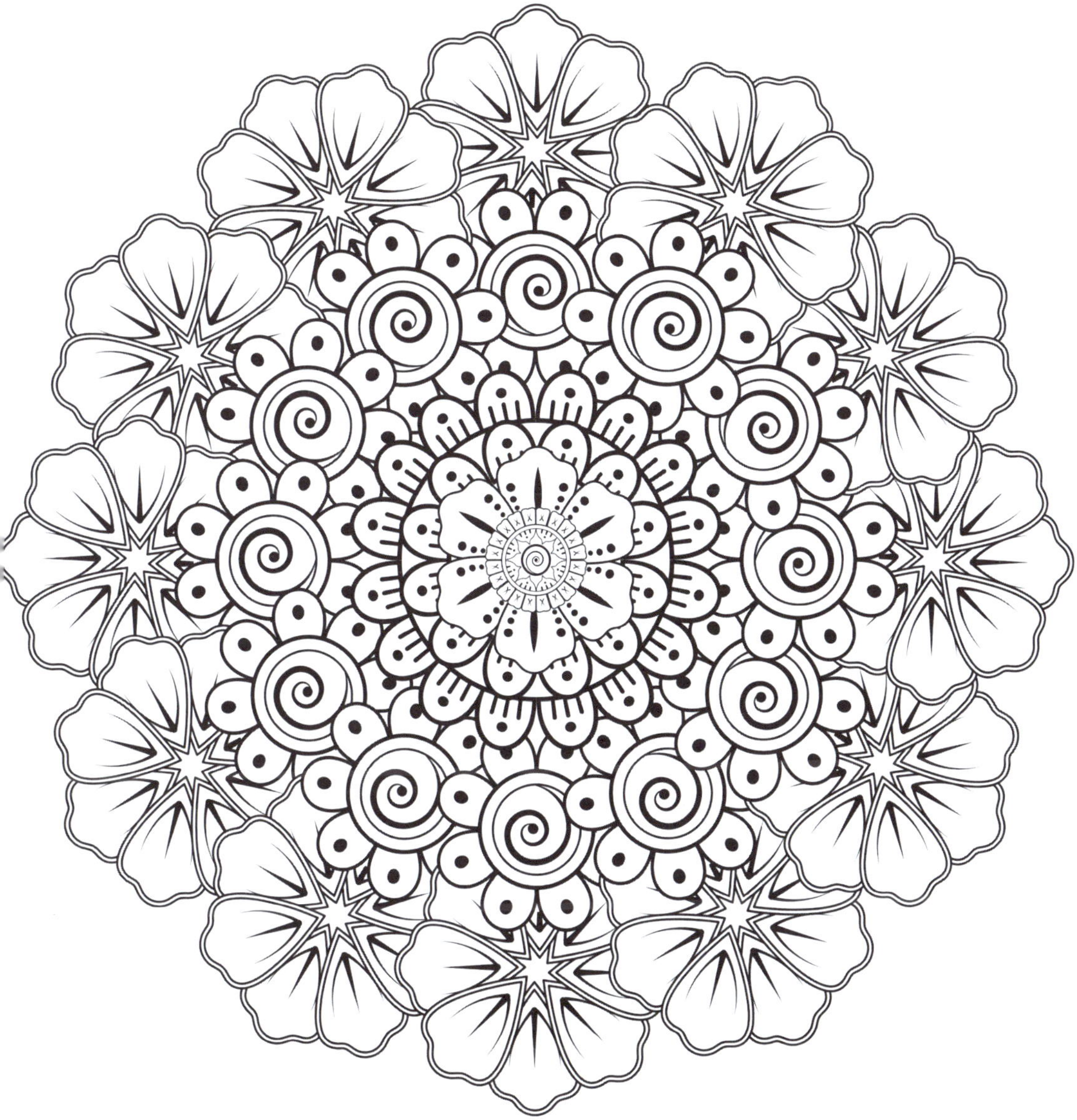

Permite que este momento te reconcilie contigo misma.

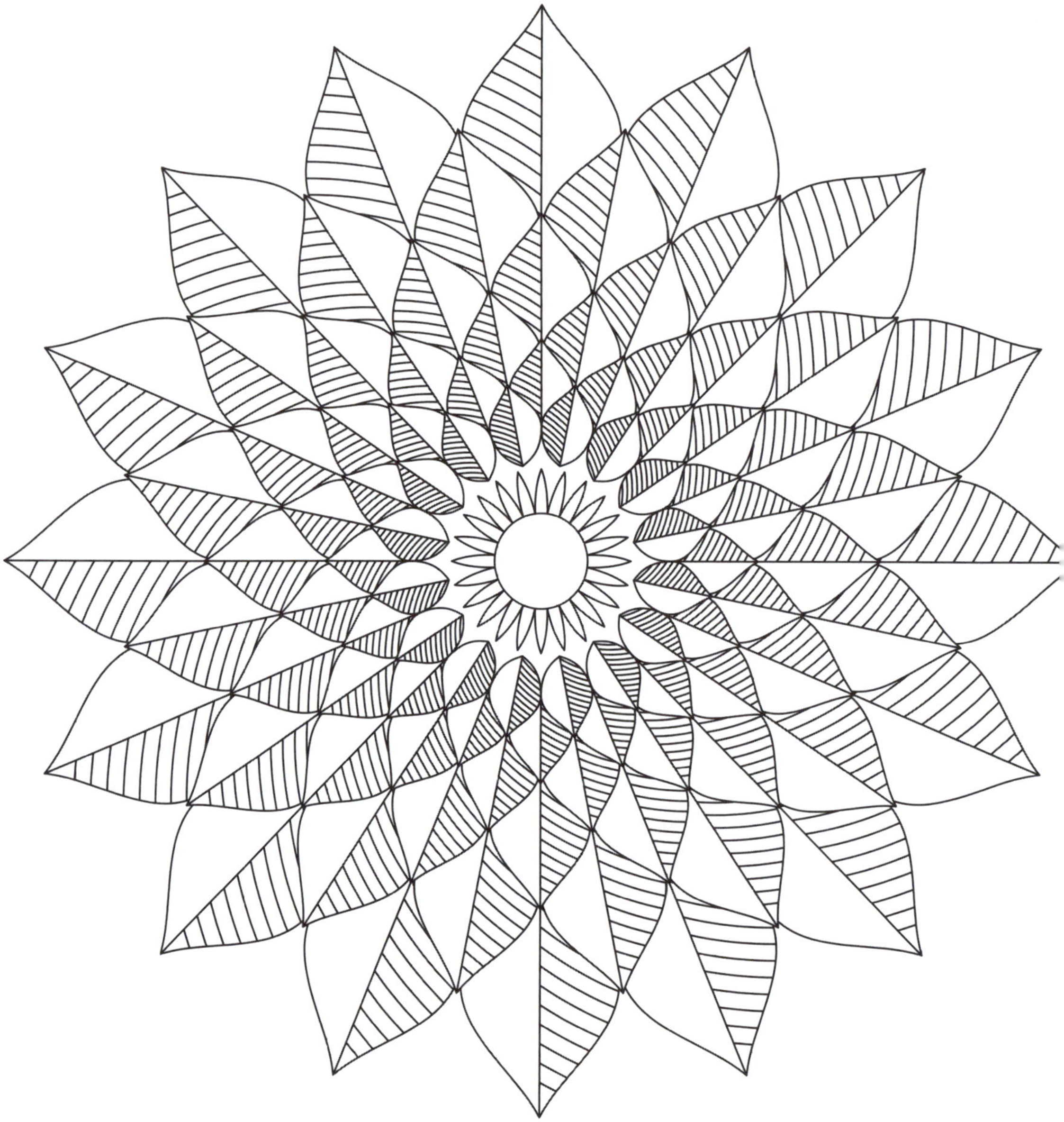

No estás sola: la vida te acompaña en cada inhalación.

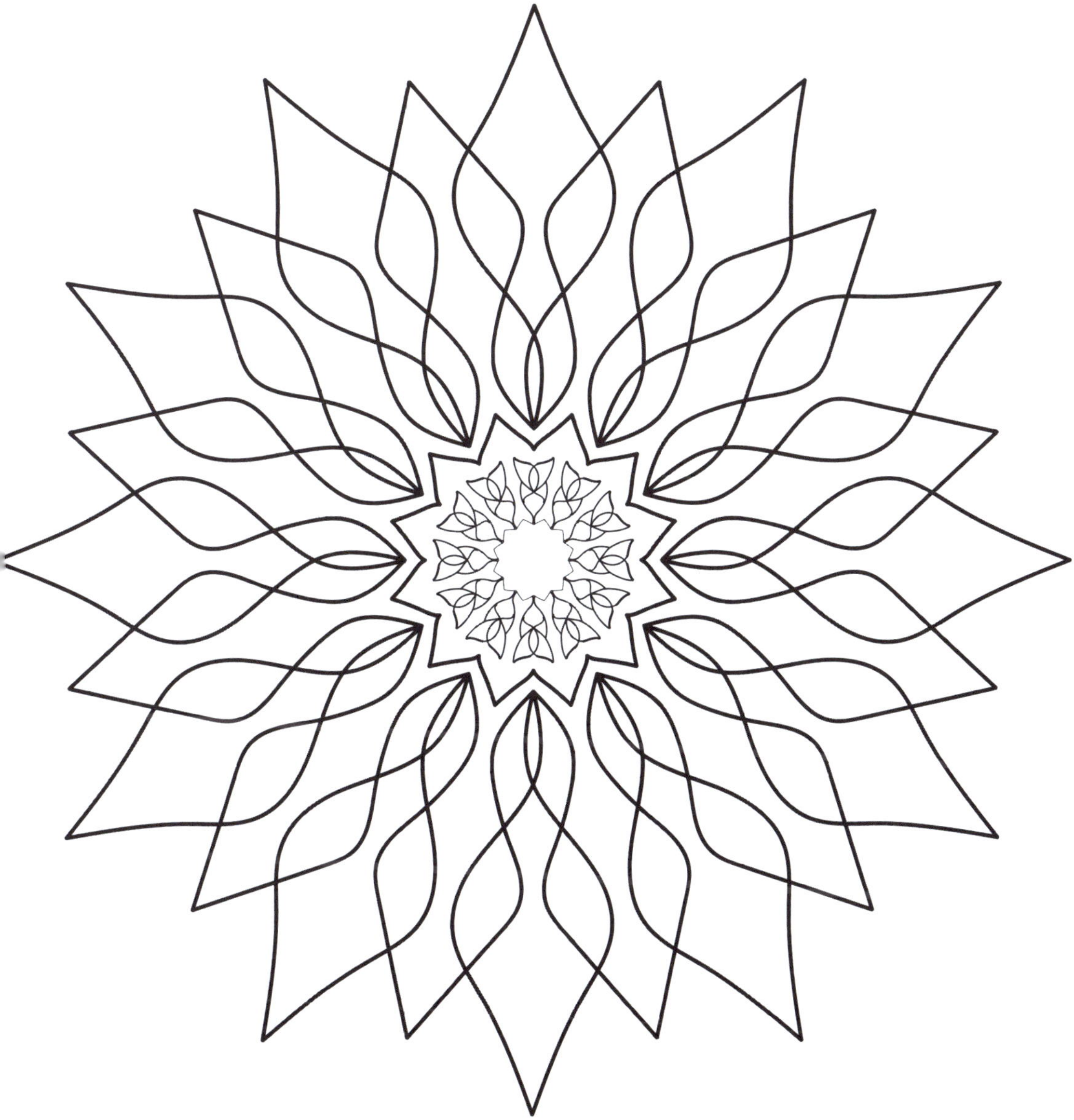

Que cada vuelta del mandala sea un «sí» a tu camino.

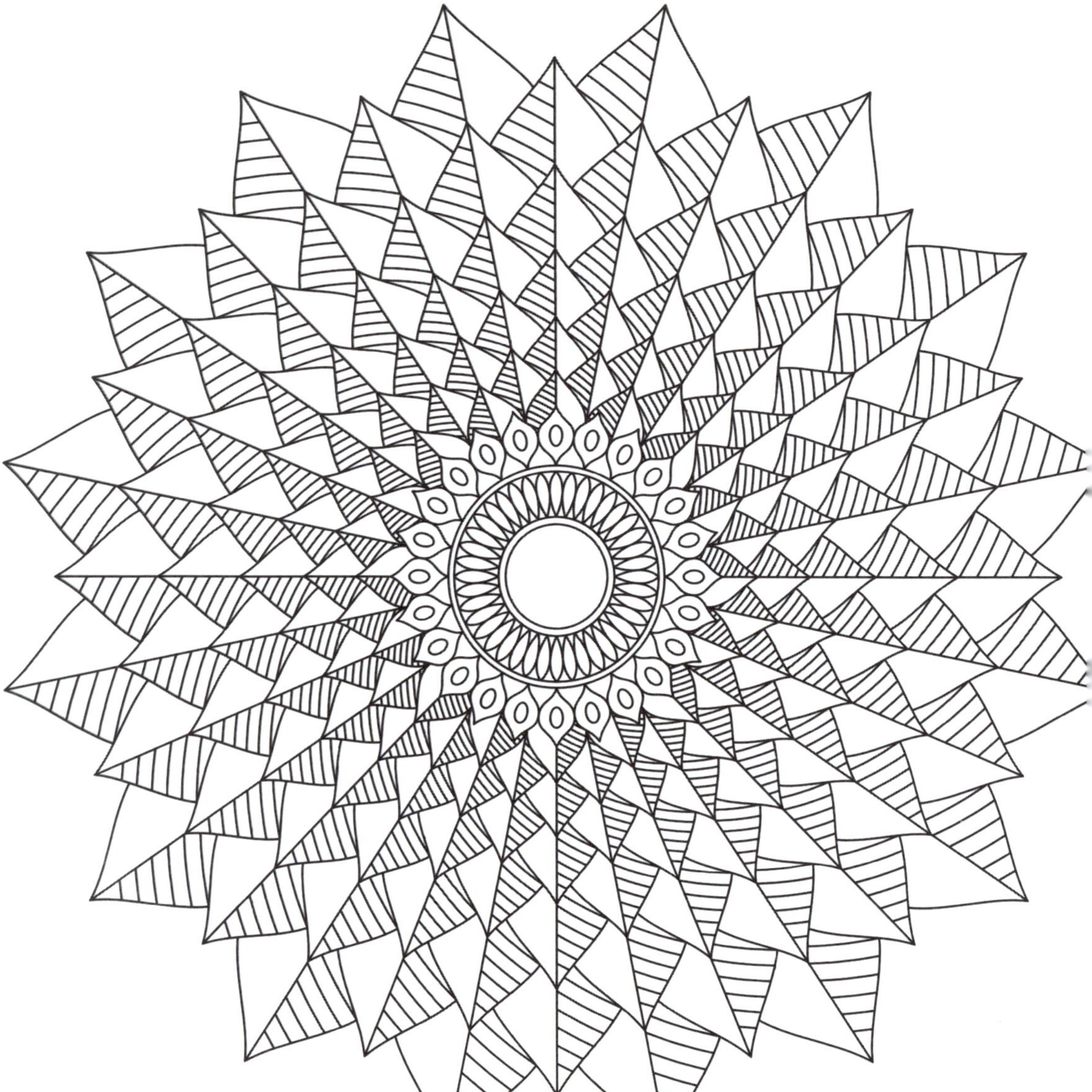

Tu alma entiende el lenguaje del color.

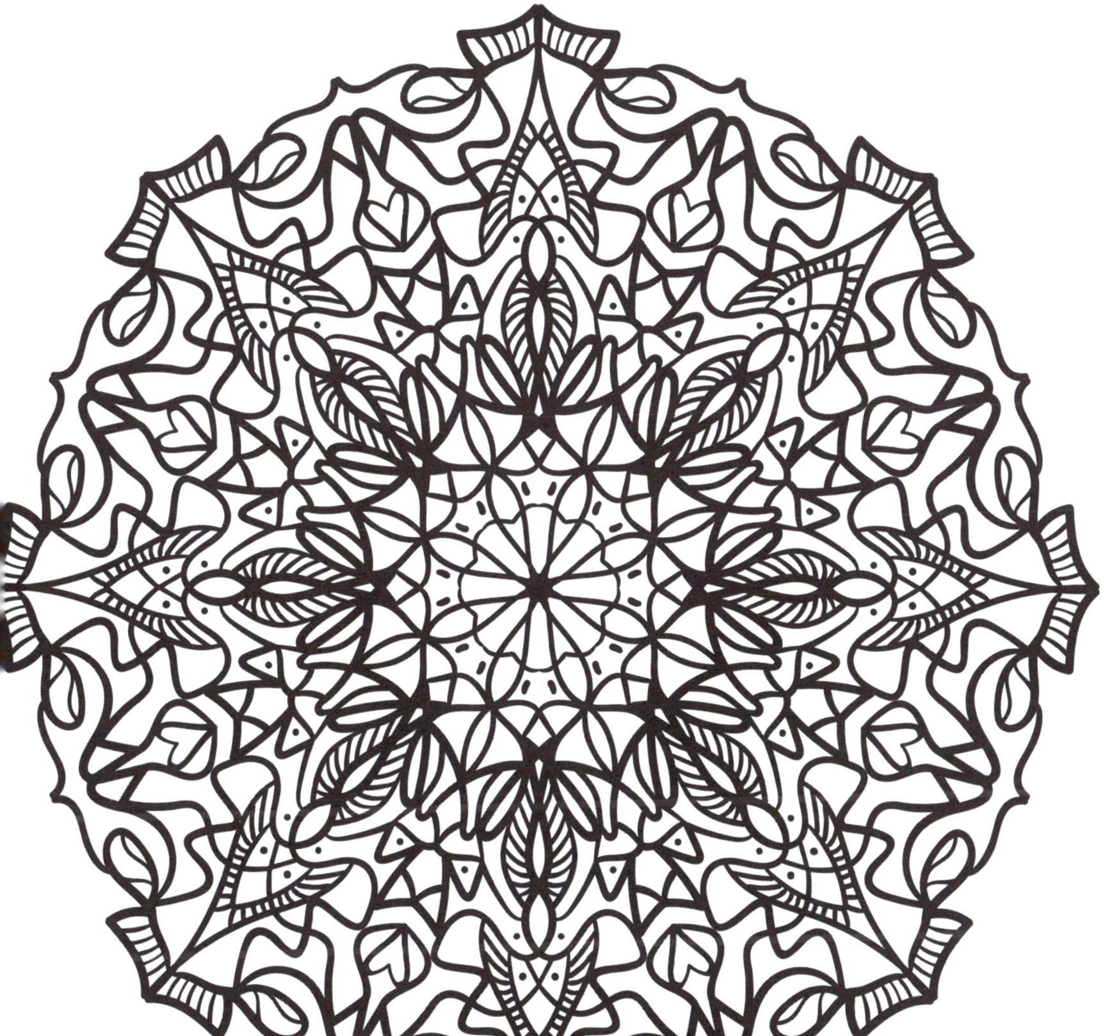

Este instante es un regalo del universo: recíbelo.

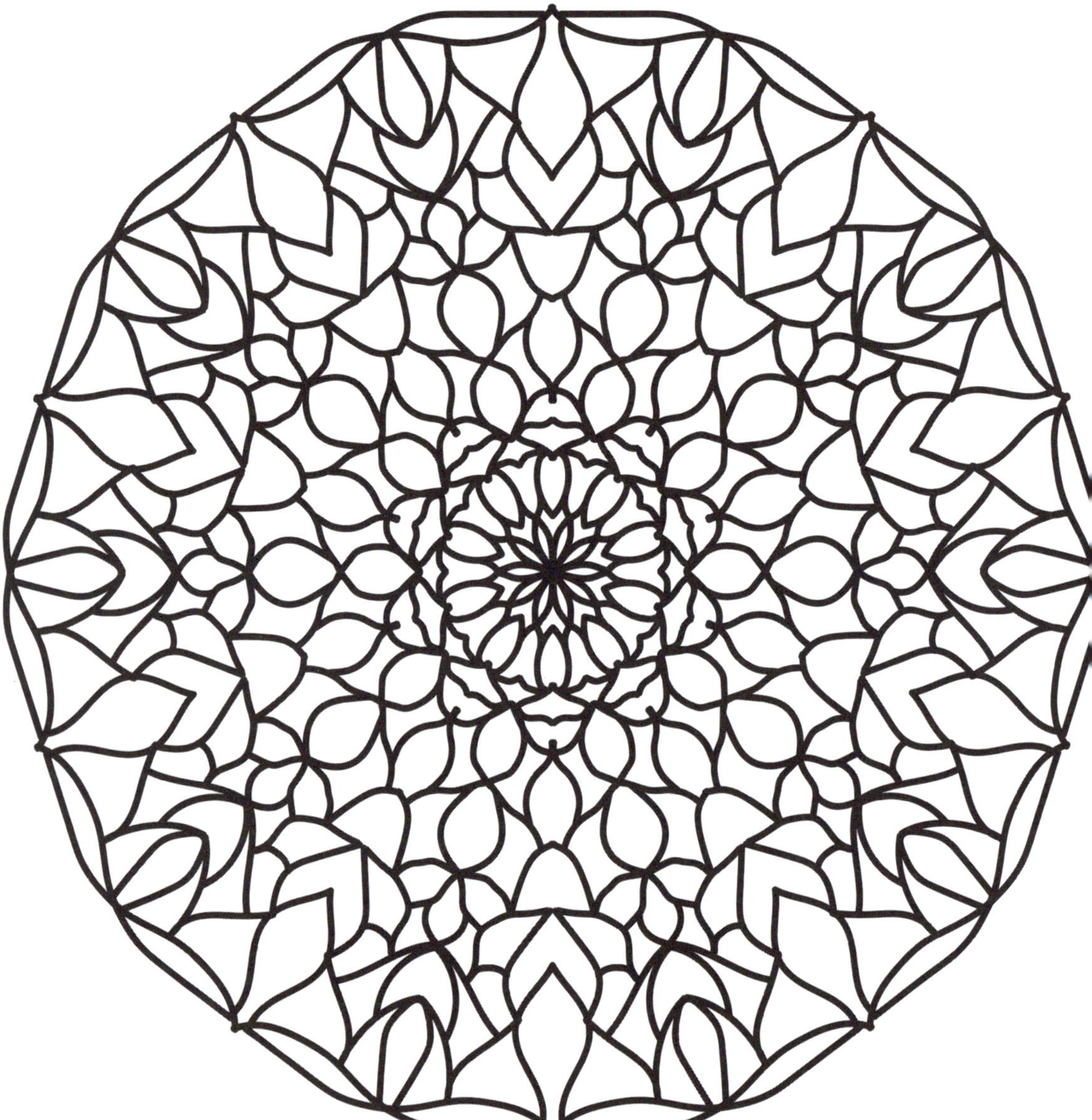

Deja que caigan las capas de ruido… y aparezca tu esencia.

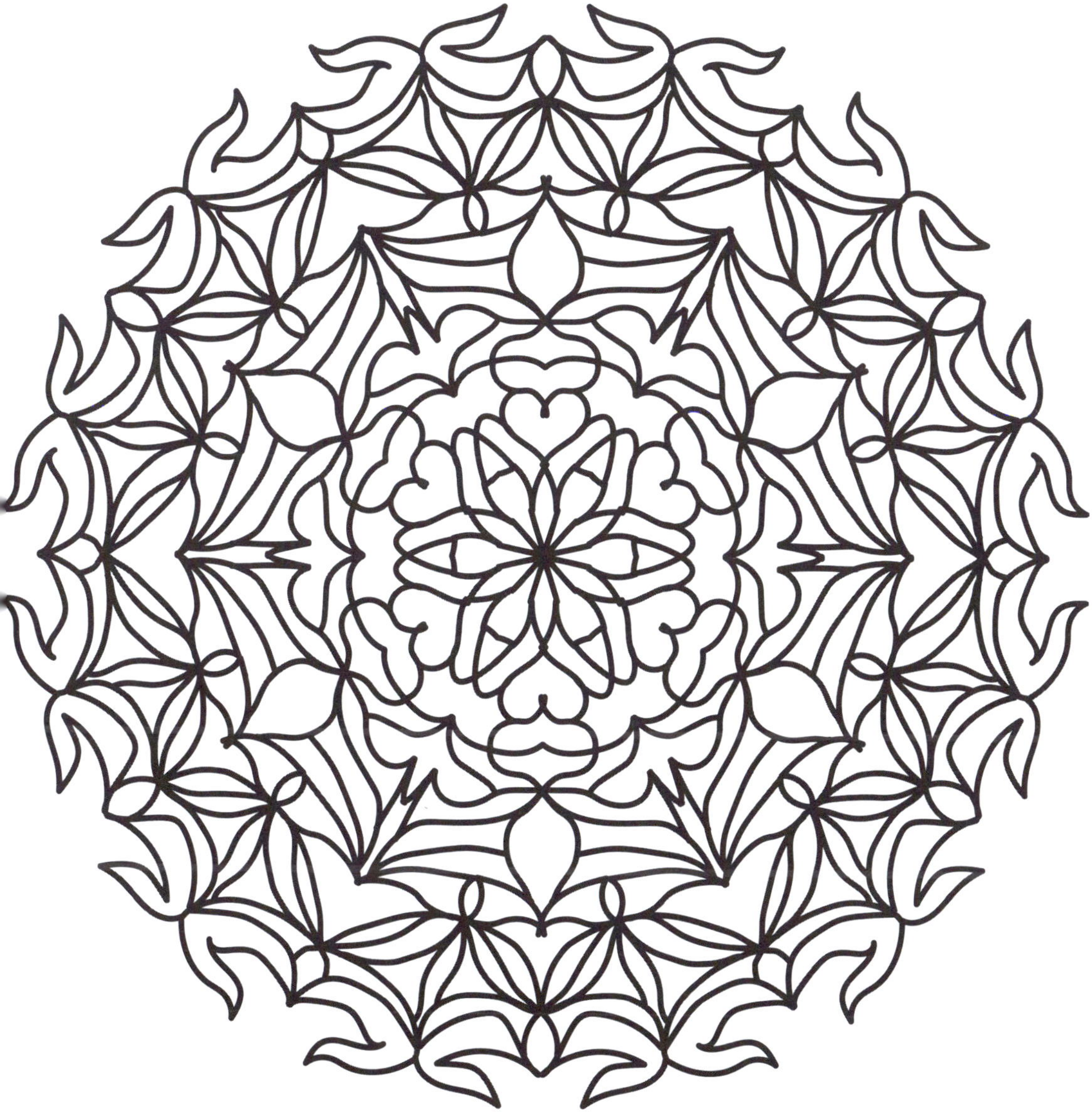

El amor que das a este mandala también te lo das a ti.

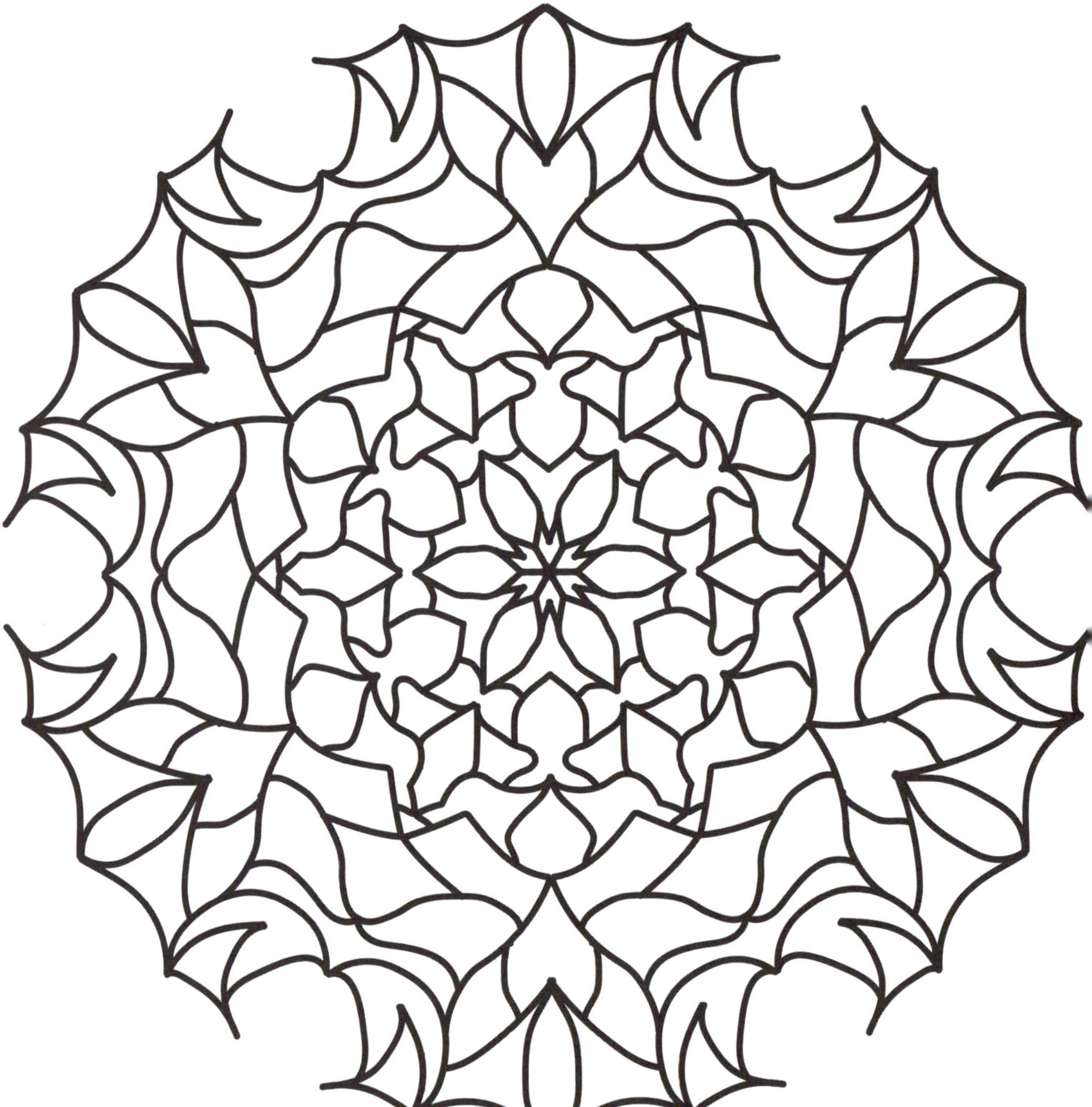

Namasté: lo más luminoso de ti saluda a lo más luminoso de la vida.

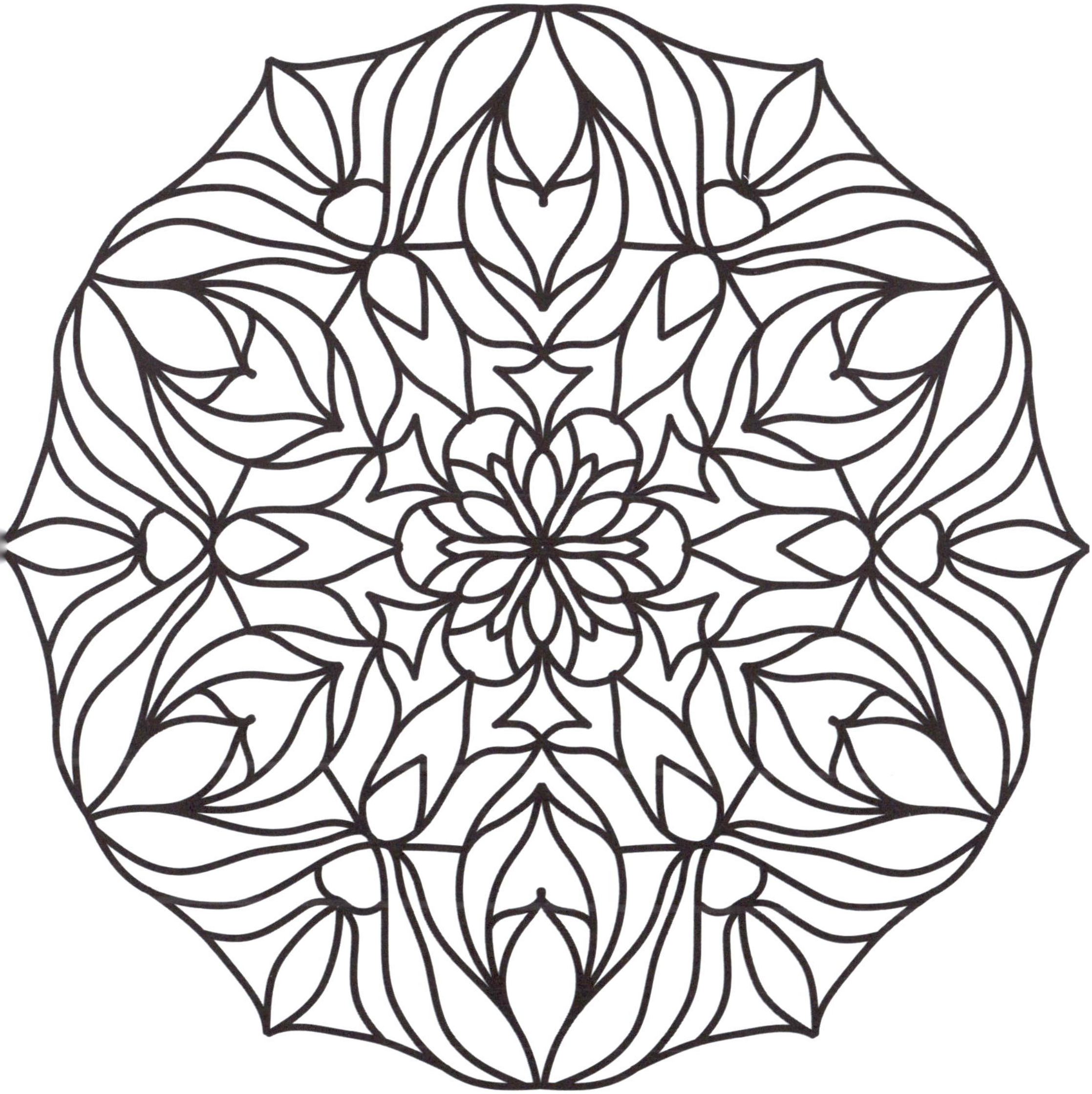

En tu calma interior no hay pasado ni futuro, solo presencia.

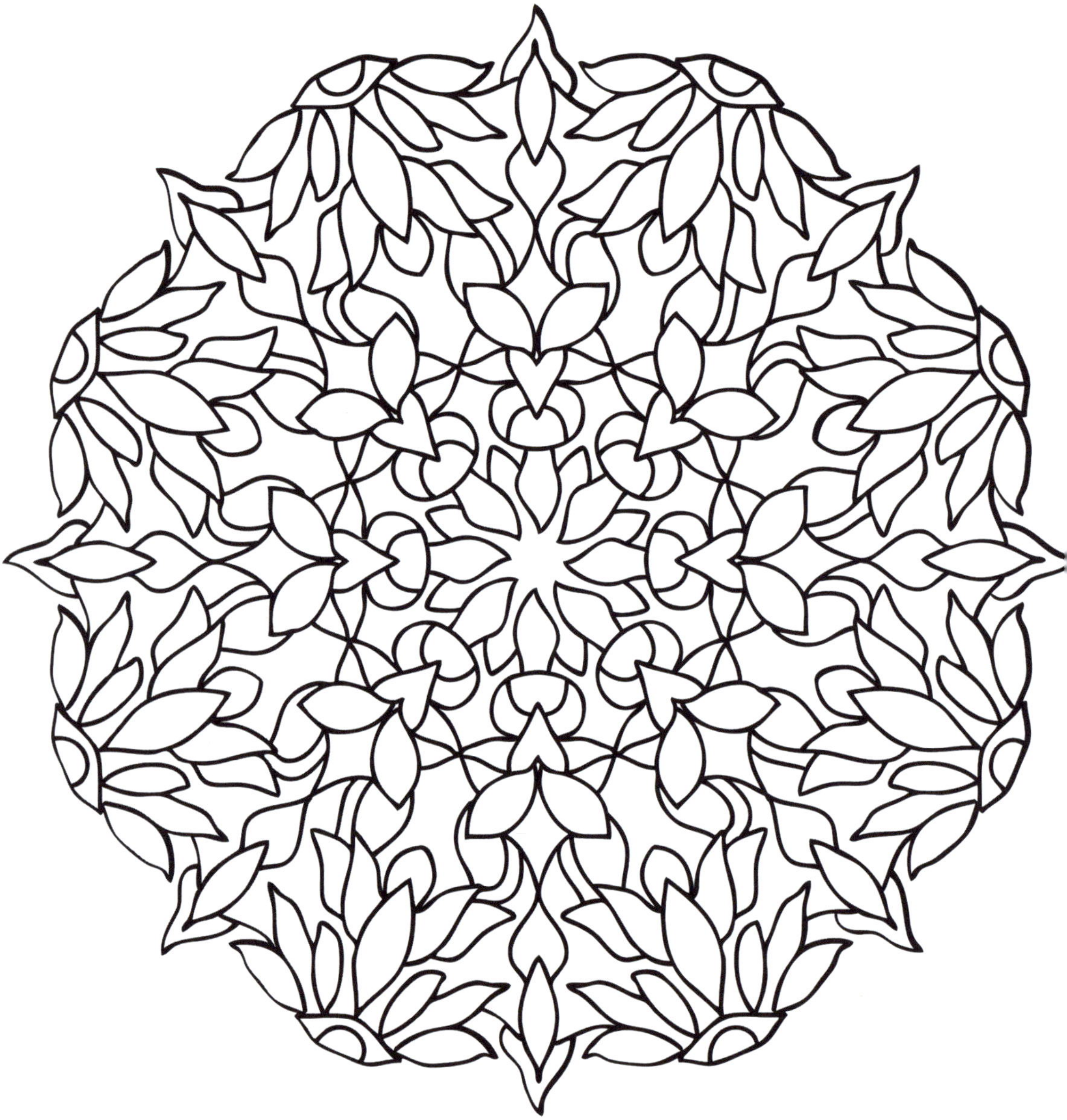

Este mandala te recuerda que también eres equilibrio.

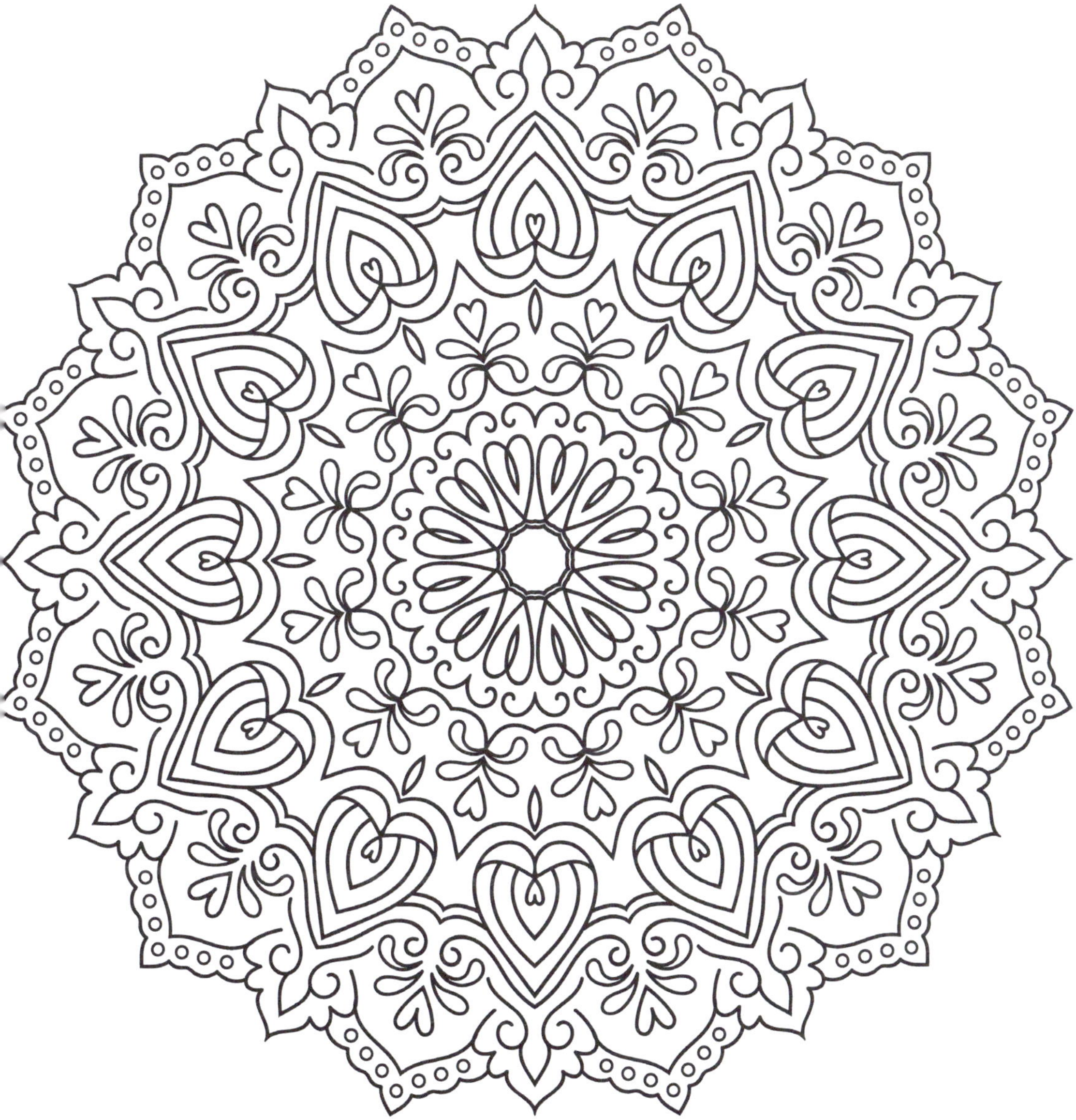

Siente tus pies en la tierra, tu corazón abierto y tu mente ligera.

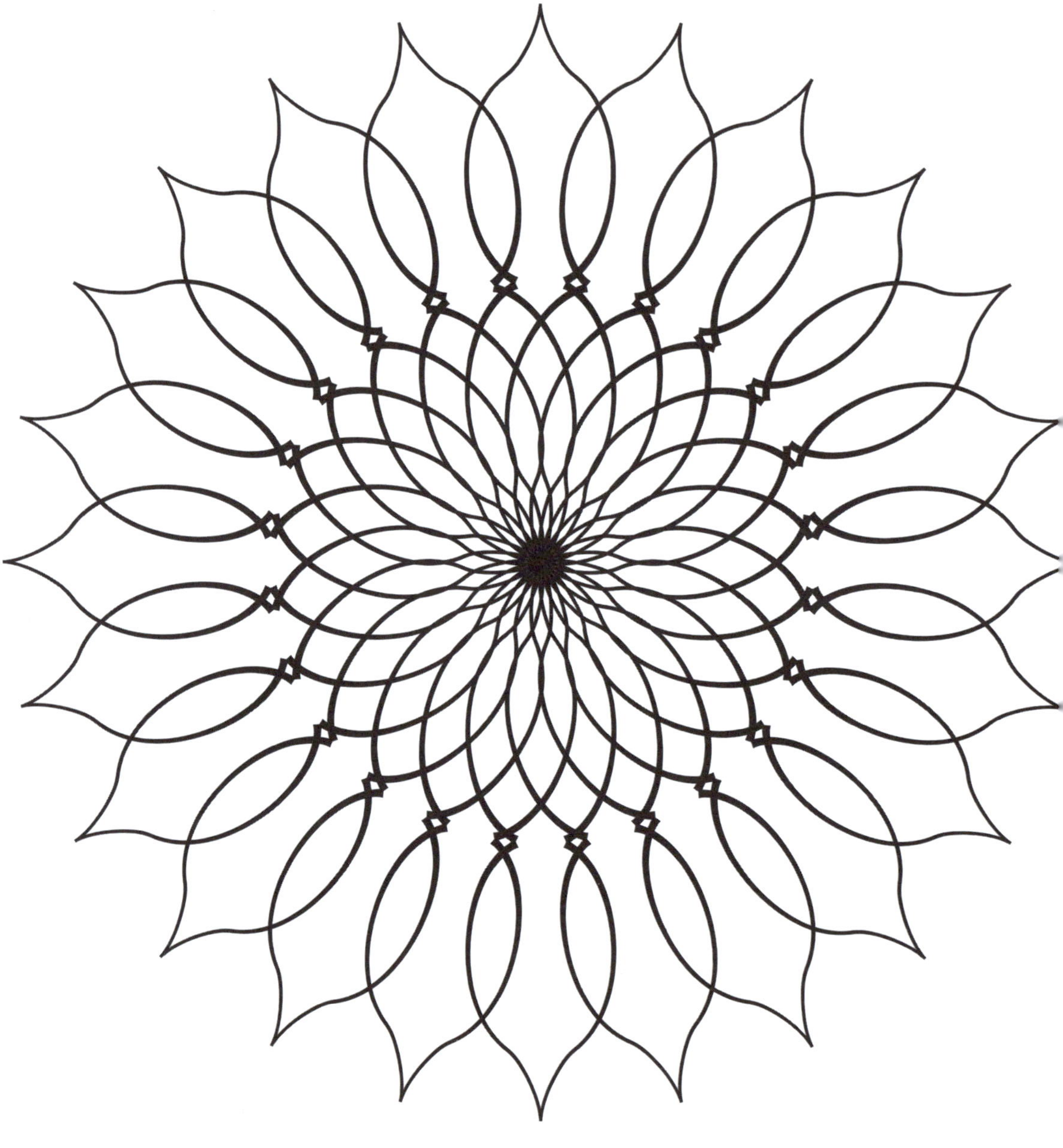

Confía: mientras respiras y coloreas, todo encuentra su lugar.

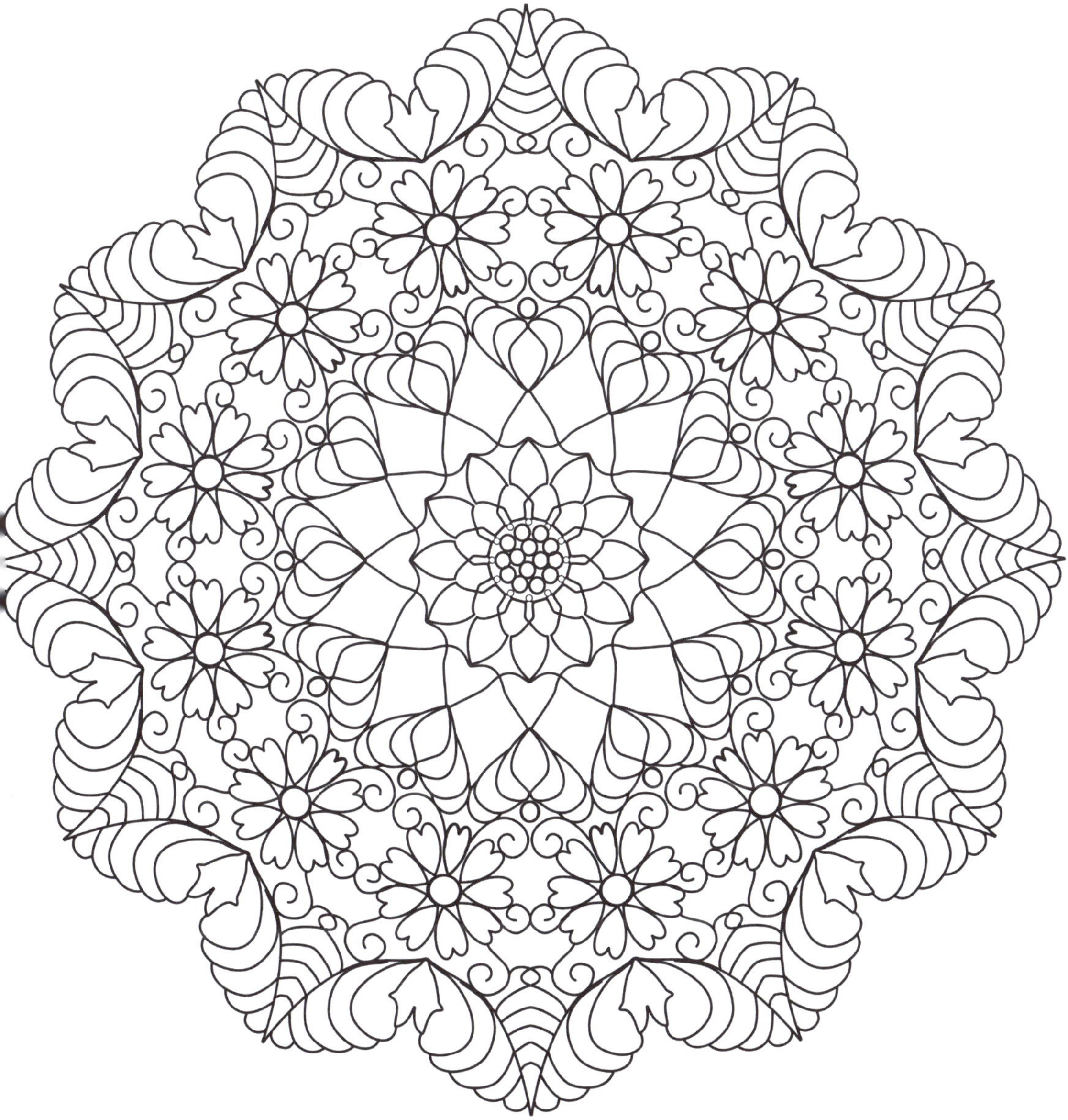

Tu práctica hoy es simple: «Respiro, siento, suelto».

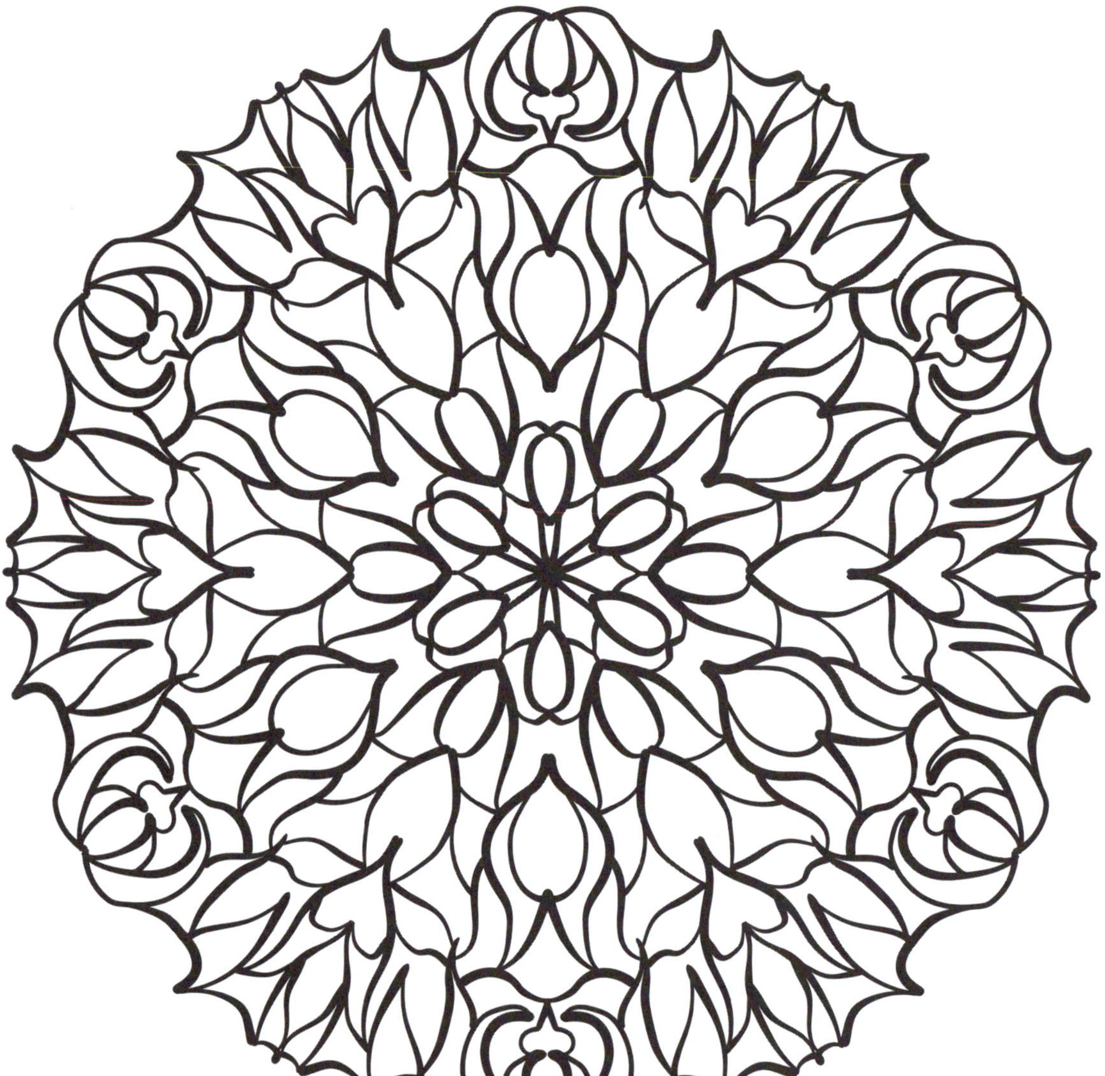

La calma que cultivas hoy será tu refugio mañana.

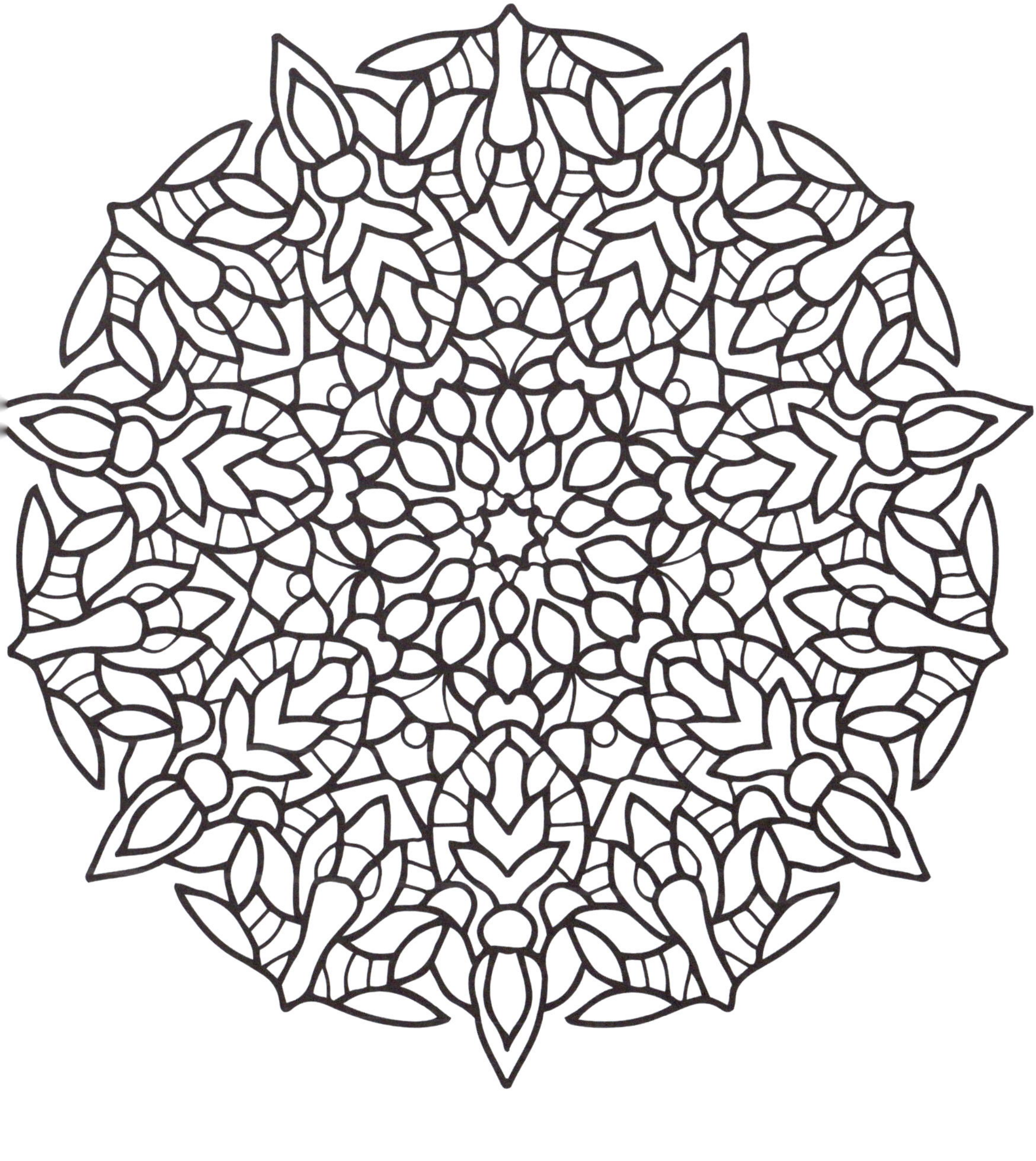

En el silencio de tu respiración, la vida te habla.

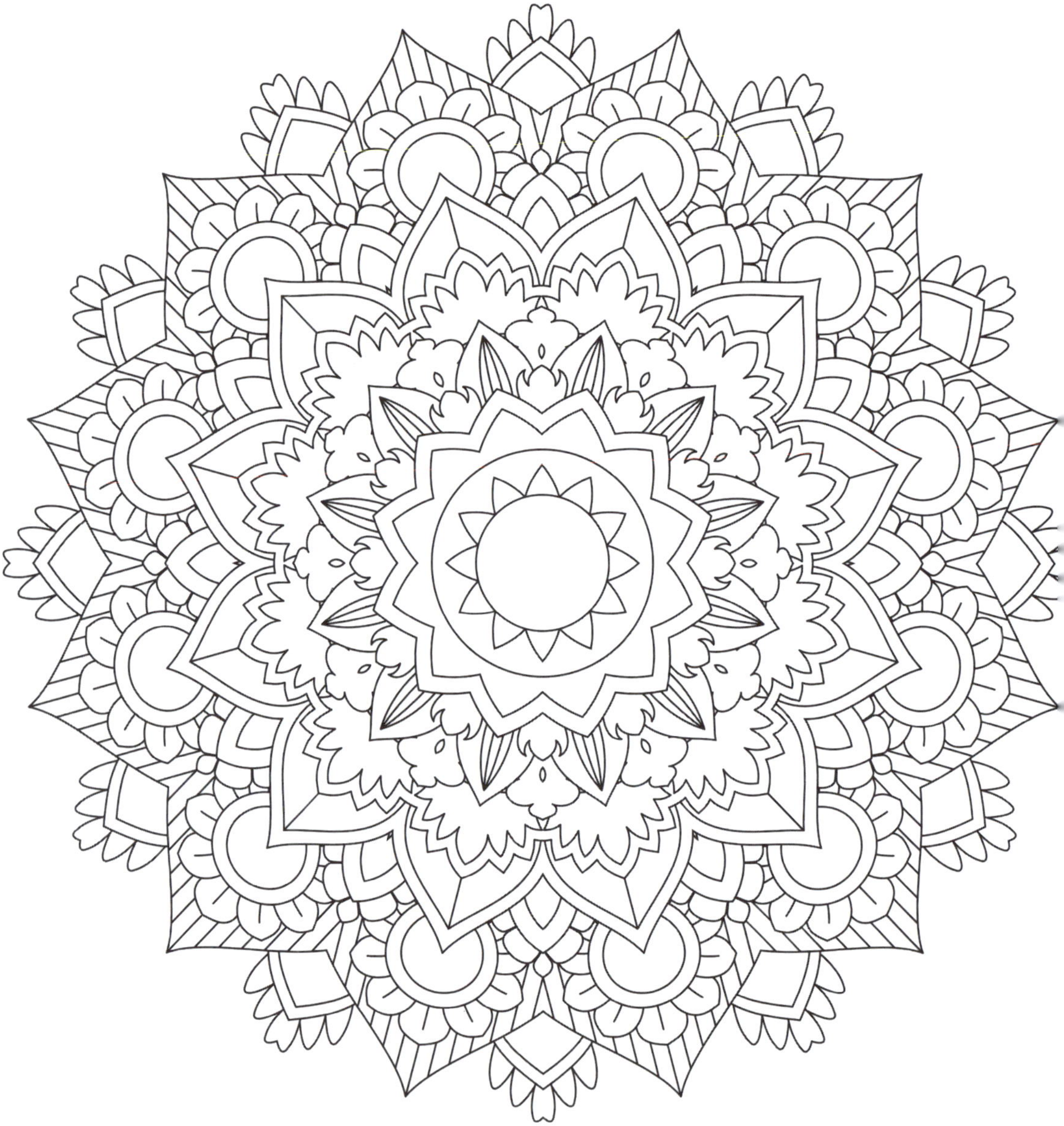

Cada mandala es un pequeño círculo sagrado a tu servicio.

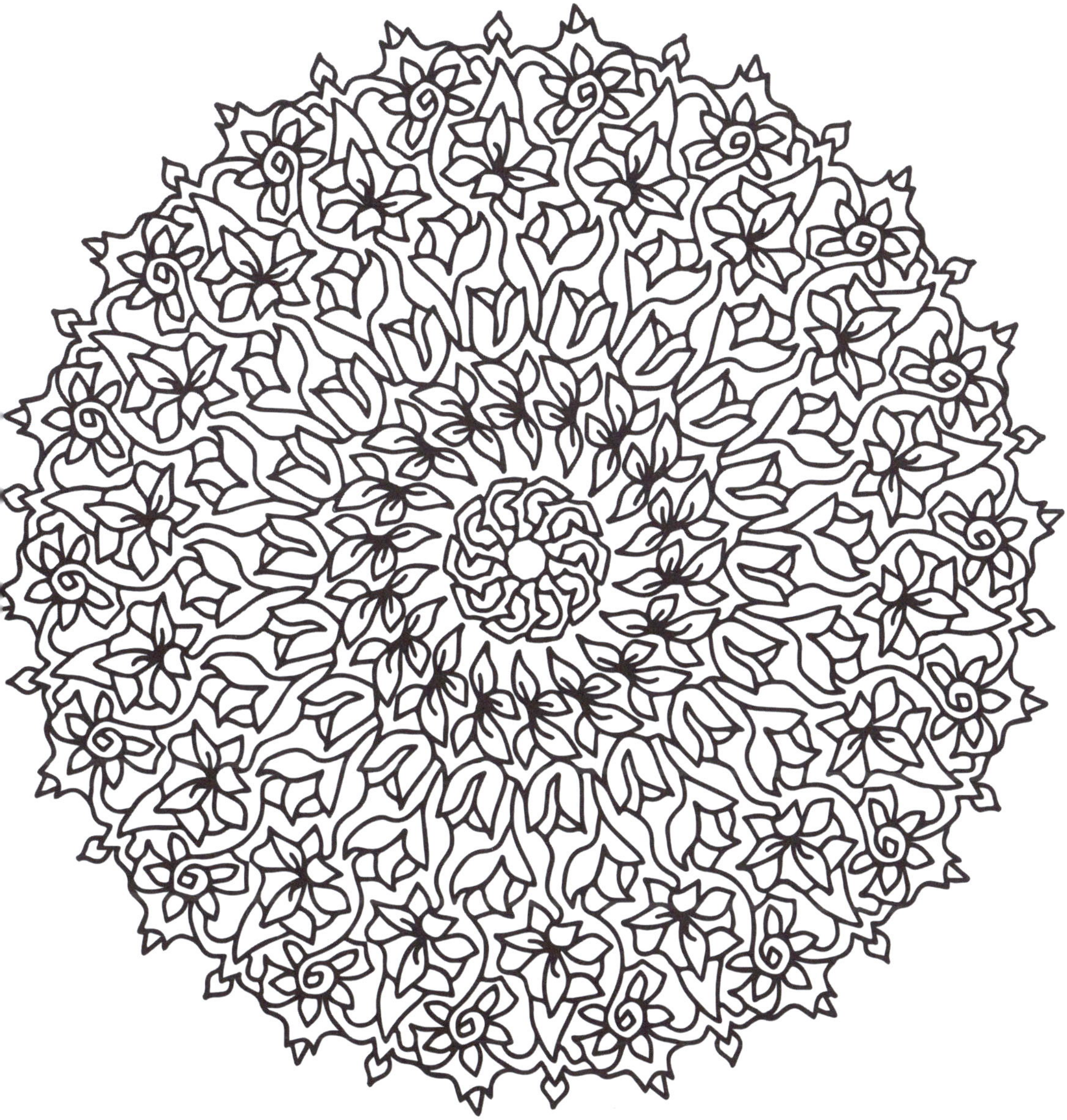

Cuando respiras con conciencia, el universo respira contigo.

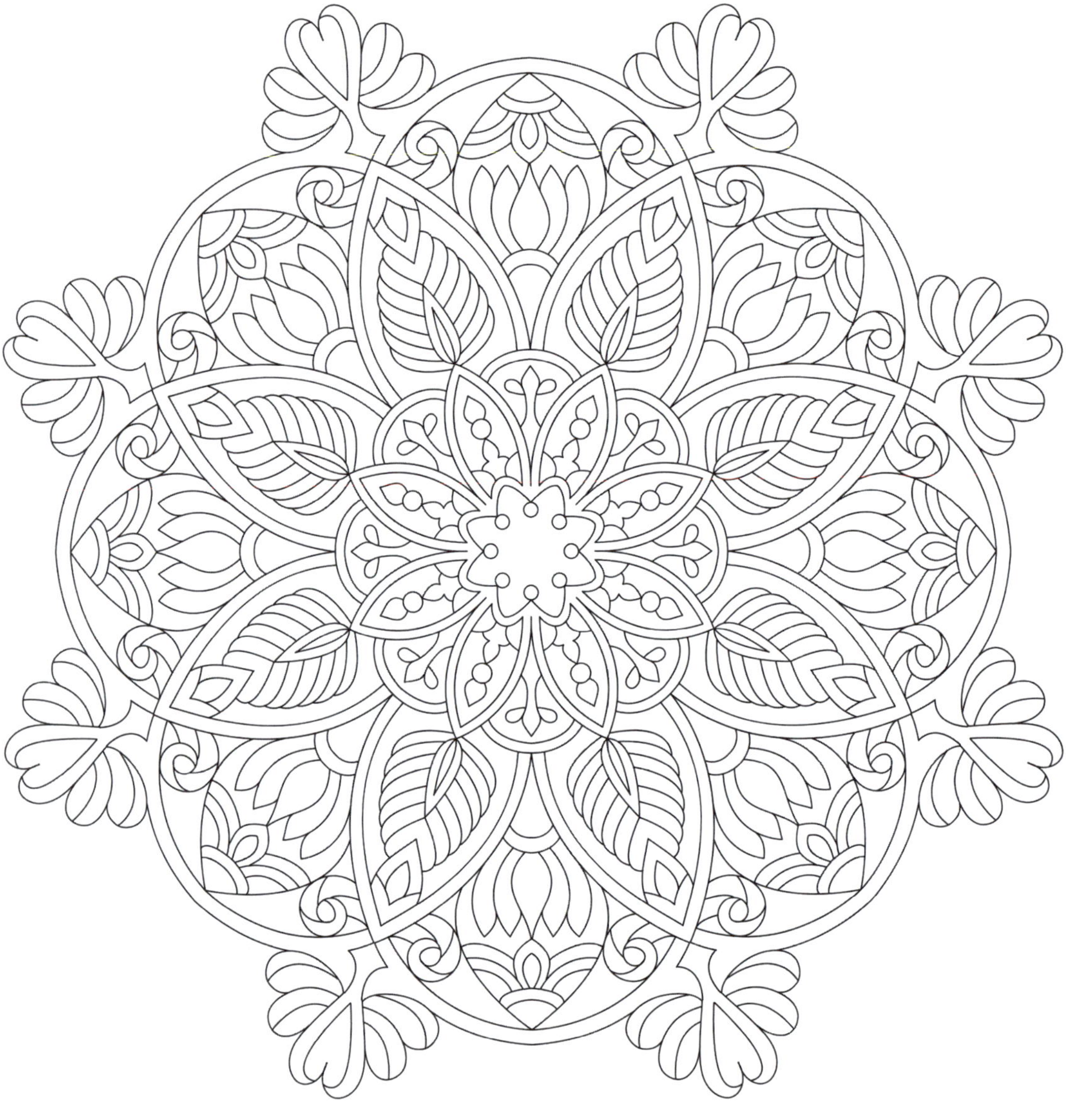

Tu corazón sabe el camino incluso cuando tu mente duda.

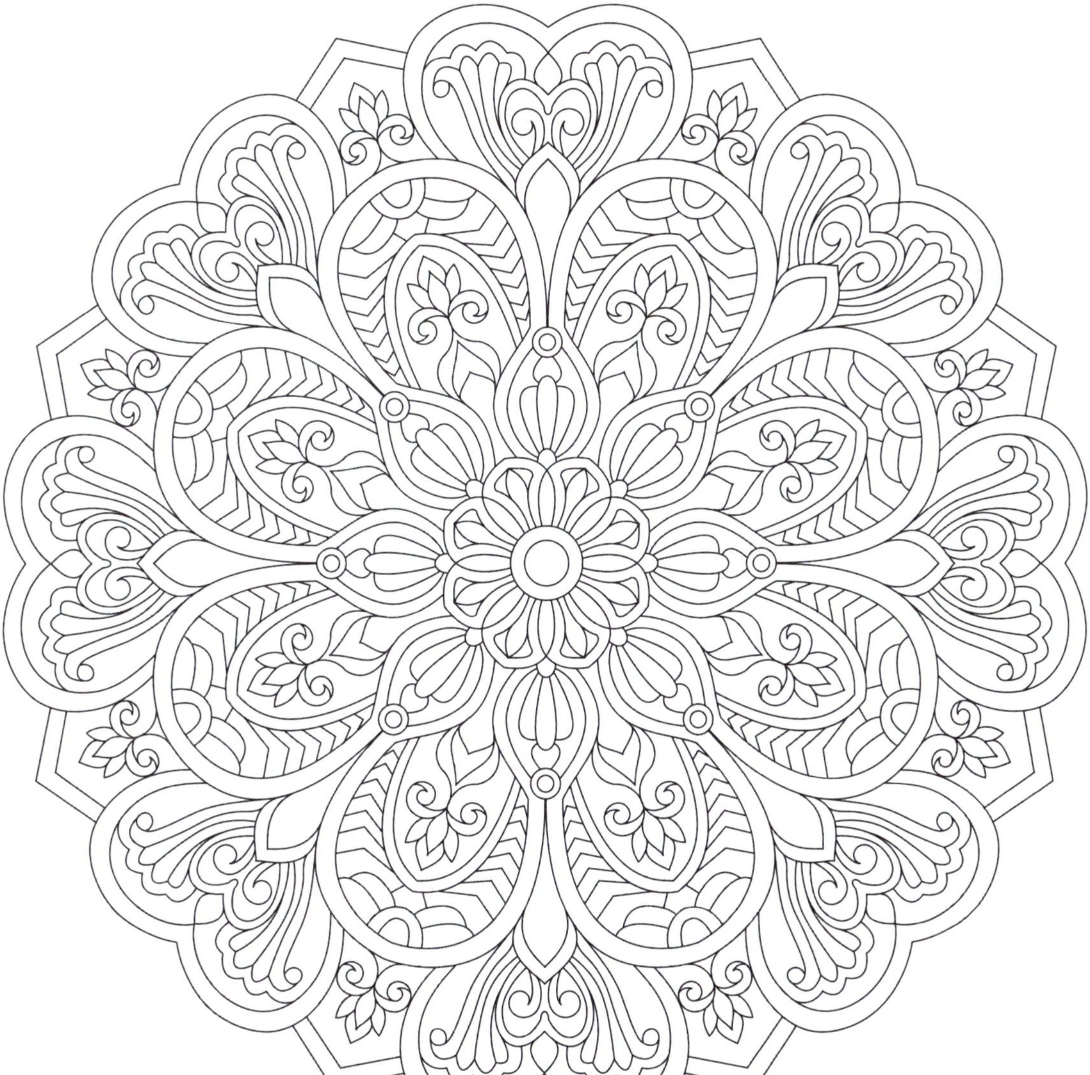

En el centro de este mandala también hay un centro en ti.

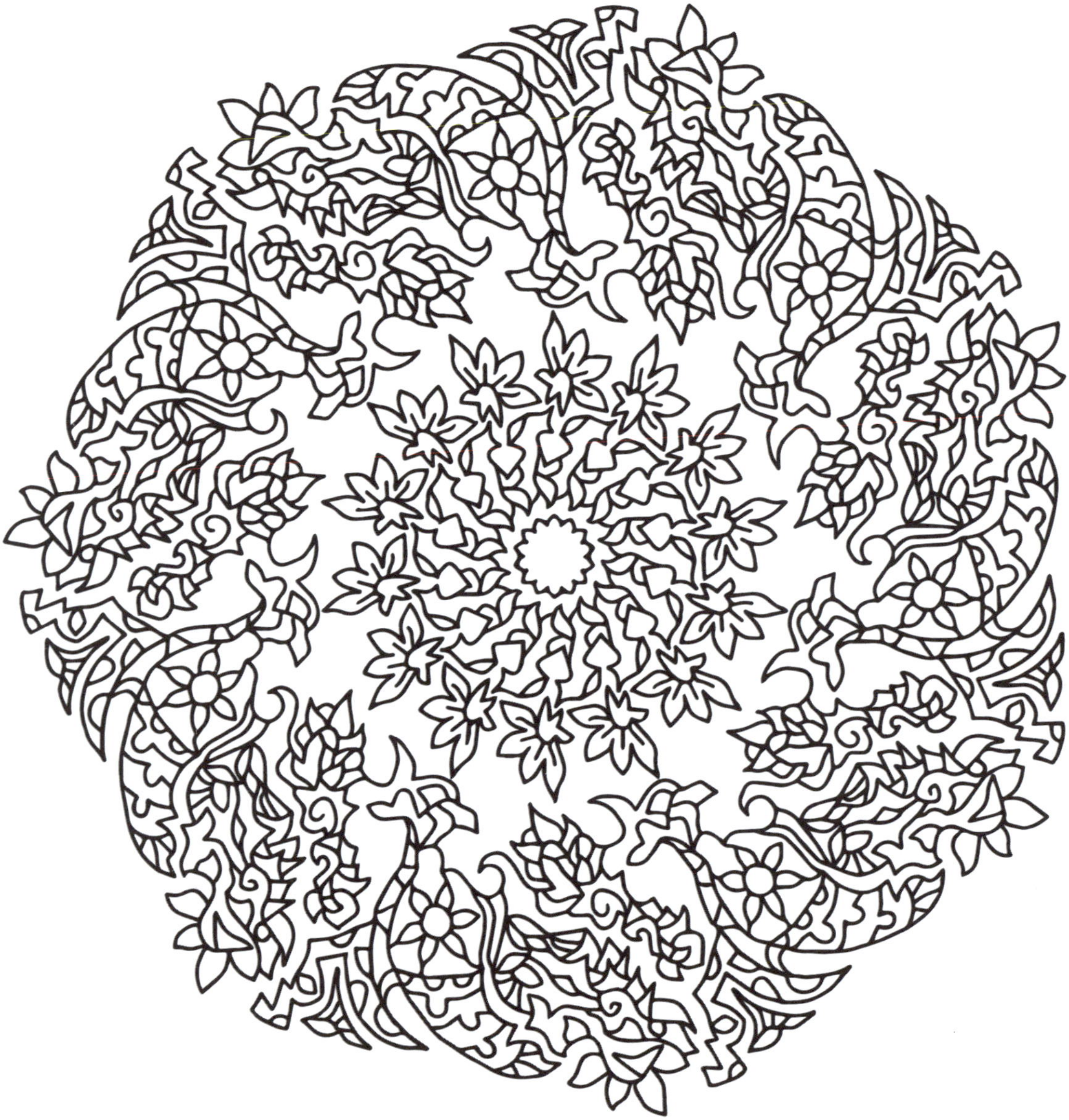

Deja que la luz entre con cada inhalación y se quede a vivir en ti.

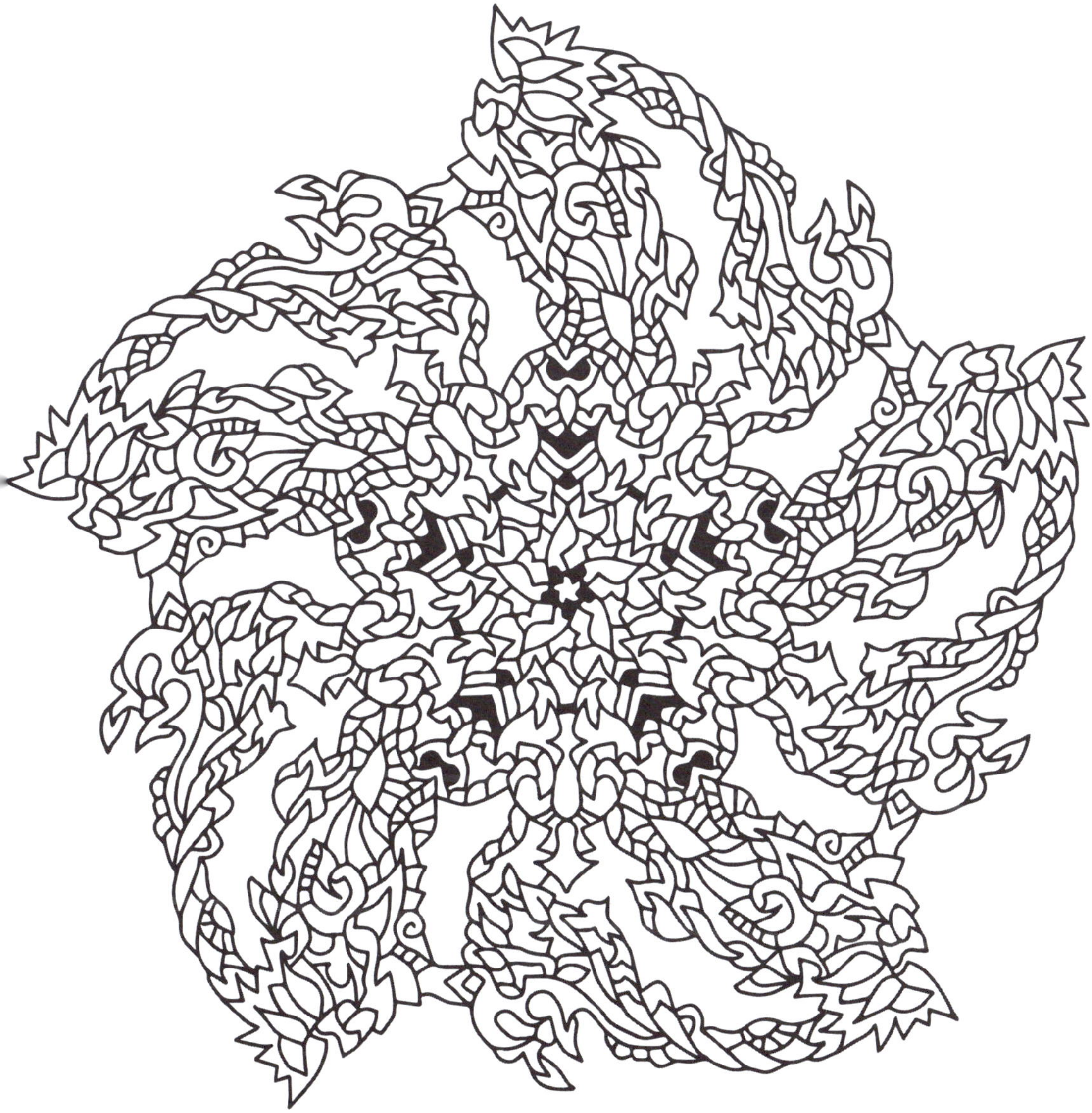

Eres parte del todo, incluso cuando te sientes pequeña.

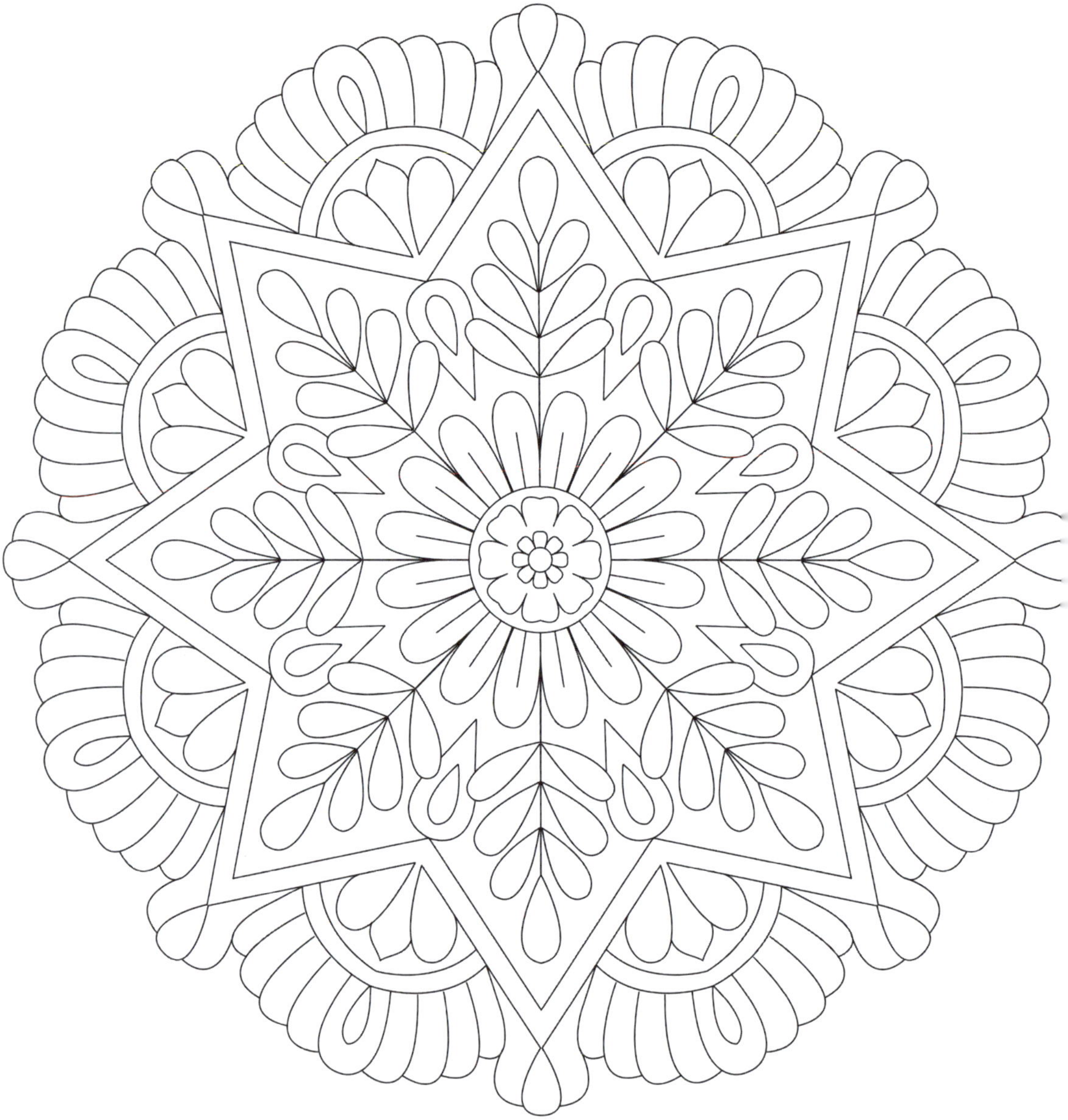

Mientras coloreas, tu alma se acuerda de quién es.

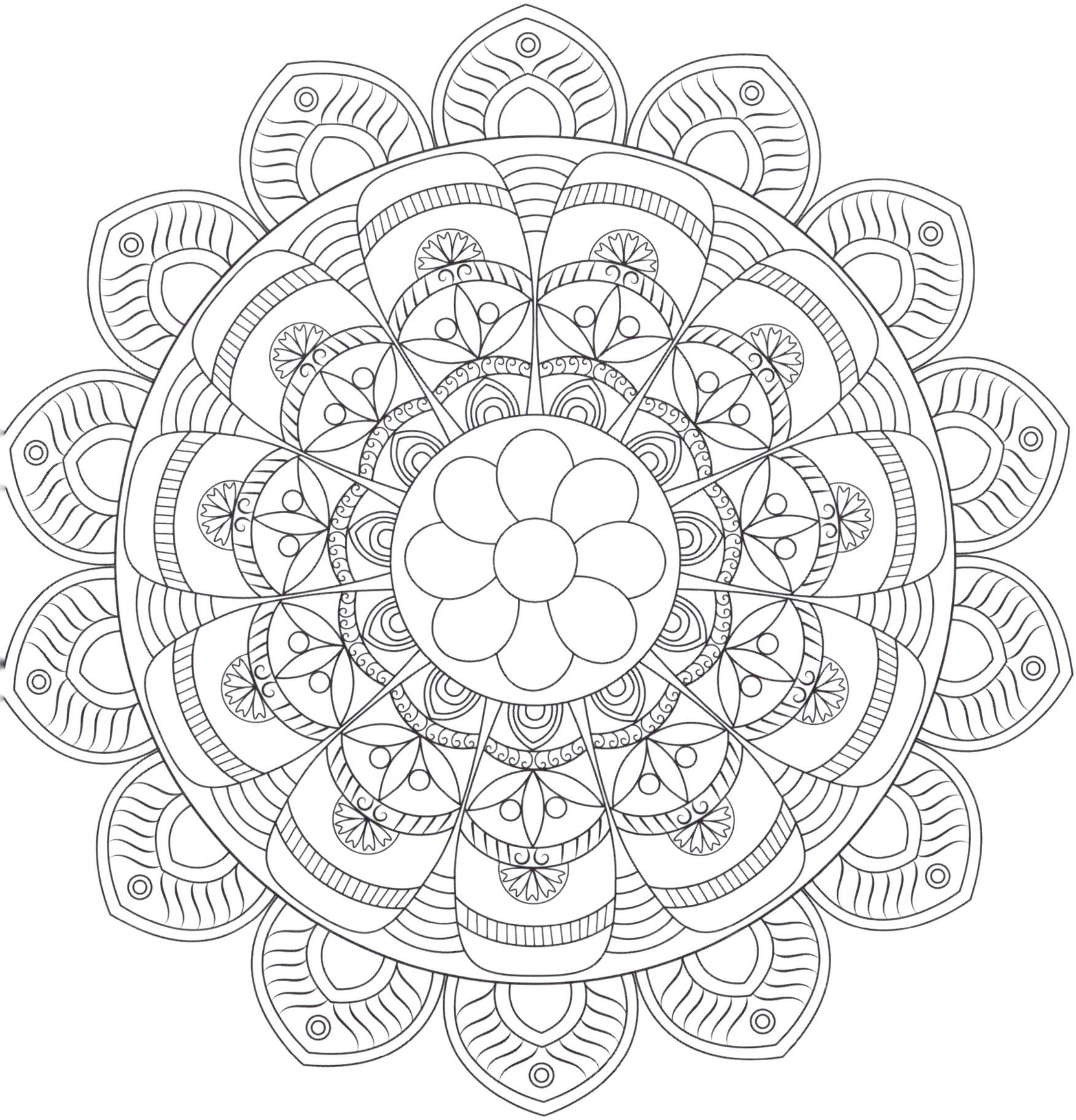

Que cada trazo sea un paso hacia dentro.

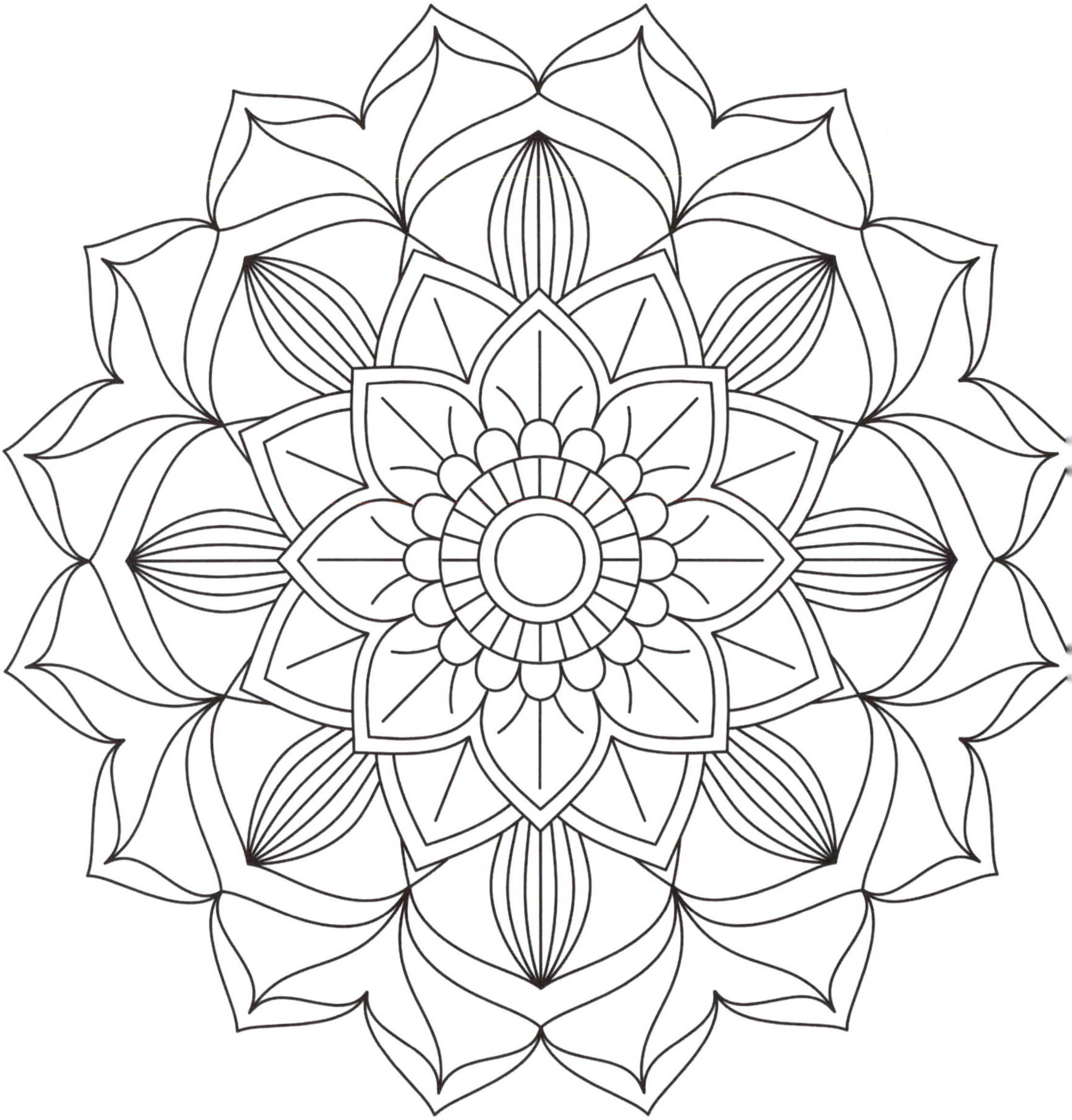

En esta pausa, tu espíritu se estira como en una asana suave.

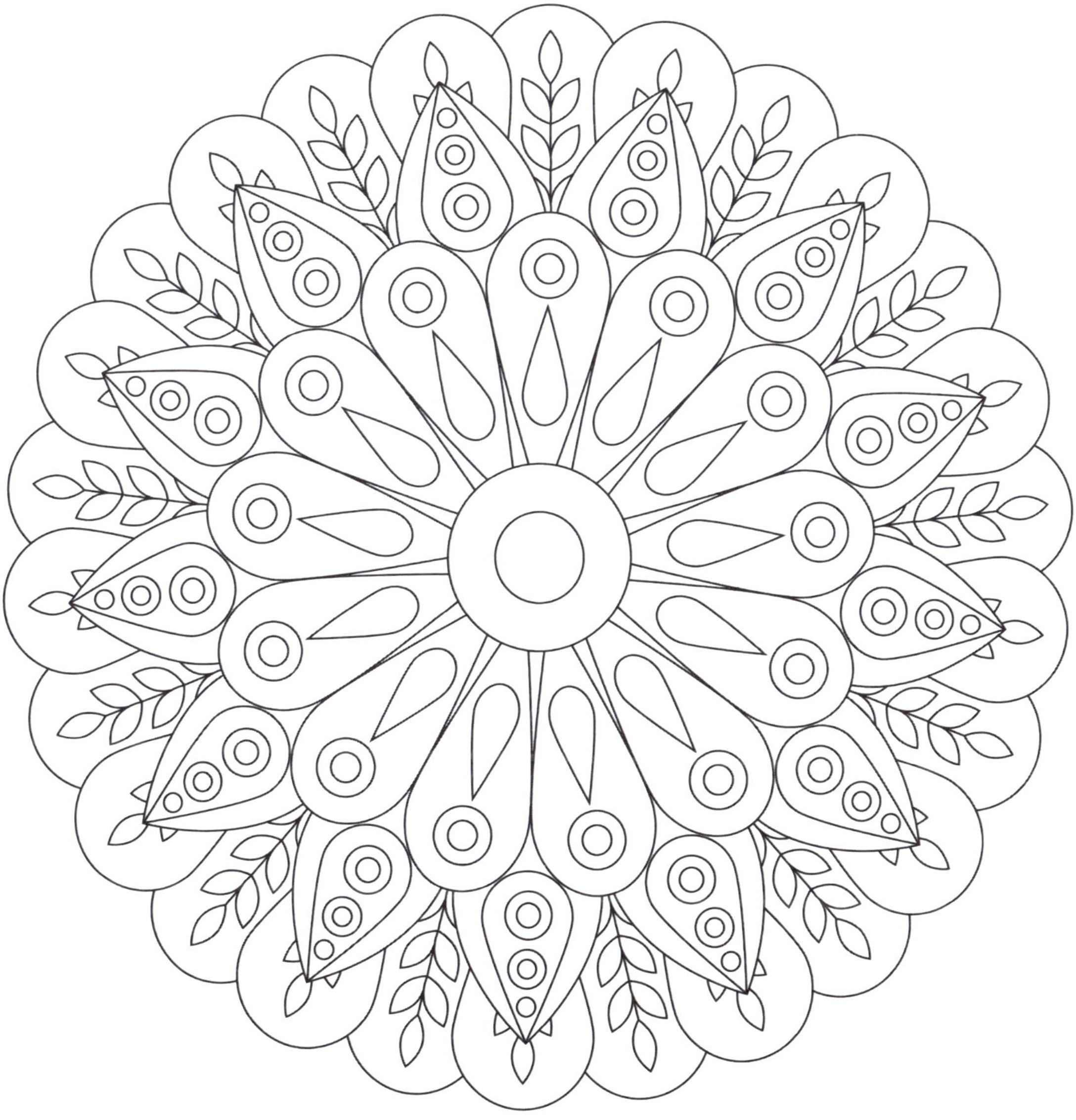

Tu paz interior es la maestra más sabia que tienes.

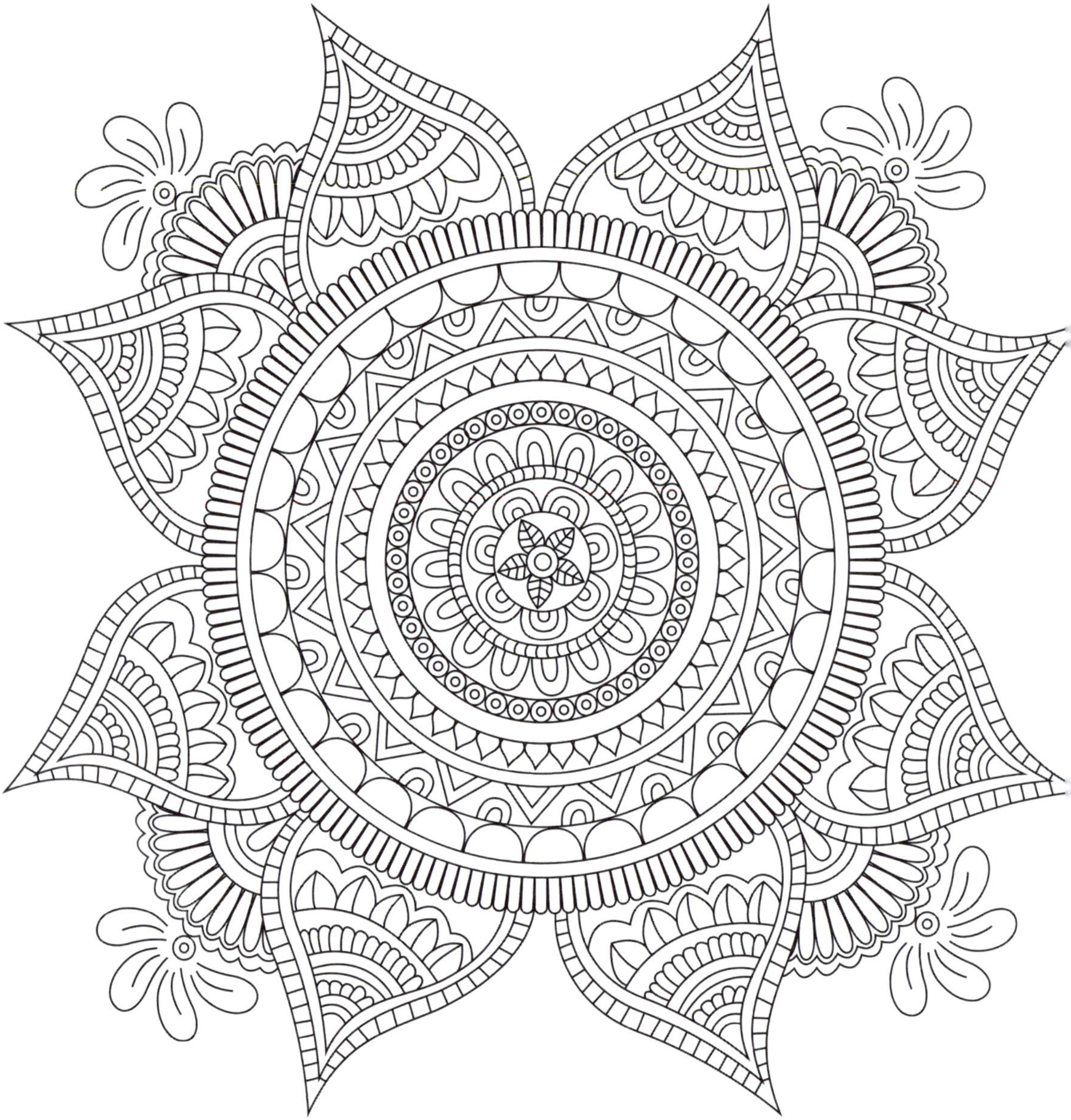

Cuando honras este momento, honras tu propia existencia.

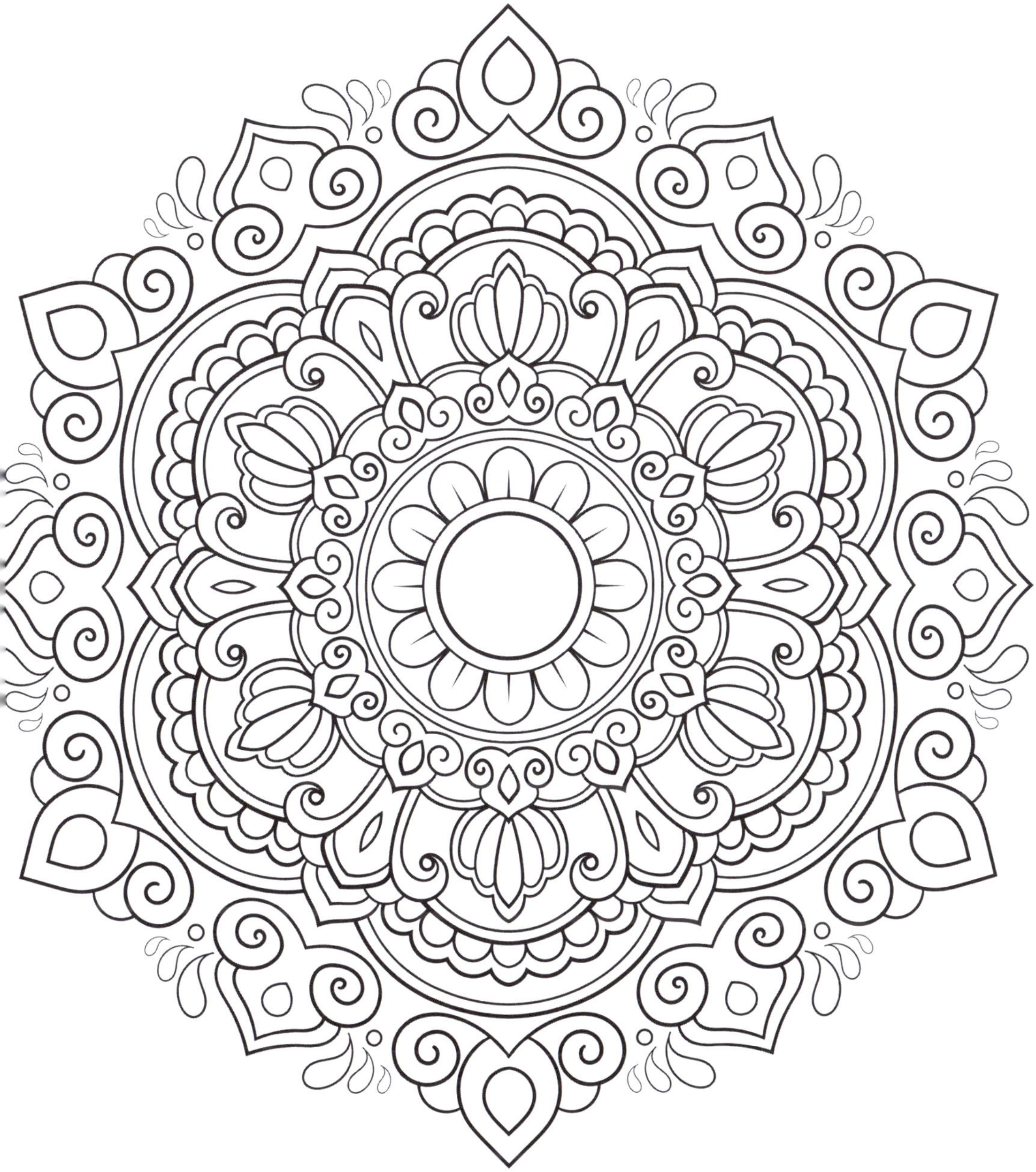

Suelta lo que pesa, conserva lo que vibra con tu verdad.

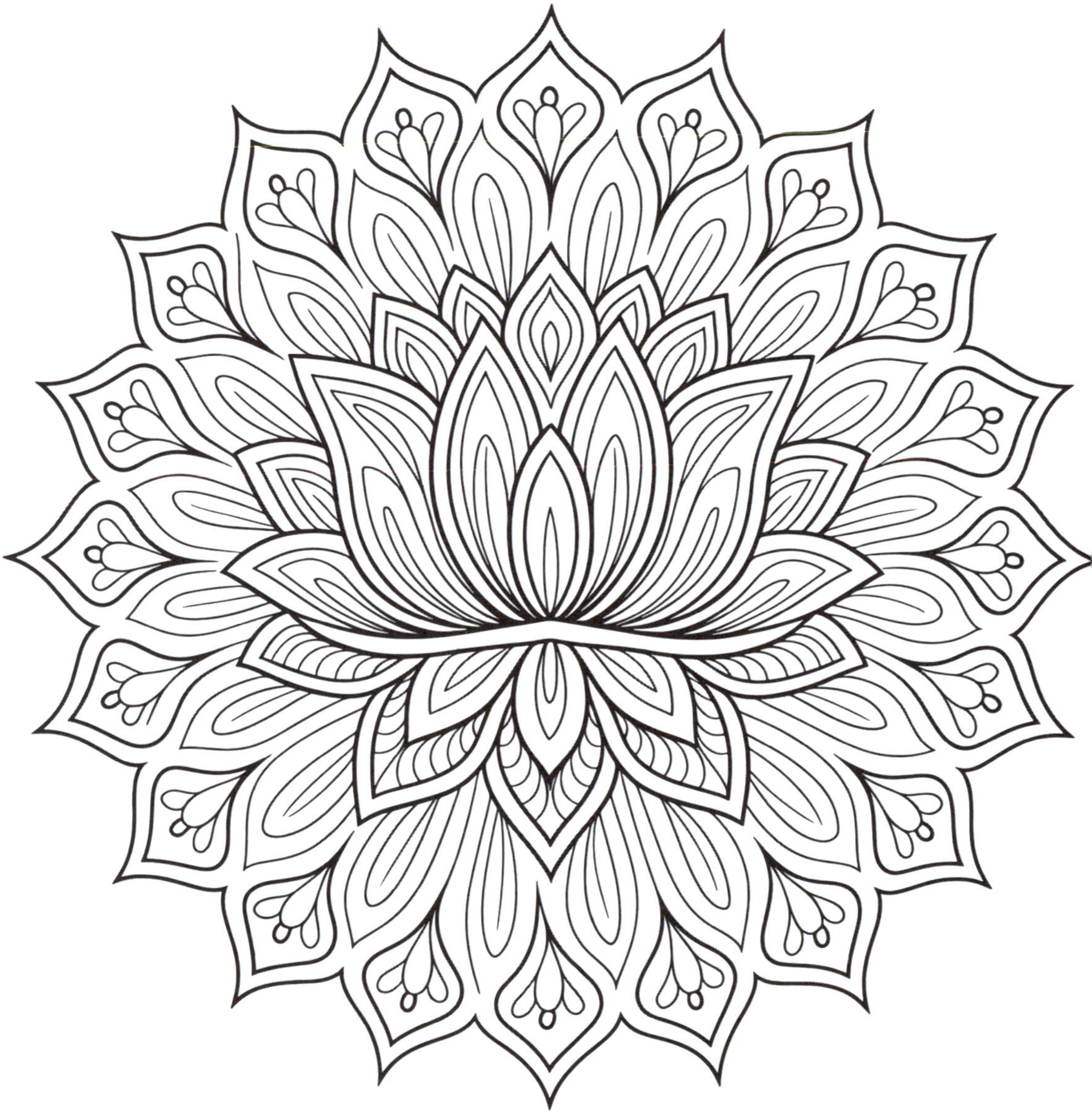

Este mandala es una rueda de energía: tú decides con qué la llenas.

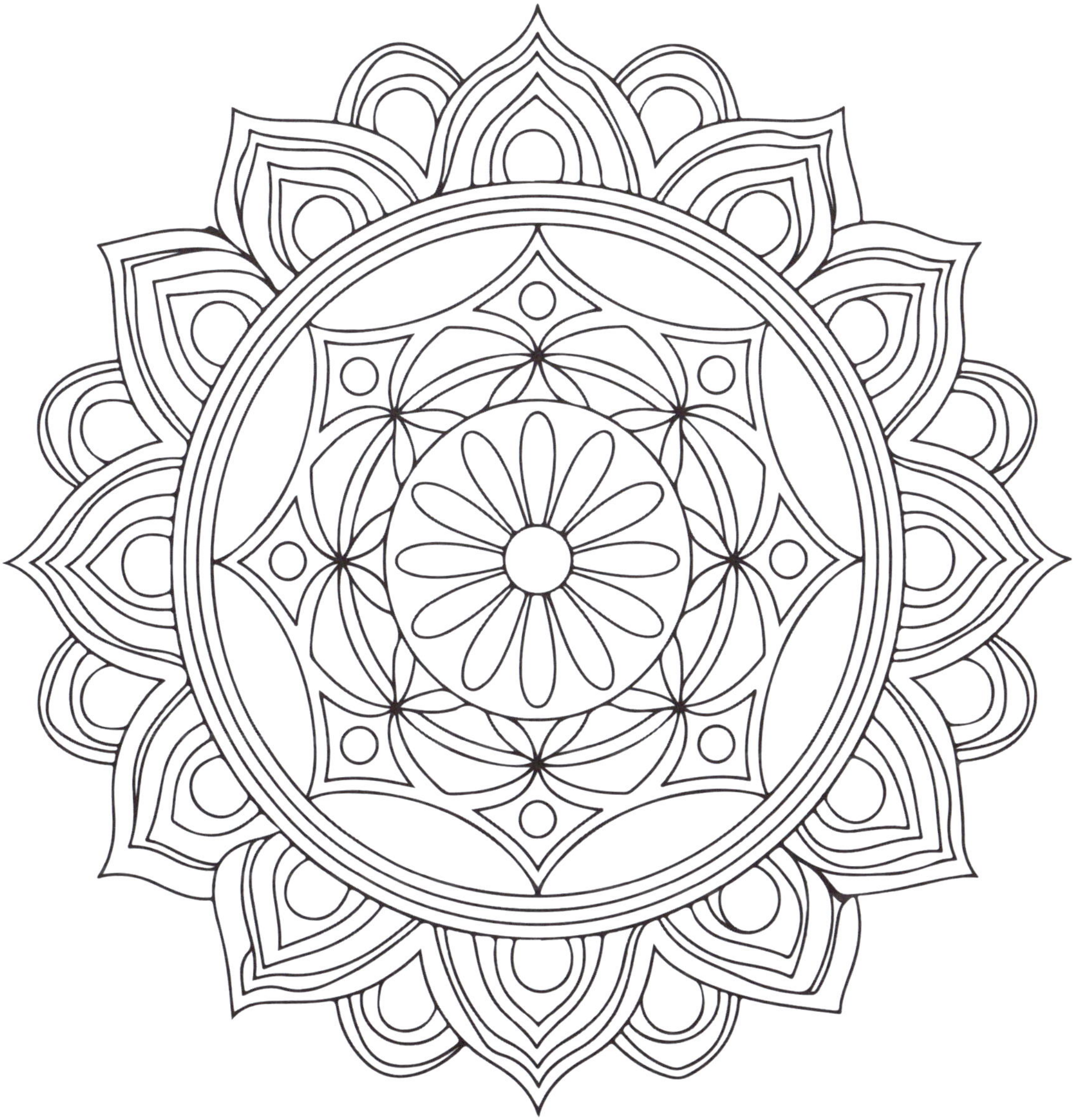

En cada color hay un mensaje que solo tú puedes descifrar.

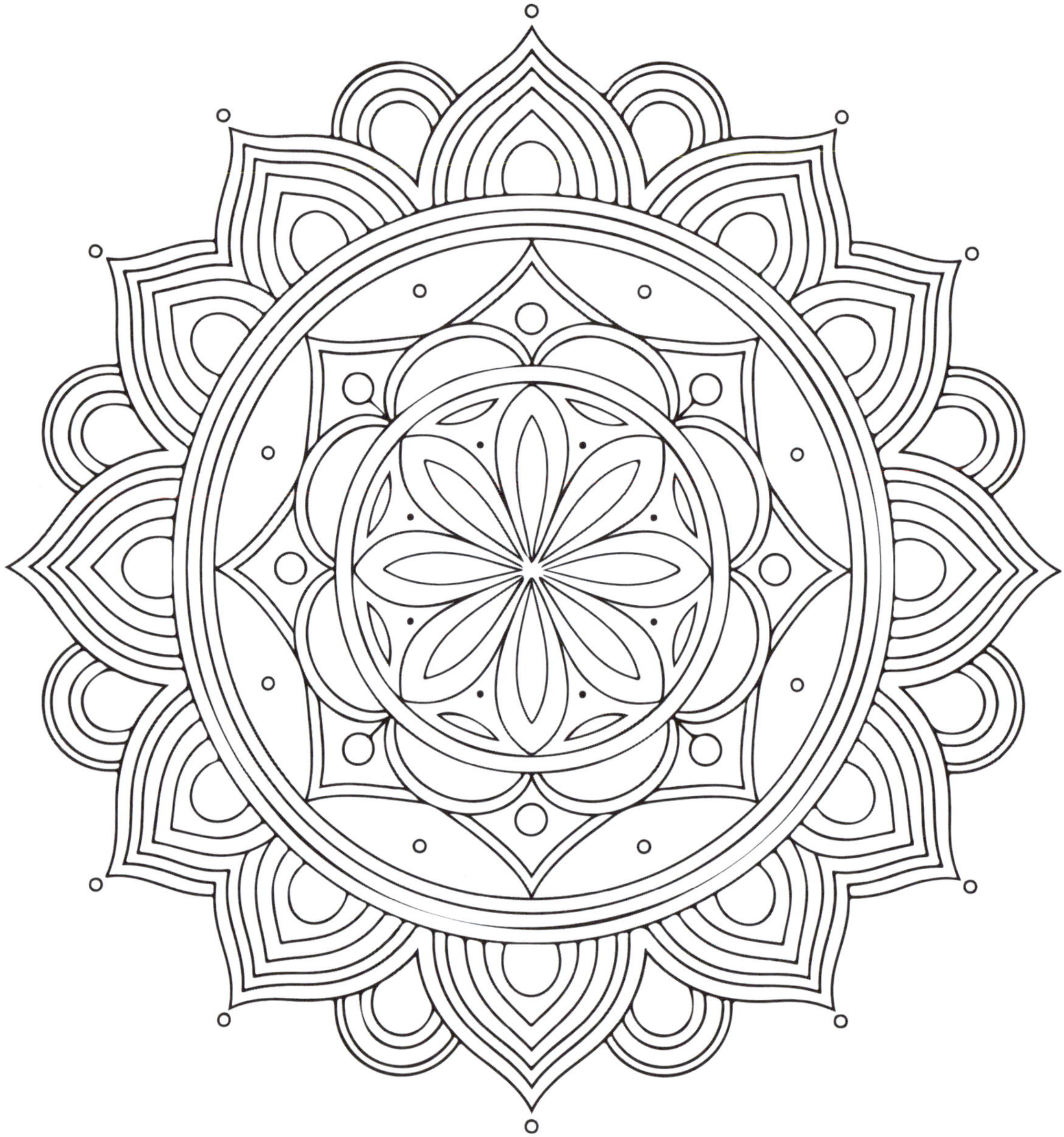

La presencia es tu mejor forma de amor propio.

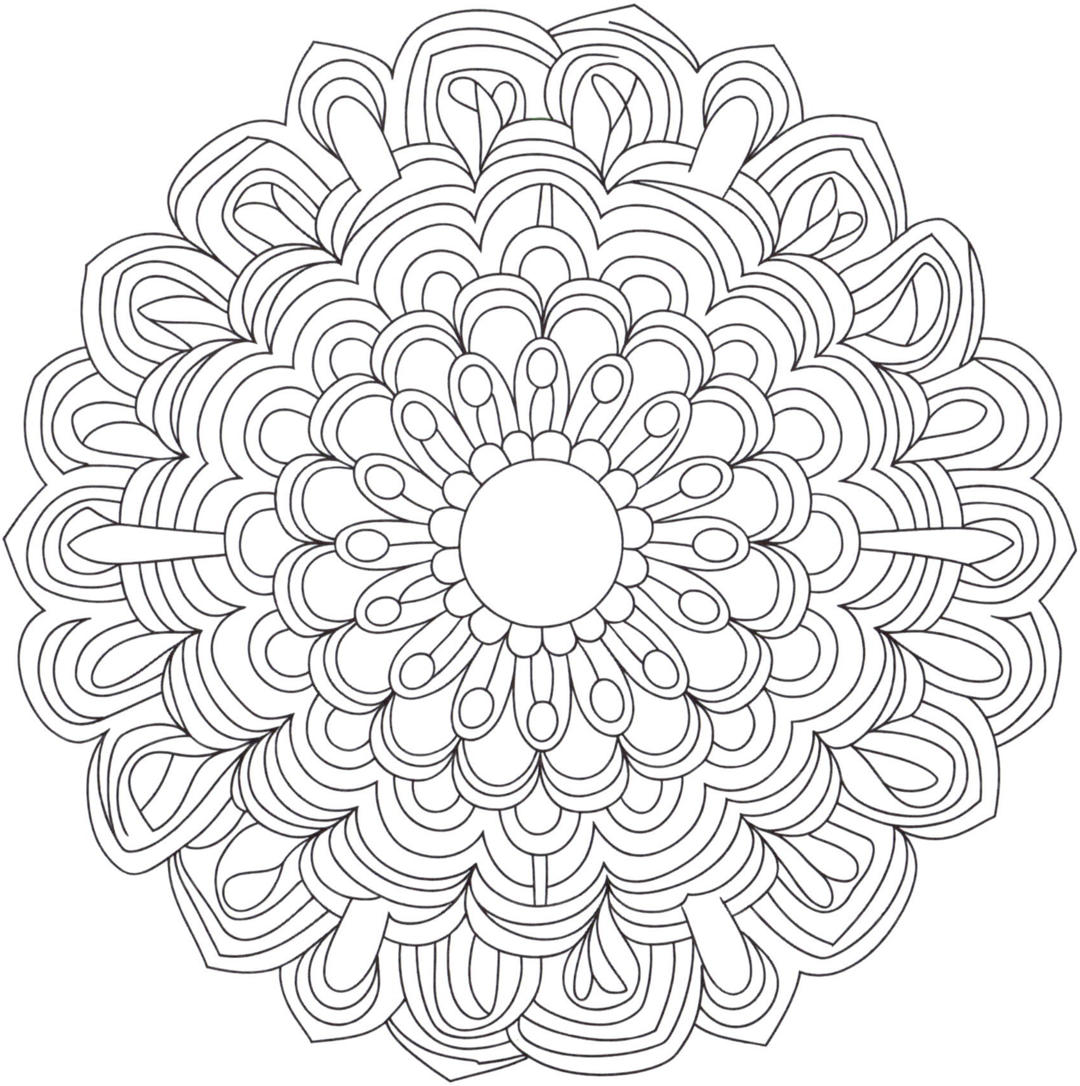

Cuando bajas al cuerpo y a la respiración, el alma sonríe.

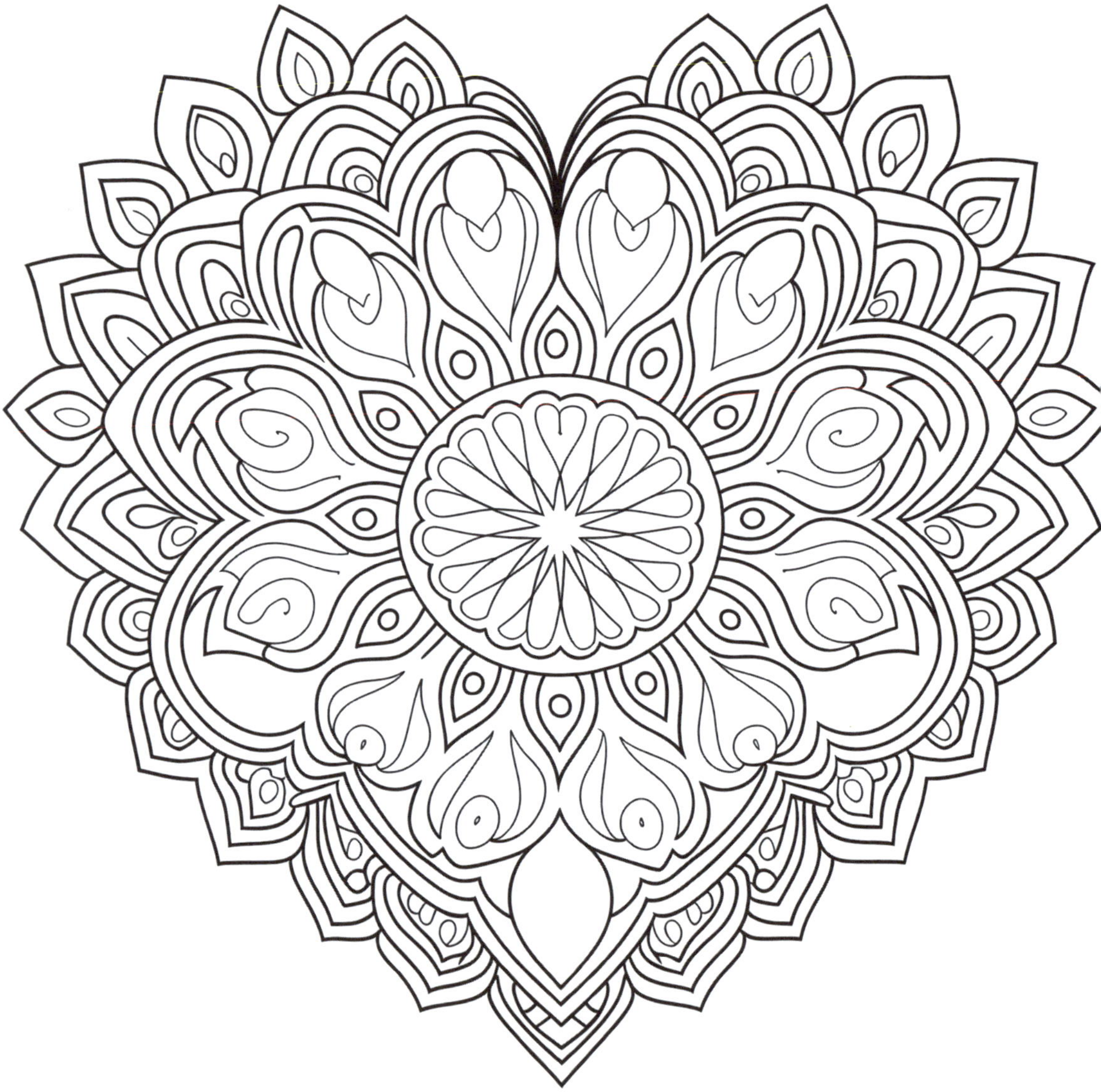

Eres raíz y eres cielo: recuerda ambas cosas al respirar.

Escucha el murmullo suave de tu intuición entre trazo y trazo.

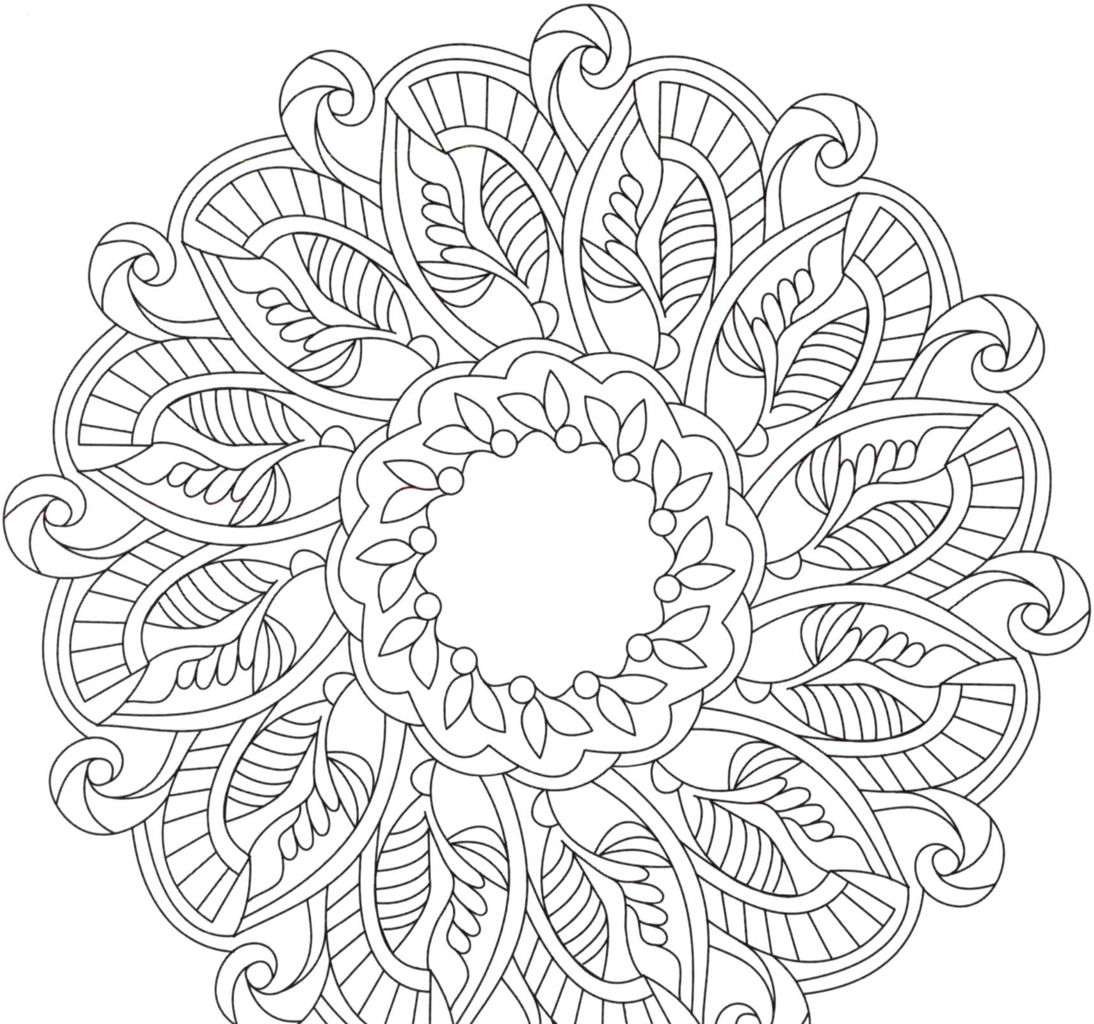

Que este instante sea tu práctica de gratitud silenciosa.

La serenidad que buscas ya está sentada en tu interior, esperando.

VOLVER A TU CENTRO

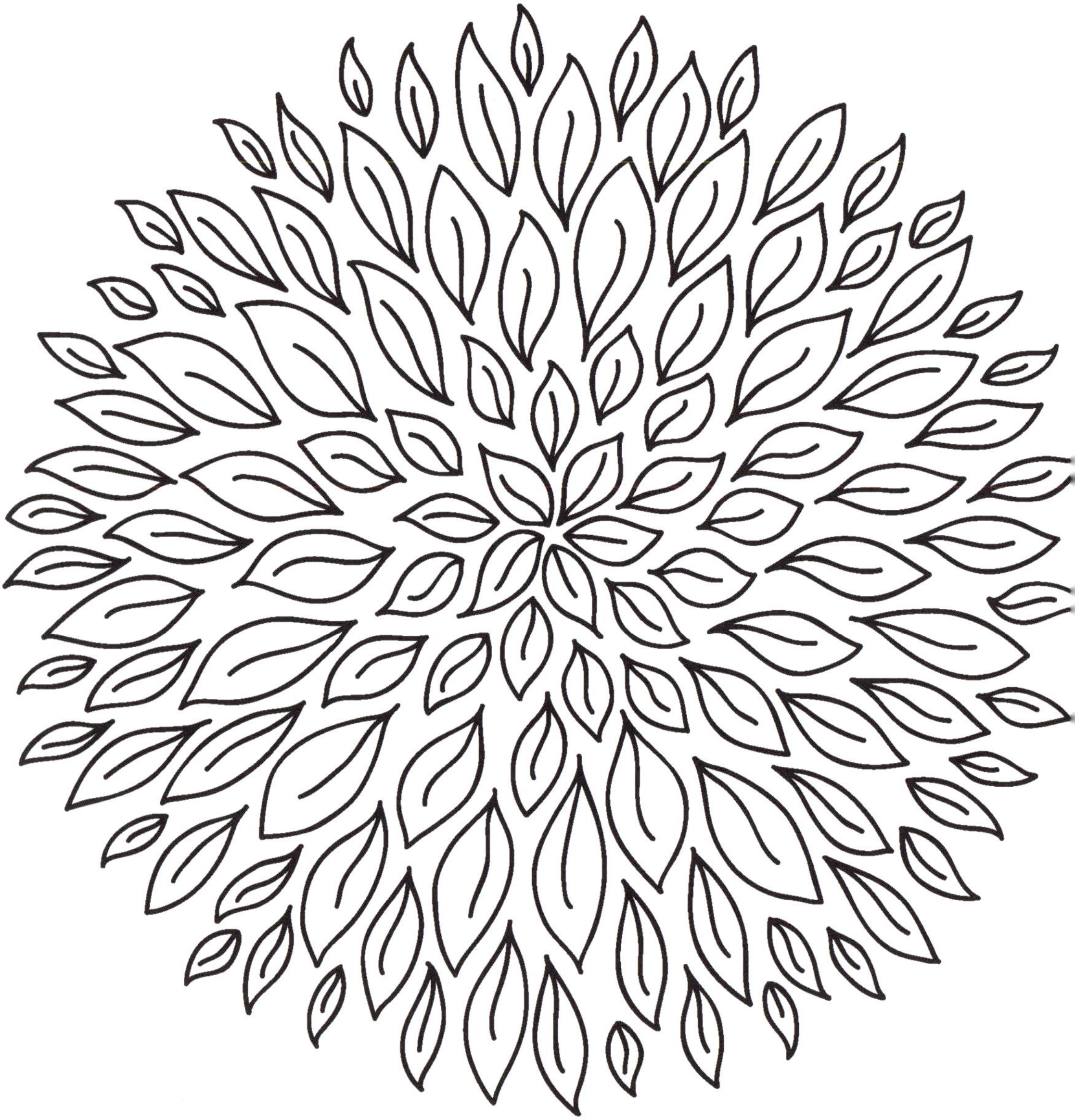

Este mandala es un mudra de colores ofrecido a tu espíritu.

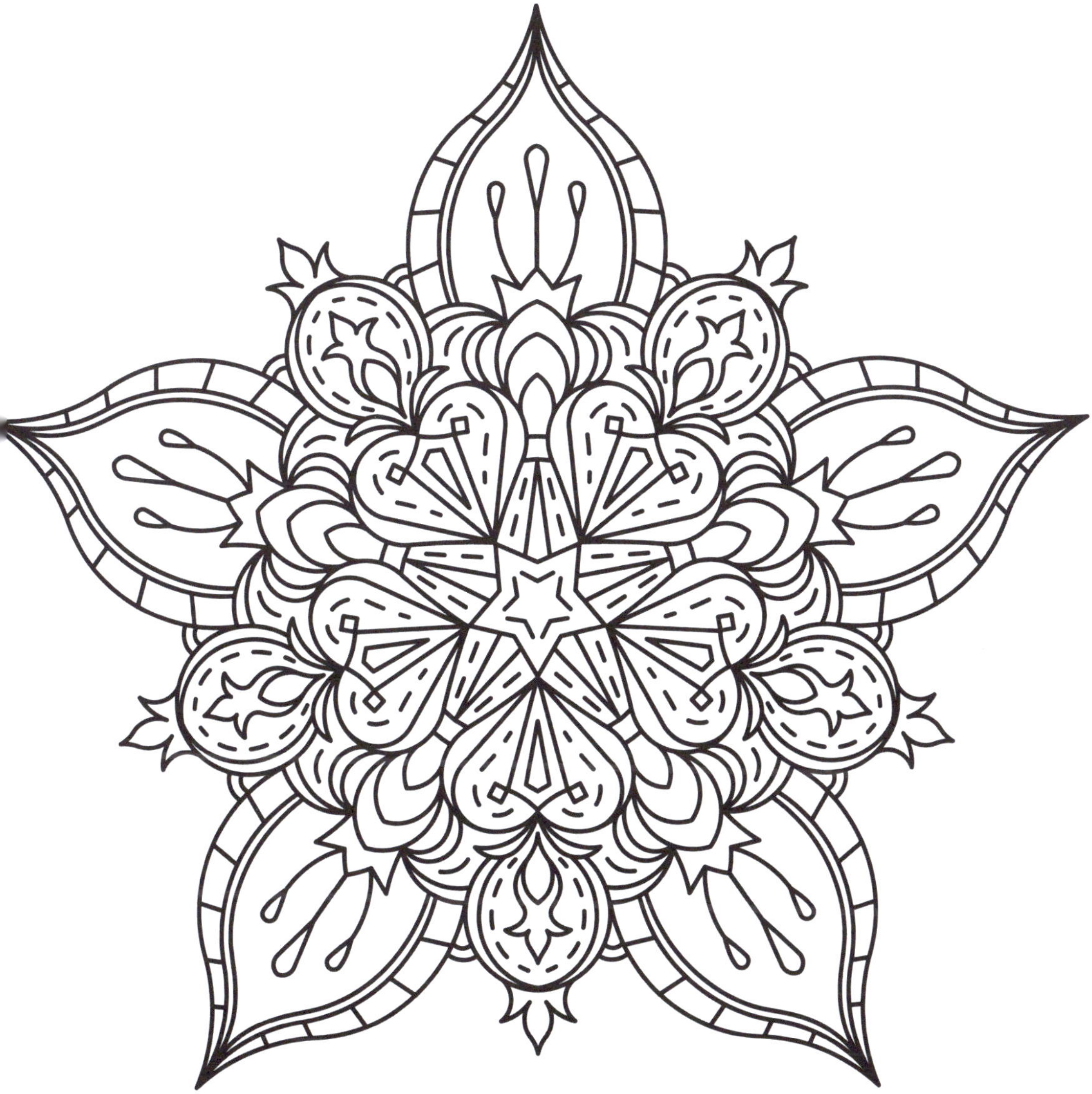

Cuando te recoges hacia dentro, el mundo exterior se recoloca.

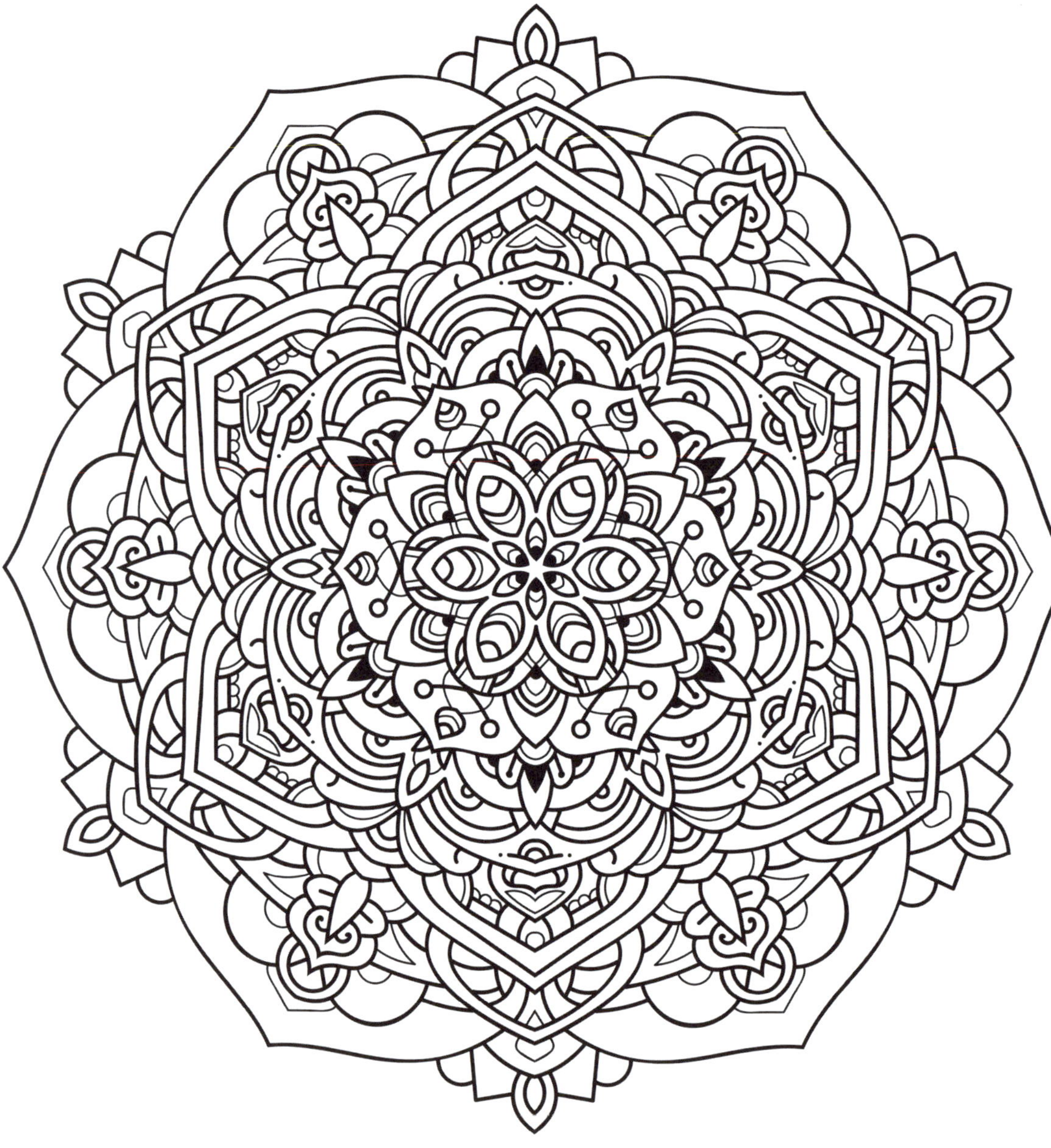

Cada círculo te invita a volver a tu centro una vez más.

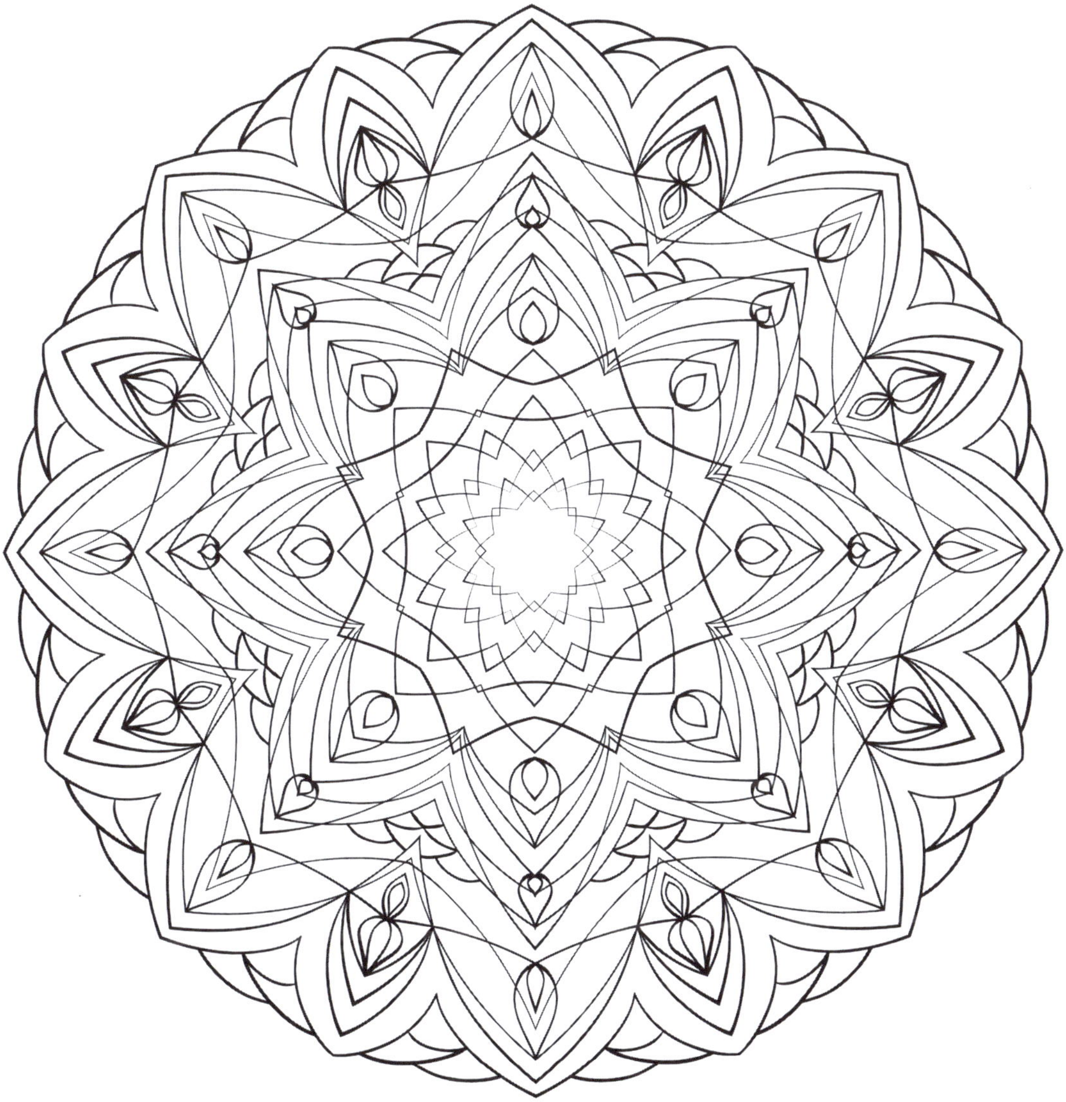

Siente cómo la vida te sostiene incluso en tus pausas.

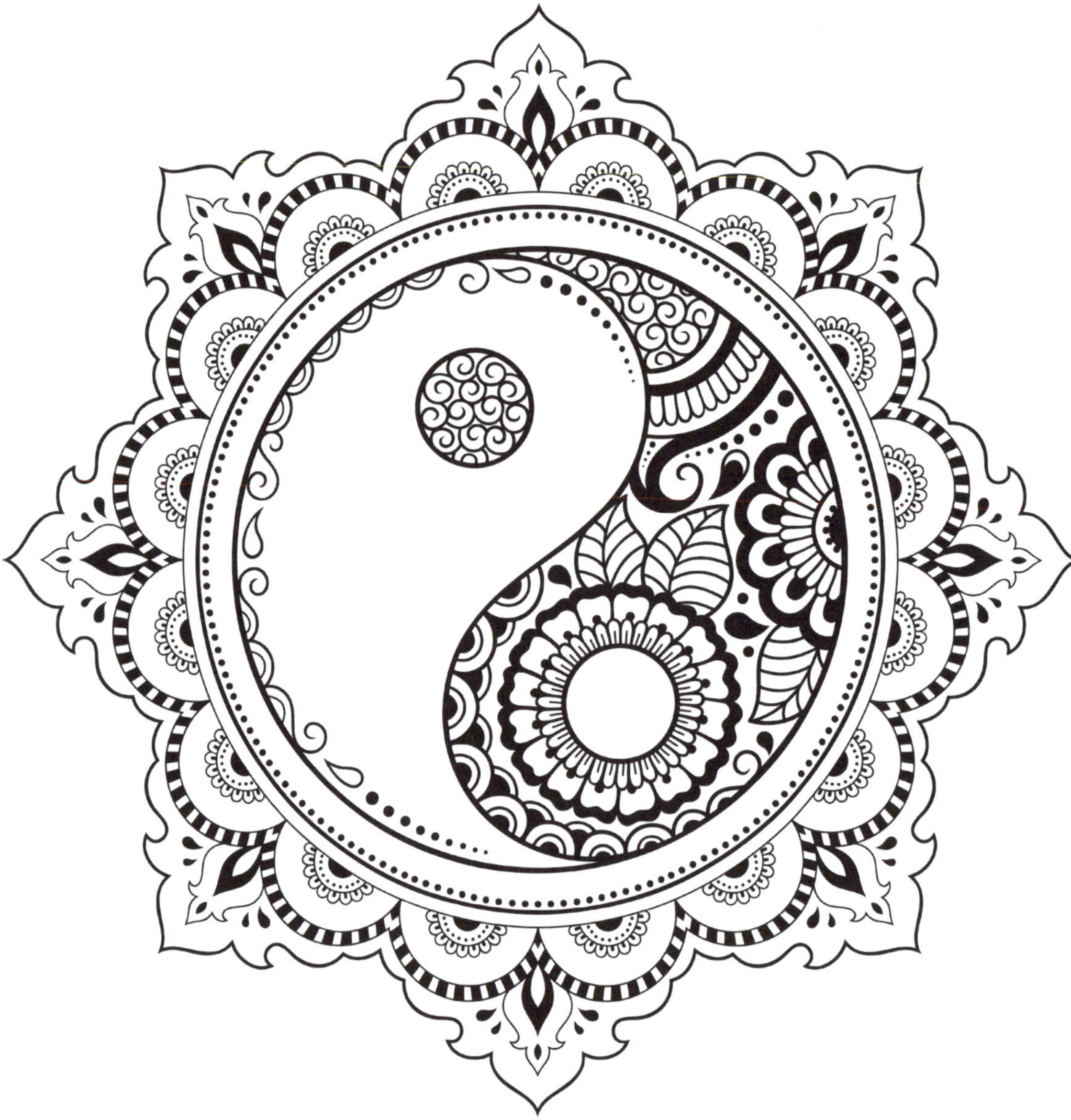

Tu esencia brilla más cuando te permites parar.

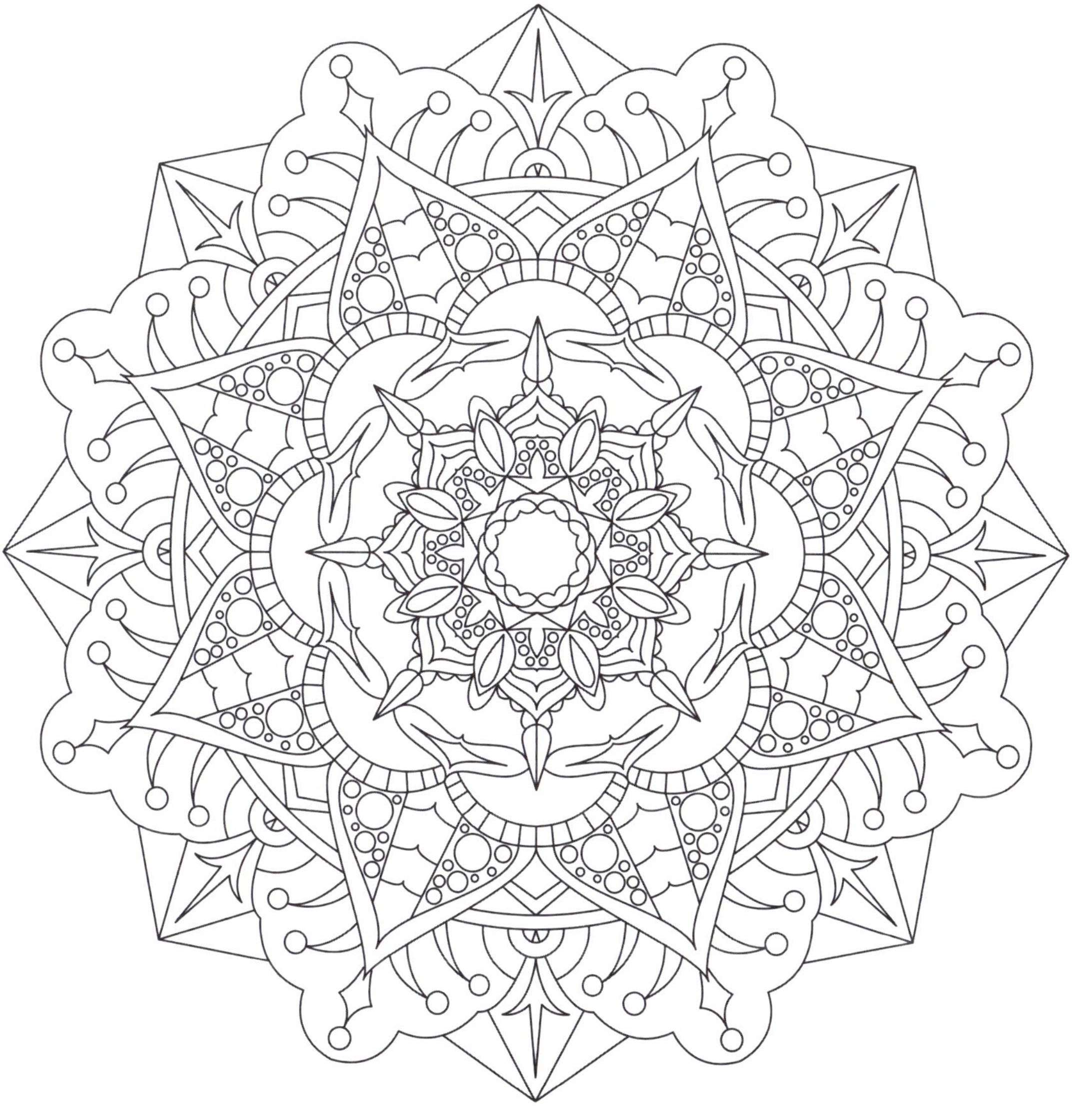

Que este momento sea un pequeño retiro dentro de tu día.

Mientras coloreas, el tiempo se diluye y solo queda el ser.

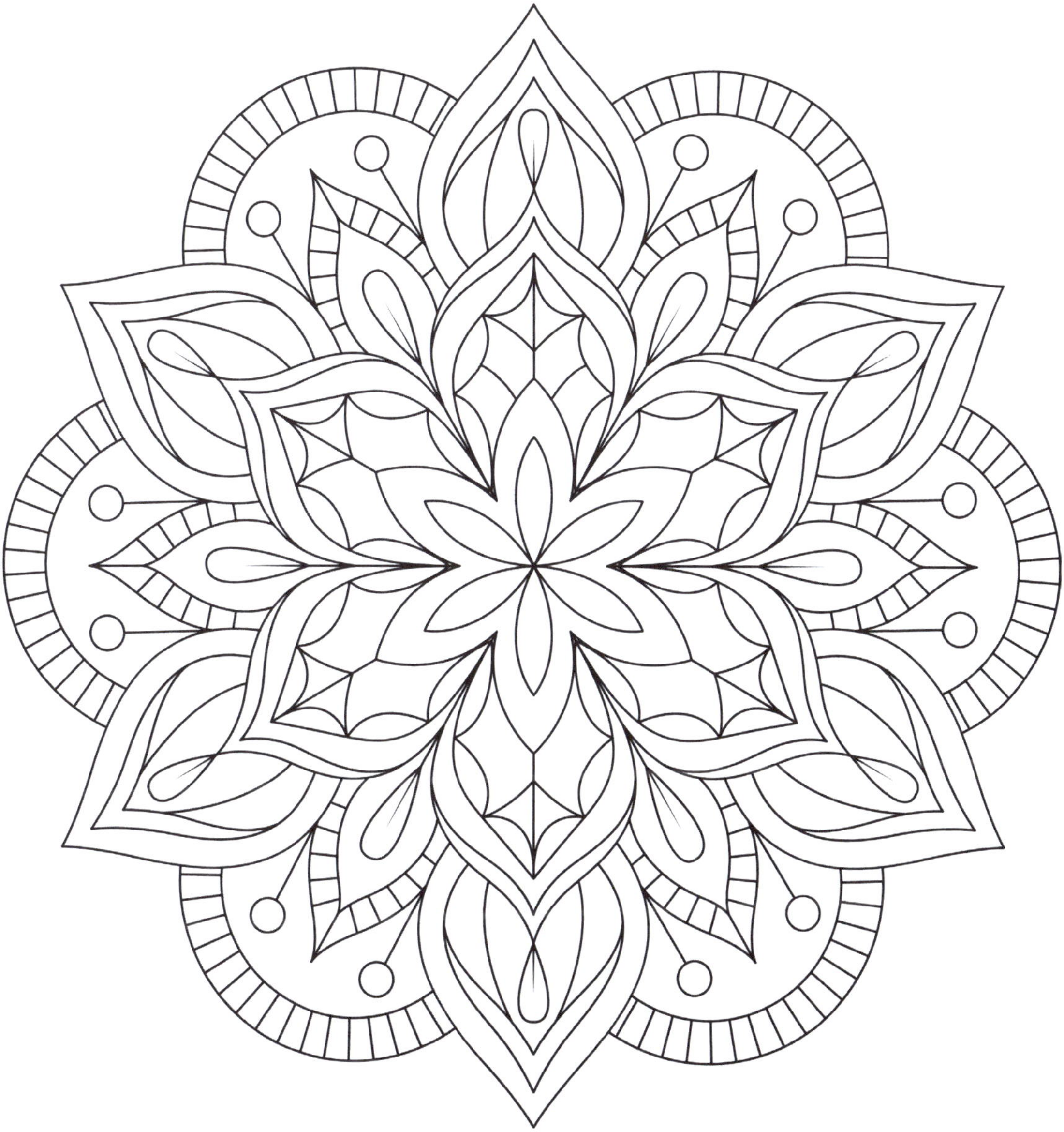

Eres suficiente tal y como llegas a este momento.

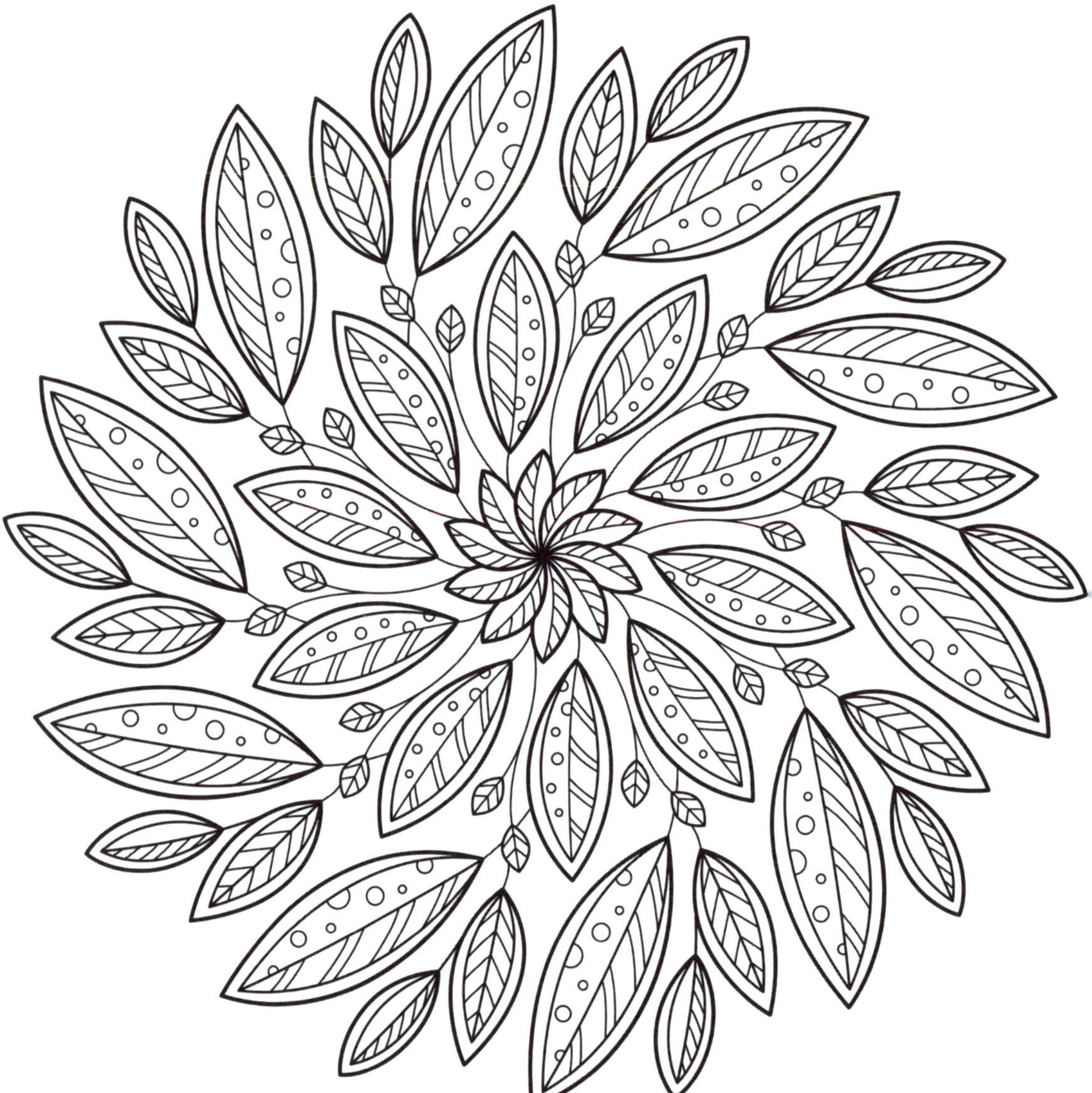

Agradece este respiro: también cuenta como milagro pequeño.

Suelta lo que ya no vibra con quien eres hoy.

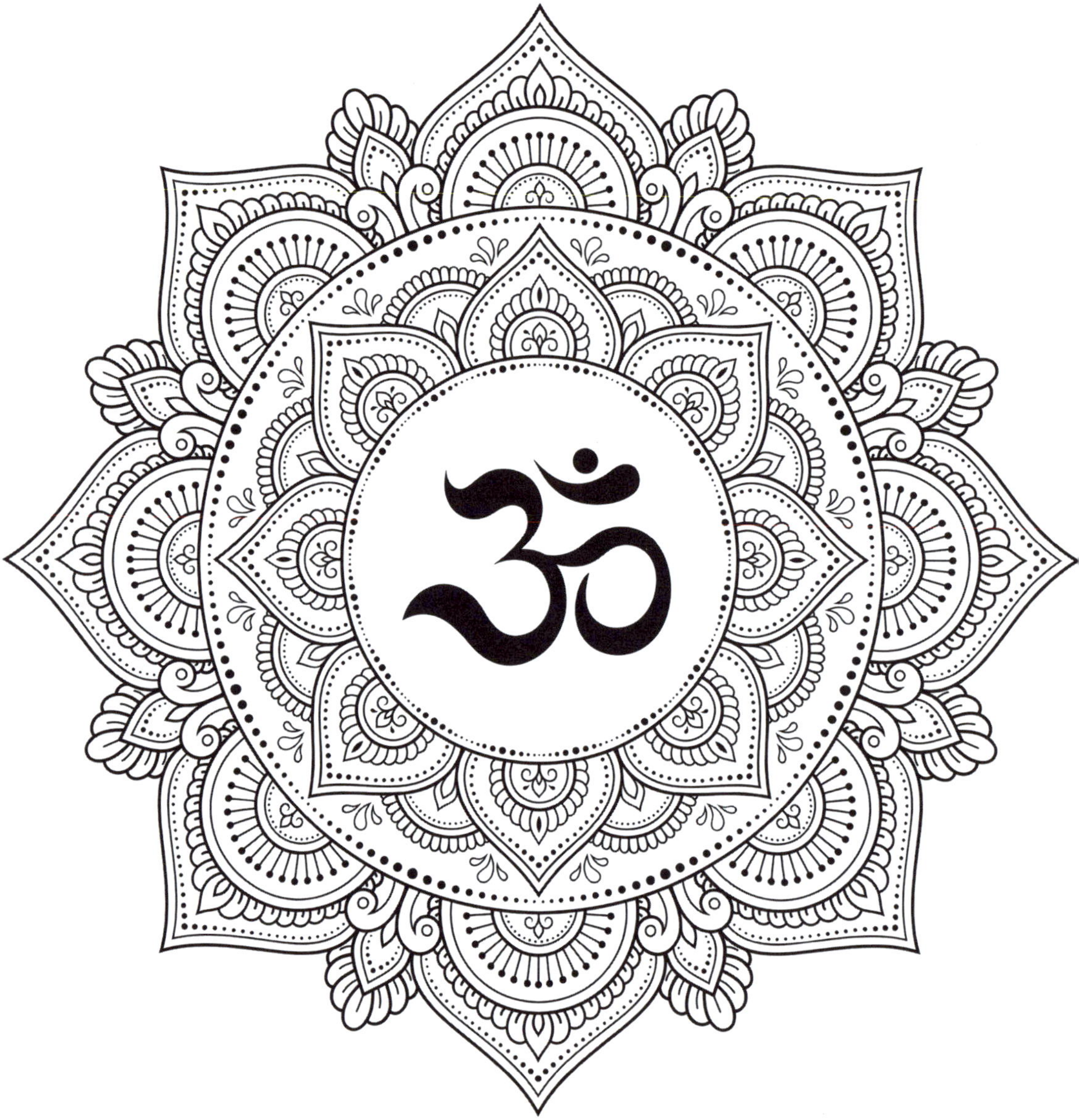

Entre hacer y descansar, hoy eliges equilibrio.

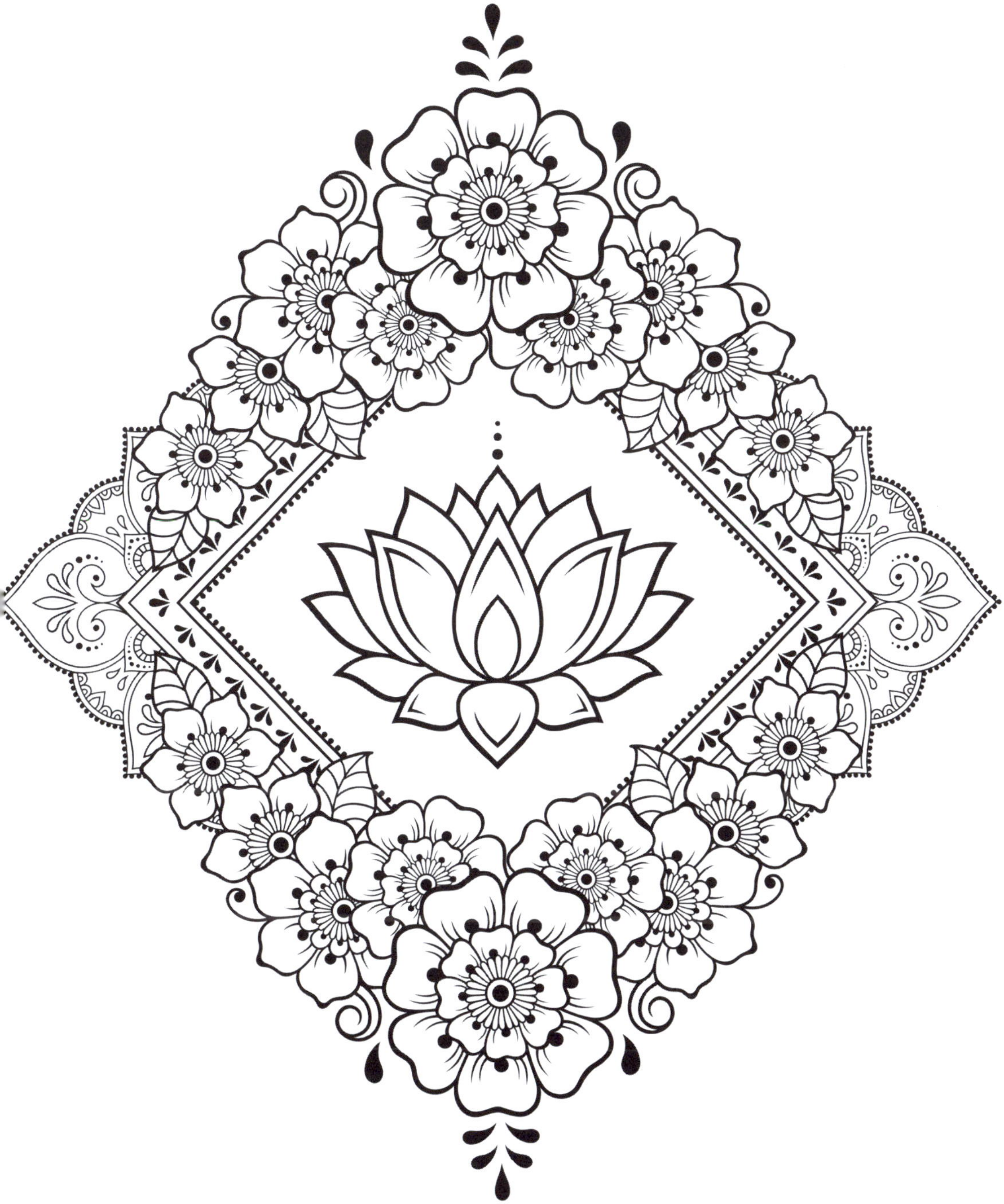

Solo existe este trazo, este respiro, este instante.

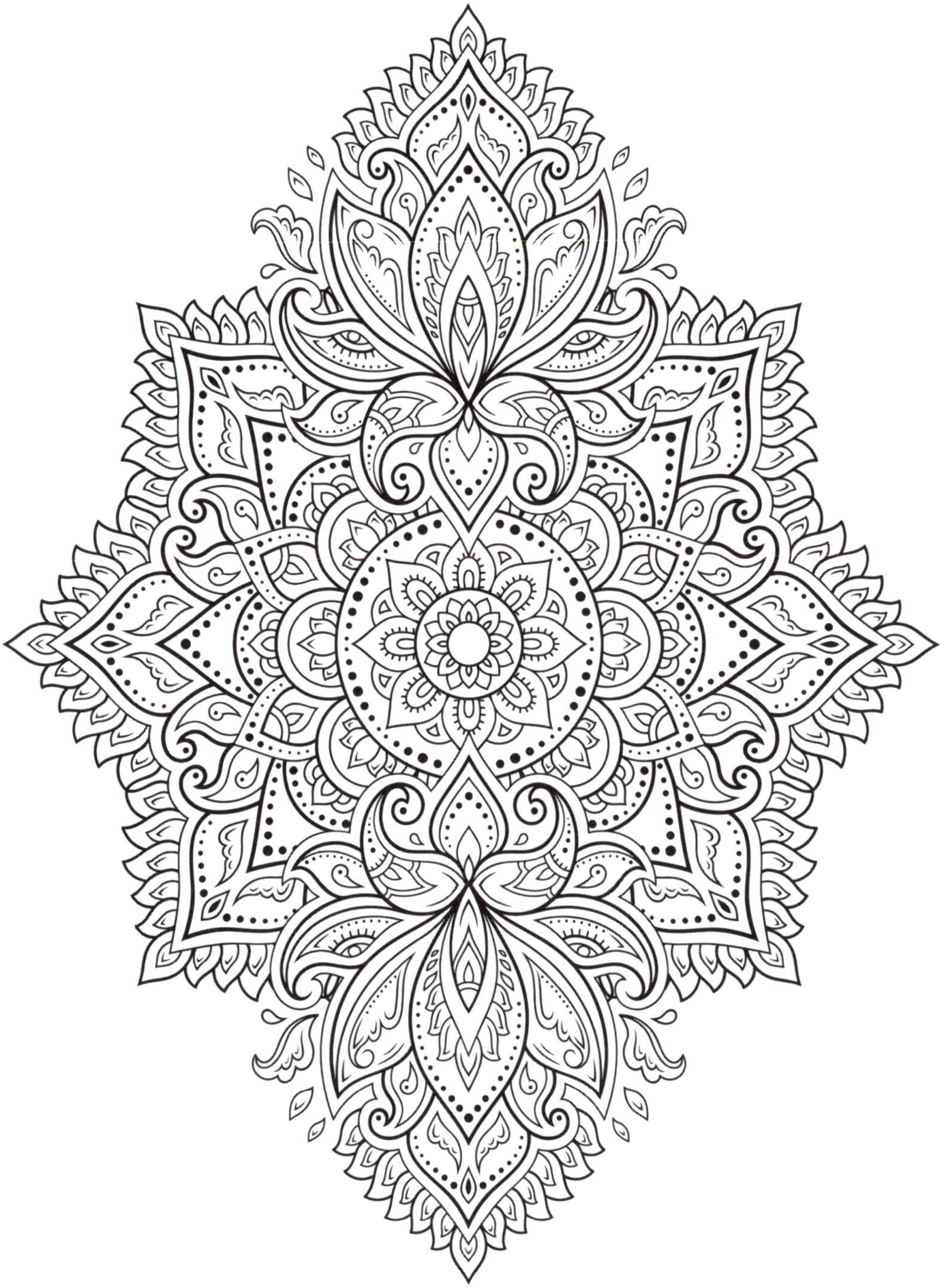

Hoy te miras con la misma ternura con la que miras a quienes quieres.

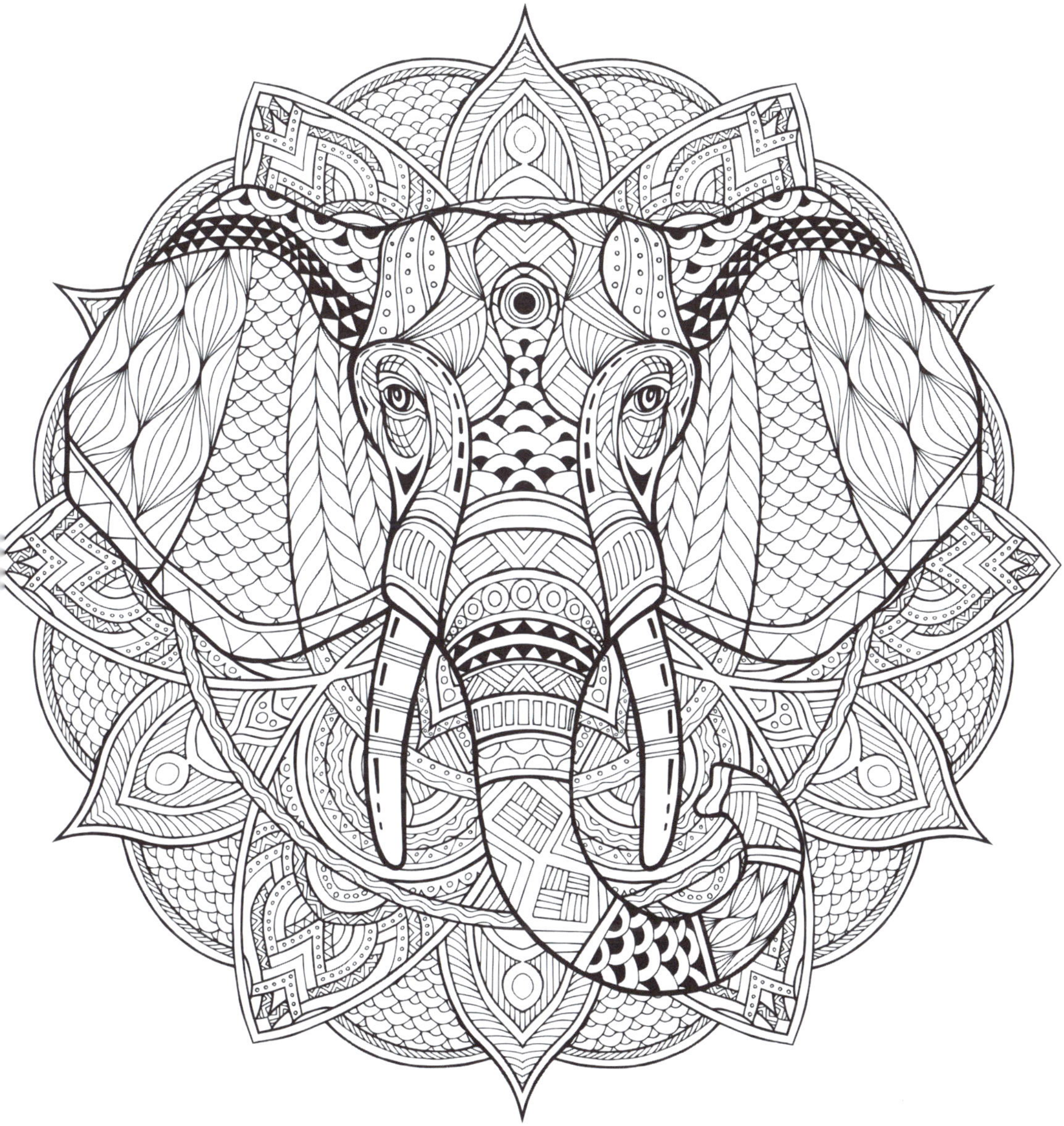

No eres solo tu mente: también eres cuerpo, corazón y respiración.

No todo lo que duele está hecho para quedarse.

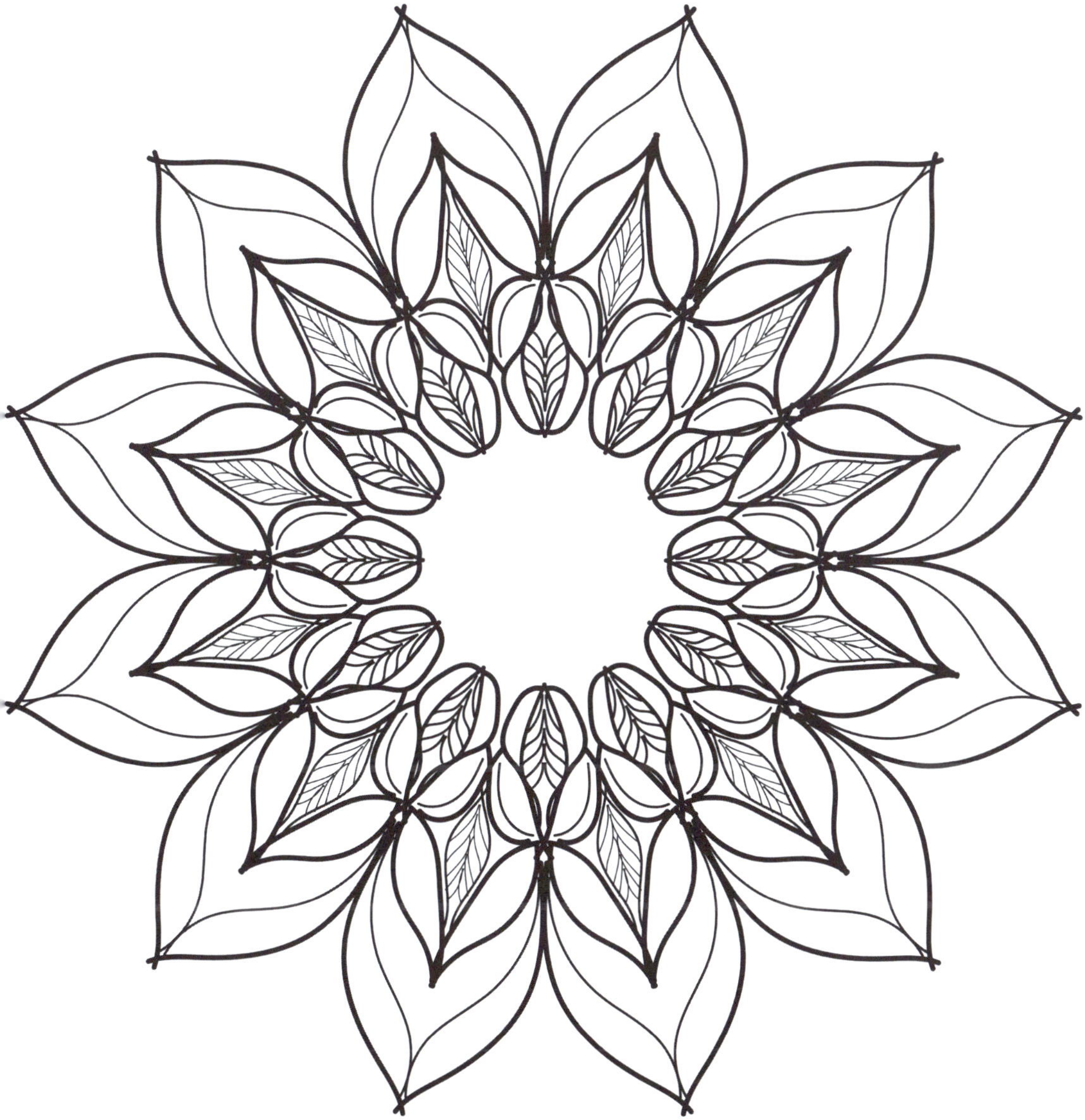

Cada color que eliges puede ser un «gracias» silencioso.

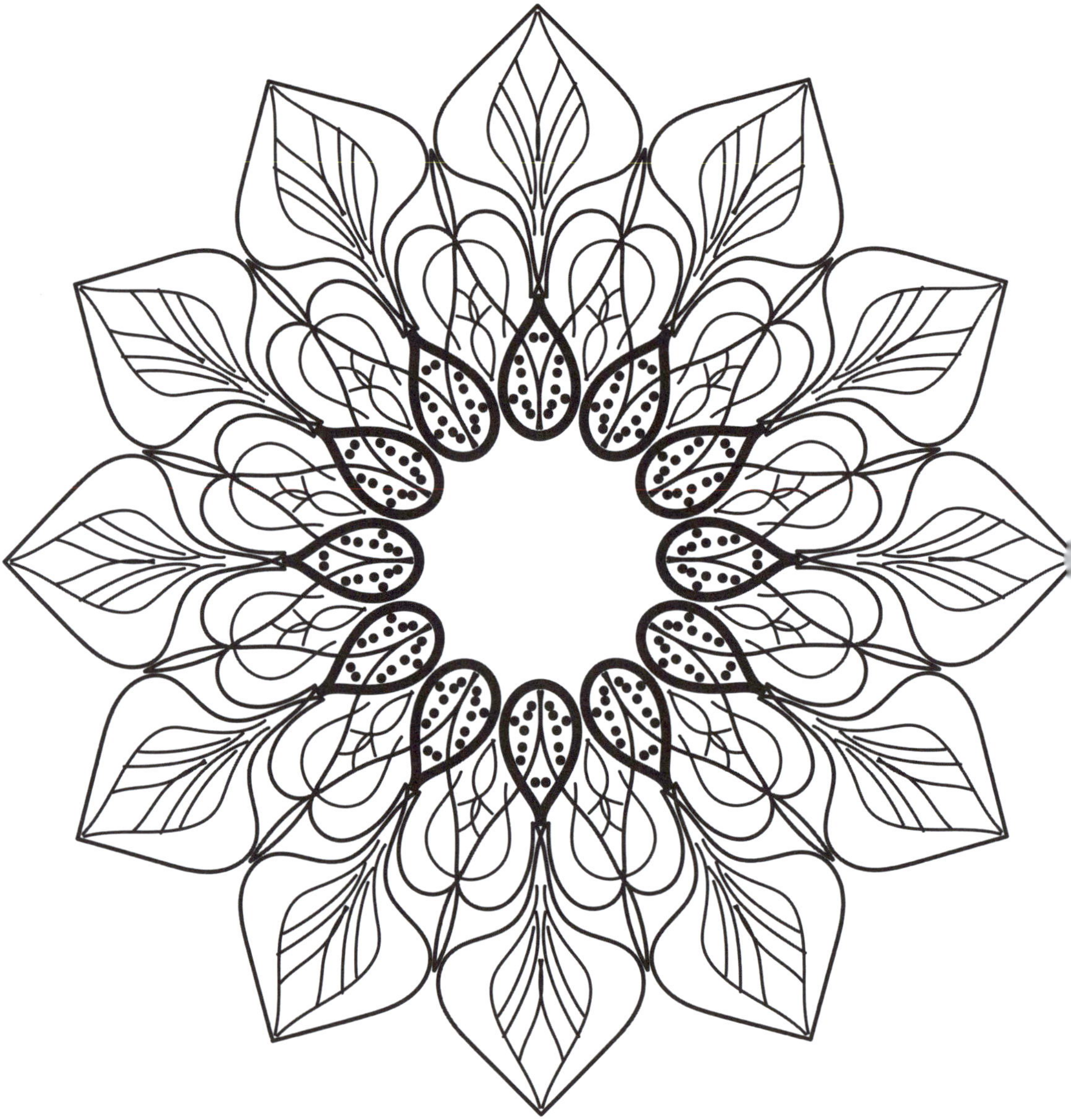

Hoy te eliges, aunque sea en algo tan pequeño como este ratito.

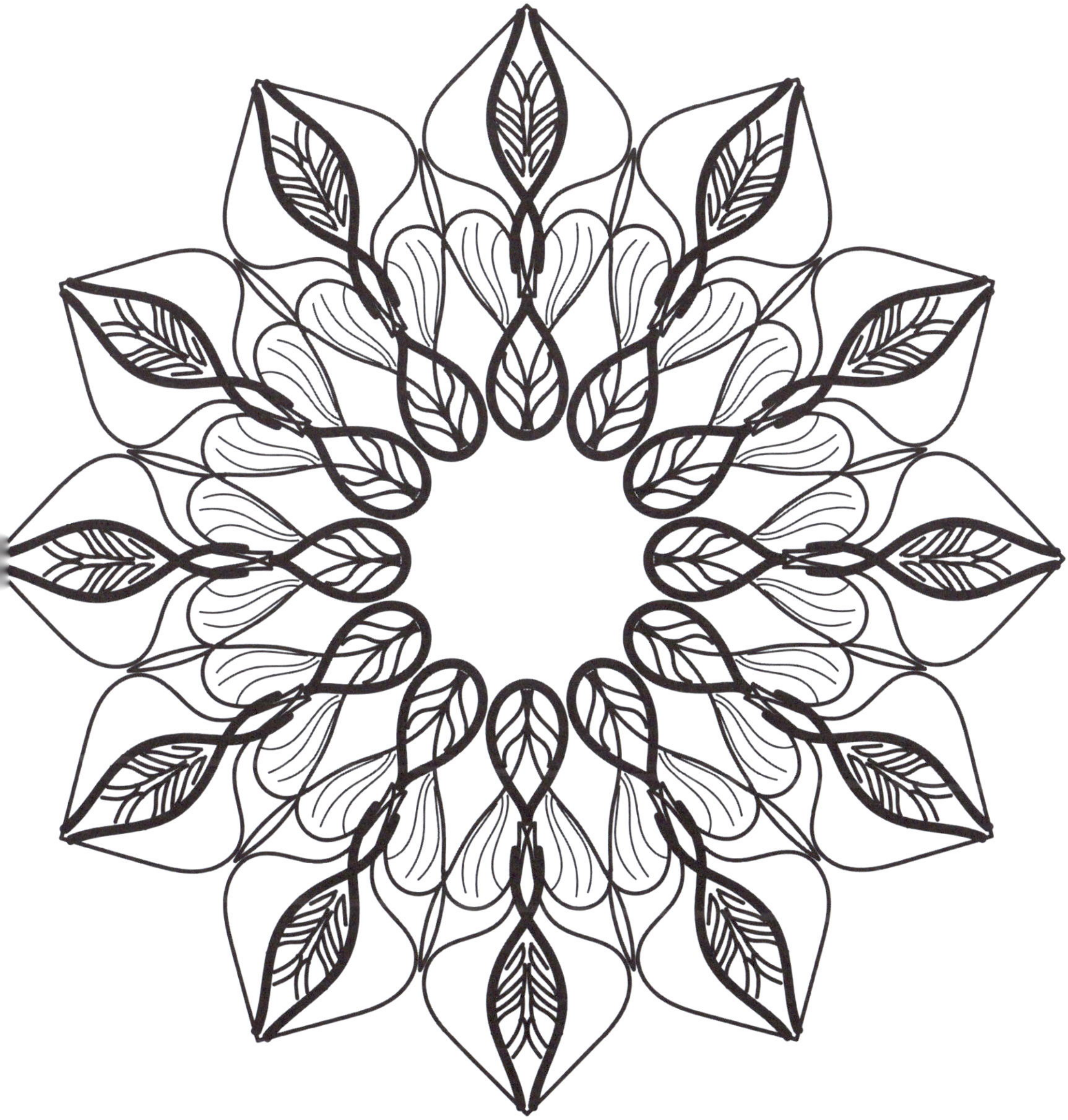

Mientras estás aquí, el pasado descansa y el futuro espera.

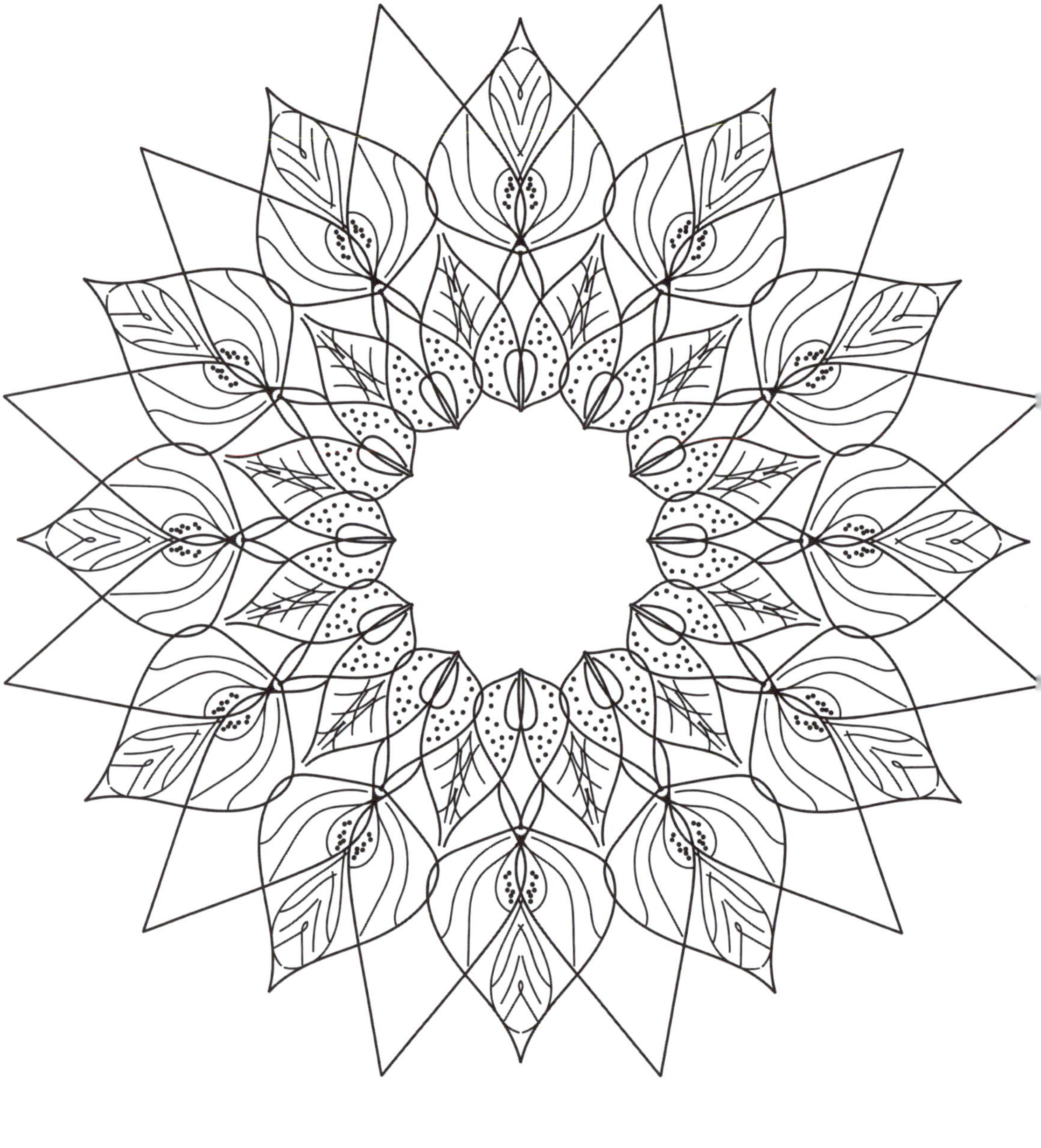

Trátate como tratarías a alguien que está cansado y necesita un abrazo.

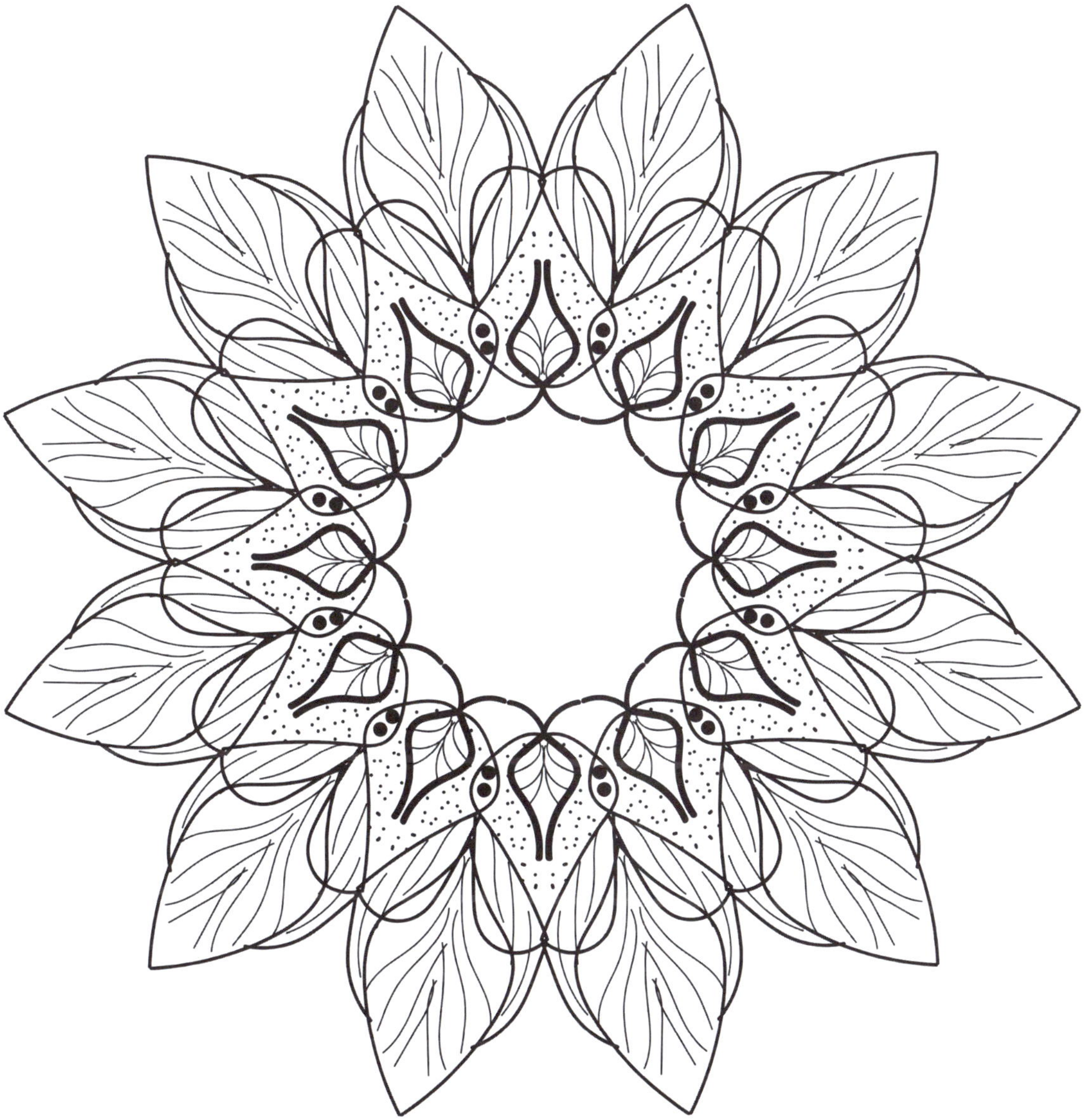

El equilibrio no es rigidez, es danza constante.

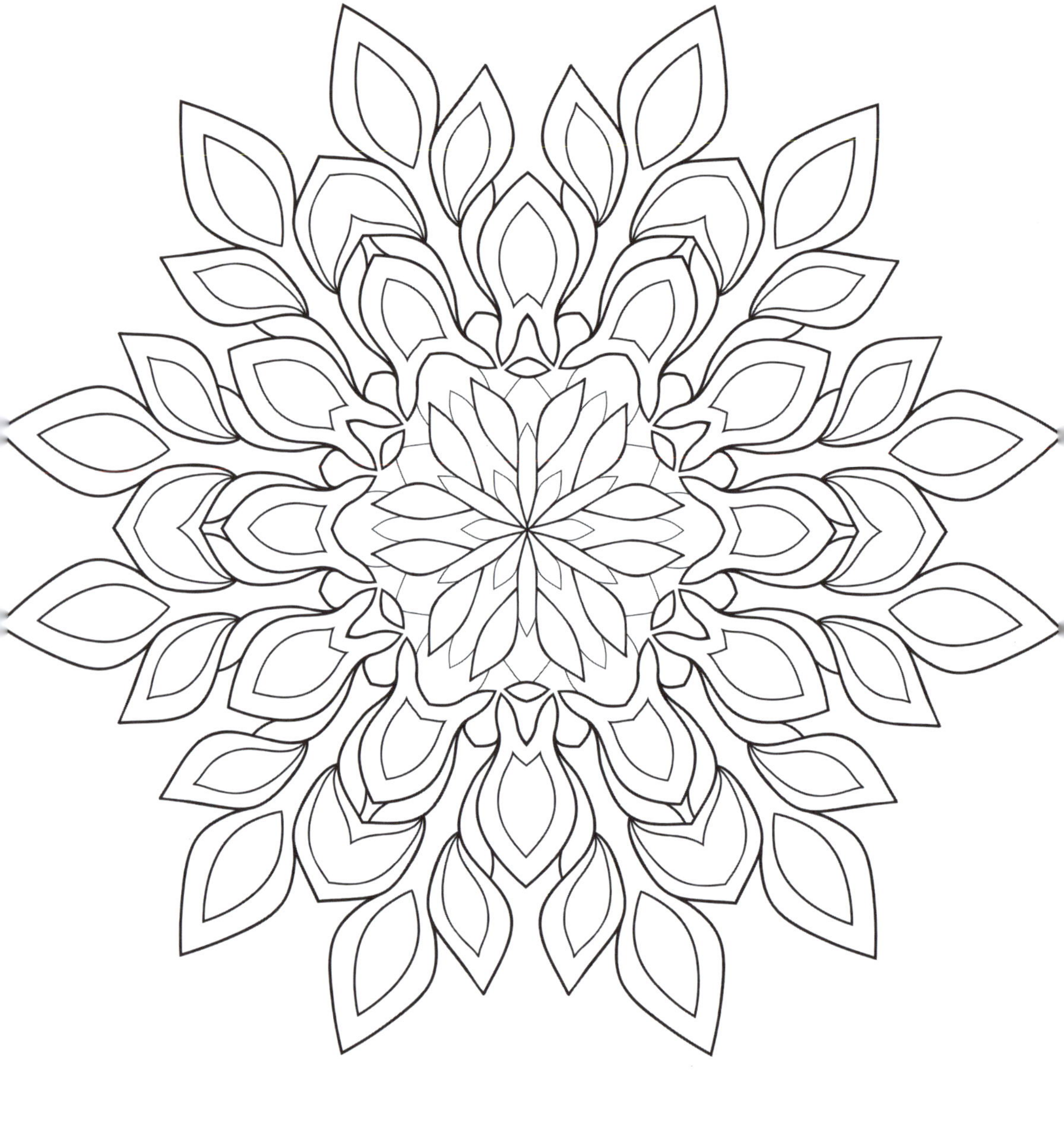

Hoy tu práctica es simple: notar lo que sí está.

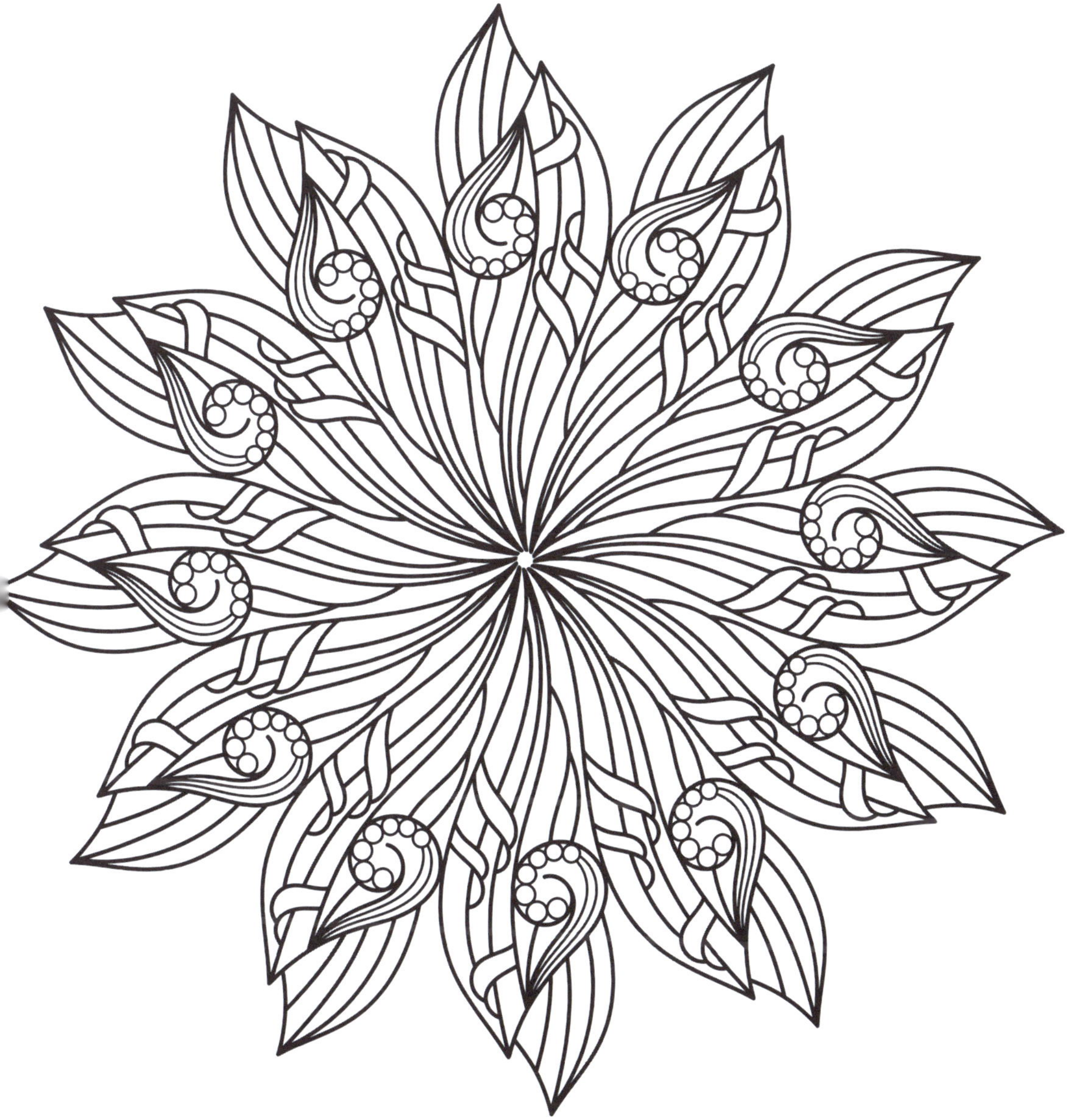

Dejar ir también es una forma de amor.

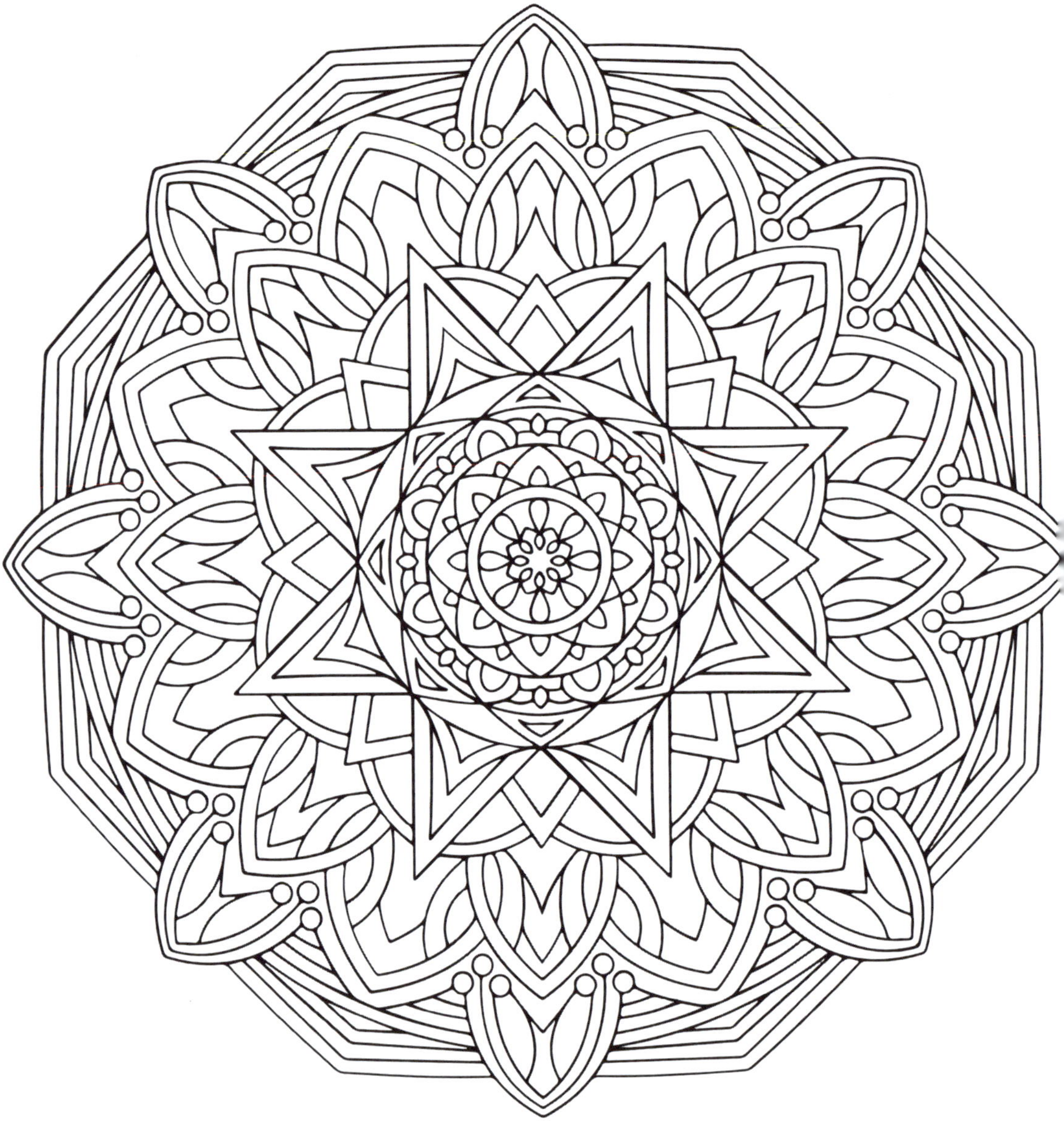

El autoamor no es egoísmo, es raíz.

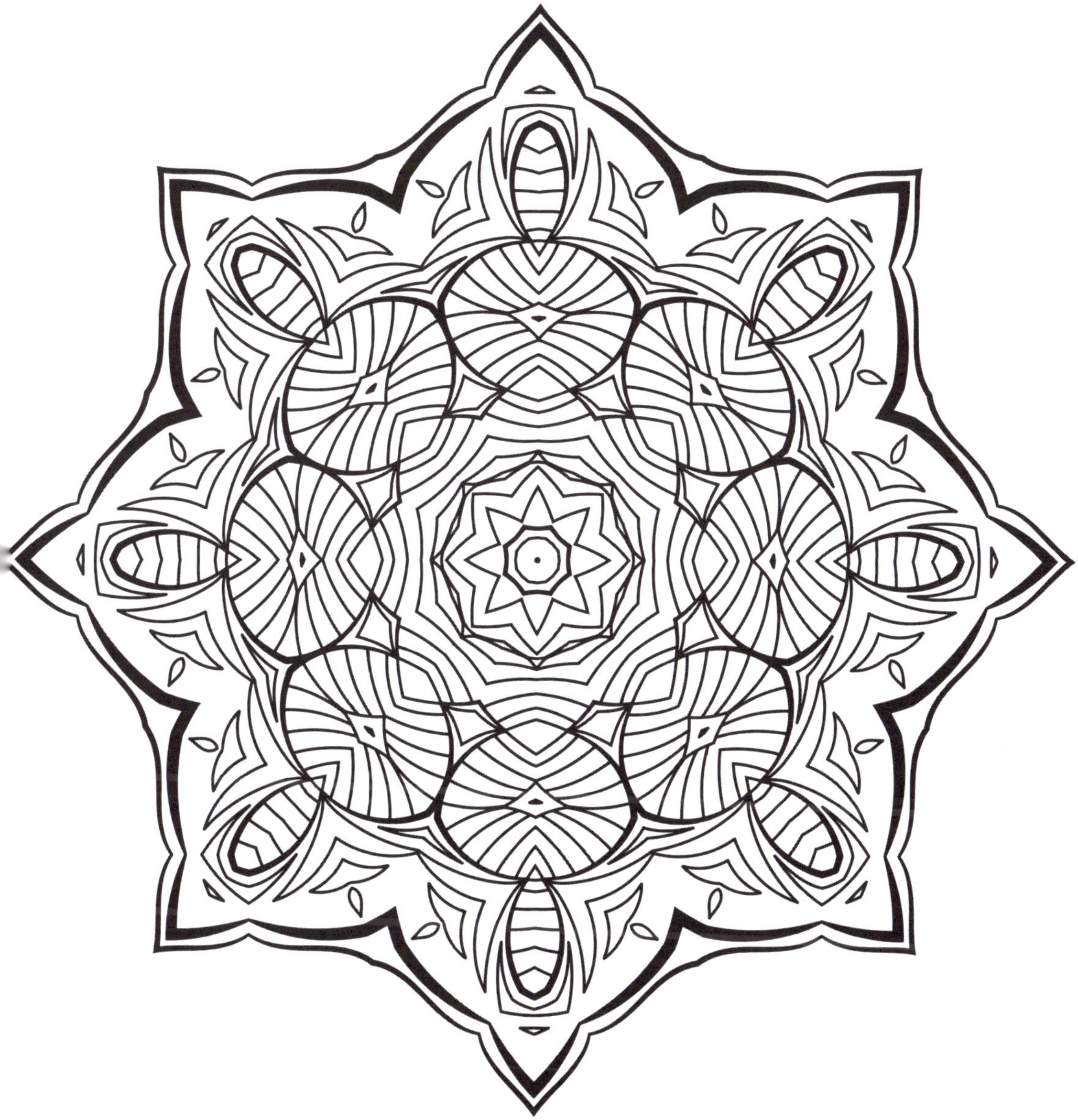

La verdadera magia sucede cuando de verdad prestas atención.

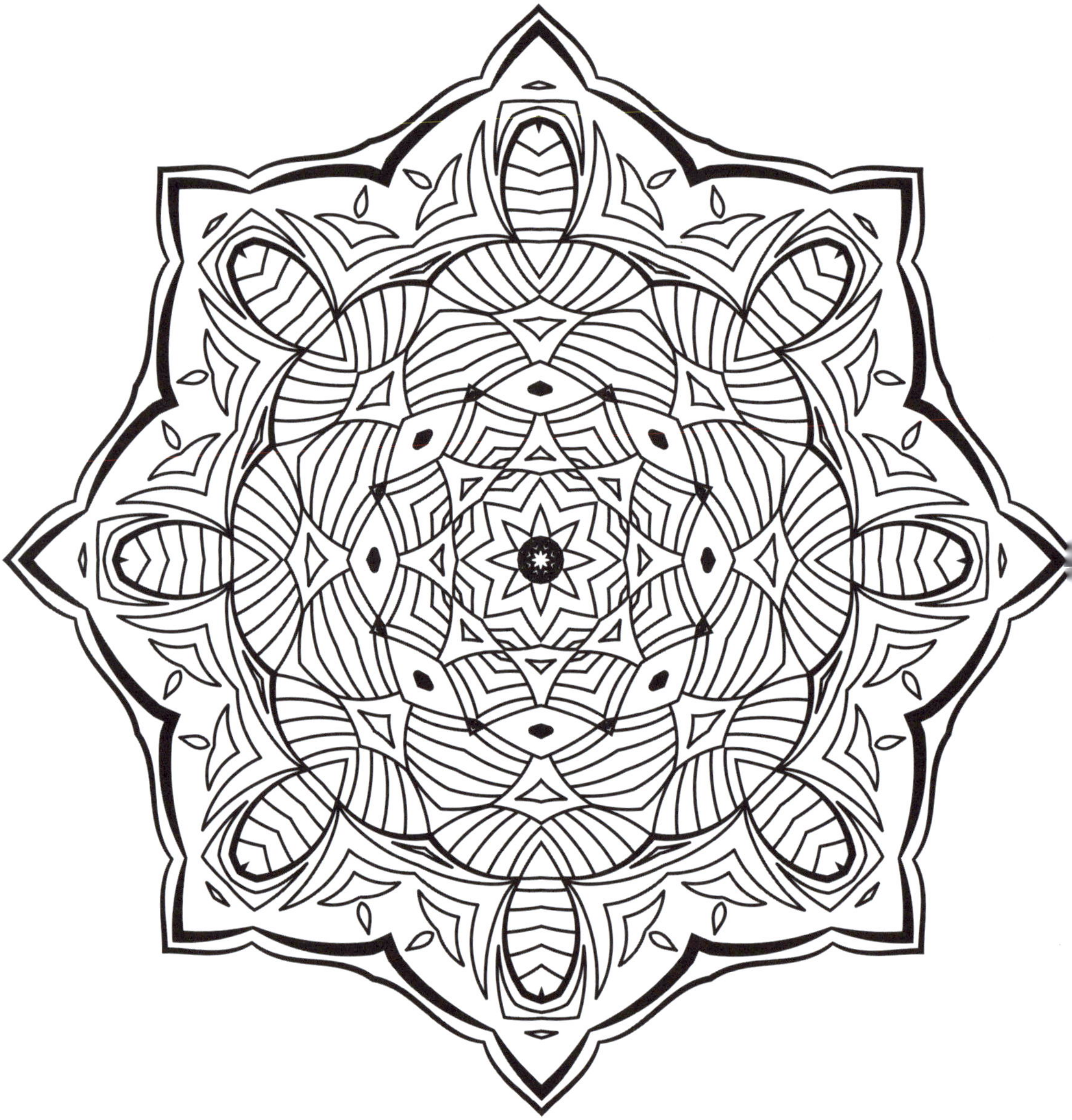

La compasión empieza cuando dejas de exigirte tanto.

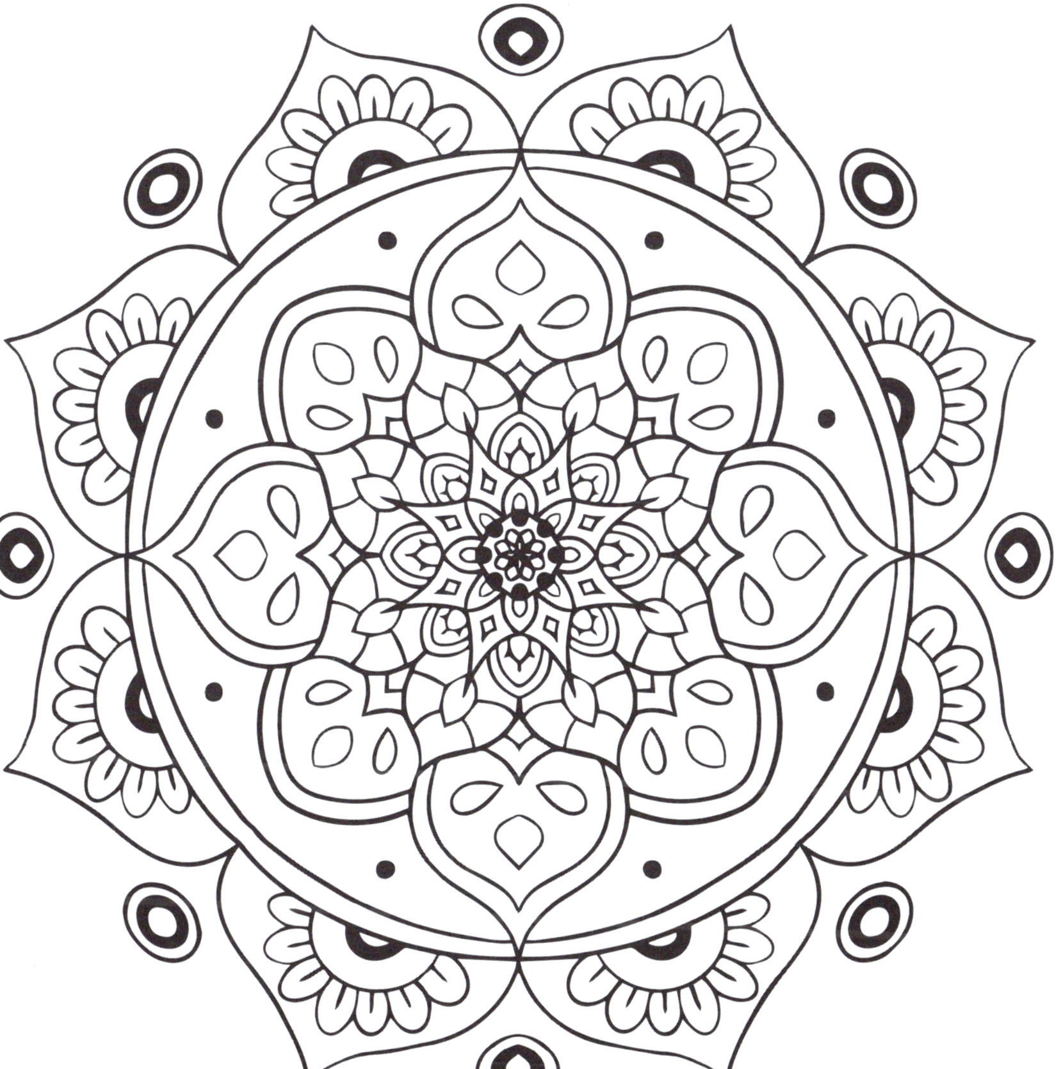

Tu centro está ahí, incluso cuando todo se mueve.

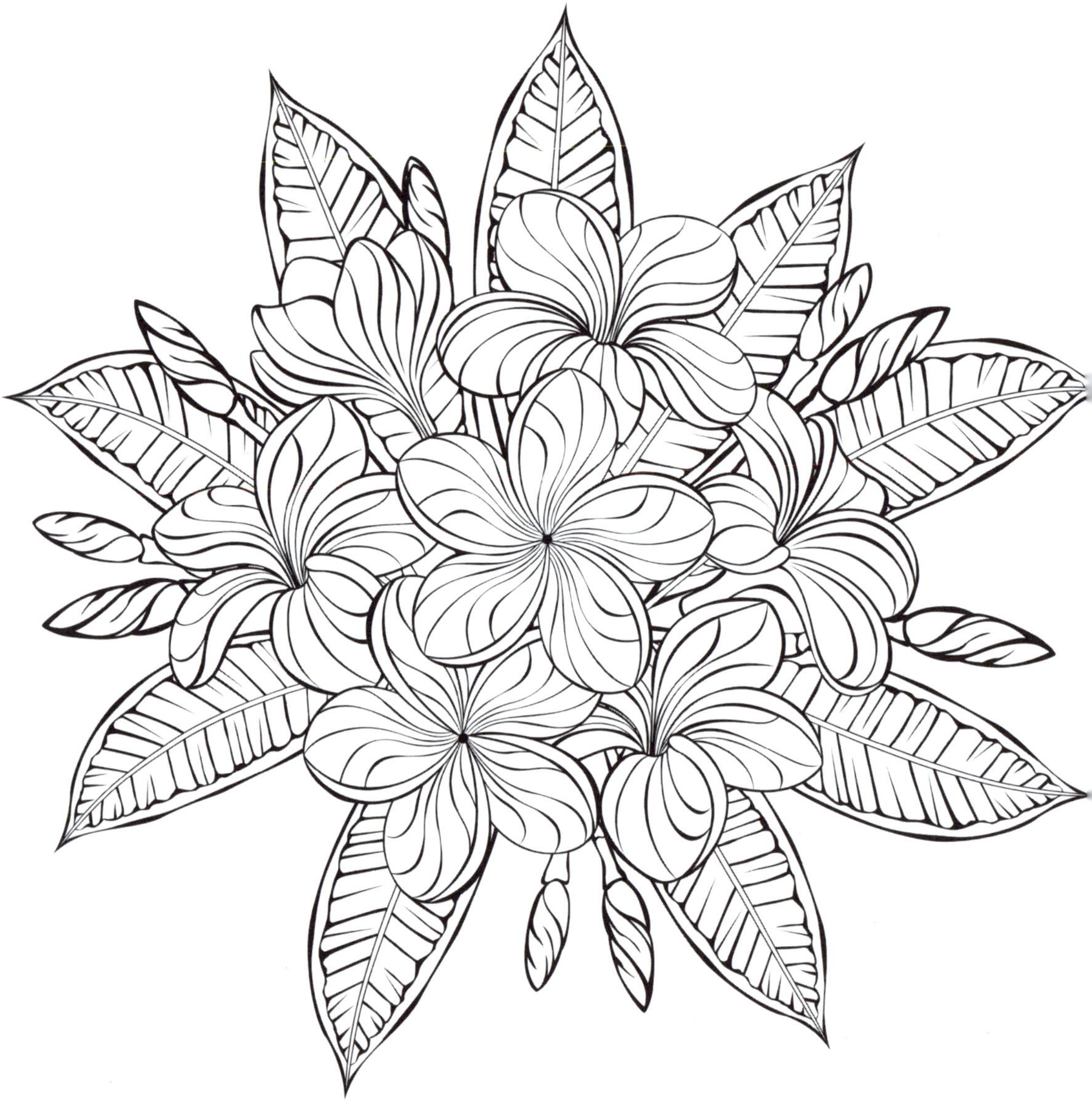

En medio del caos, siempre hay algo que agradecer.

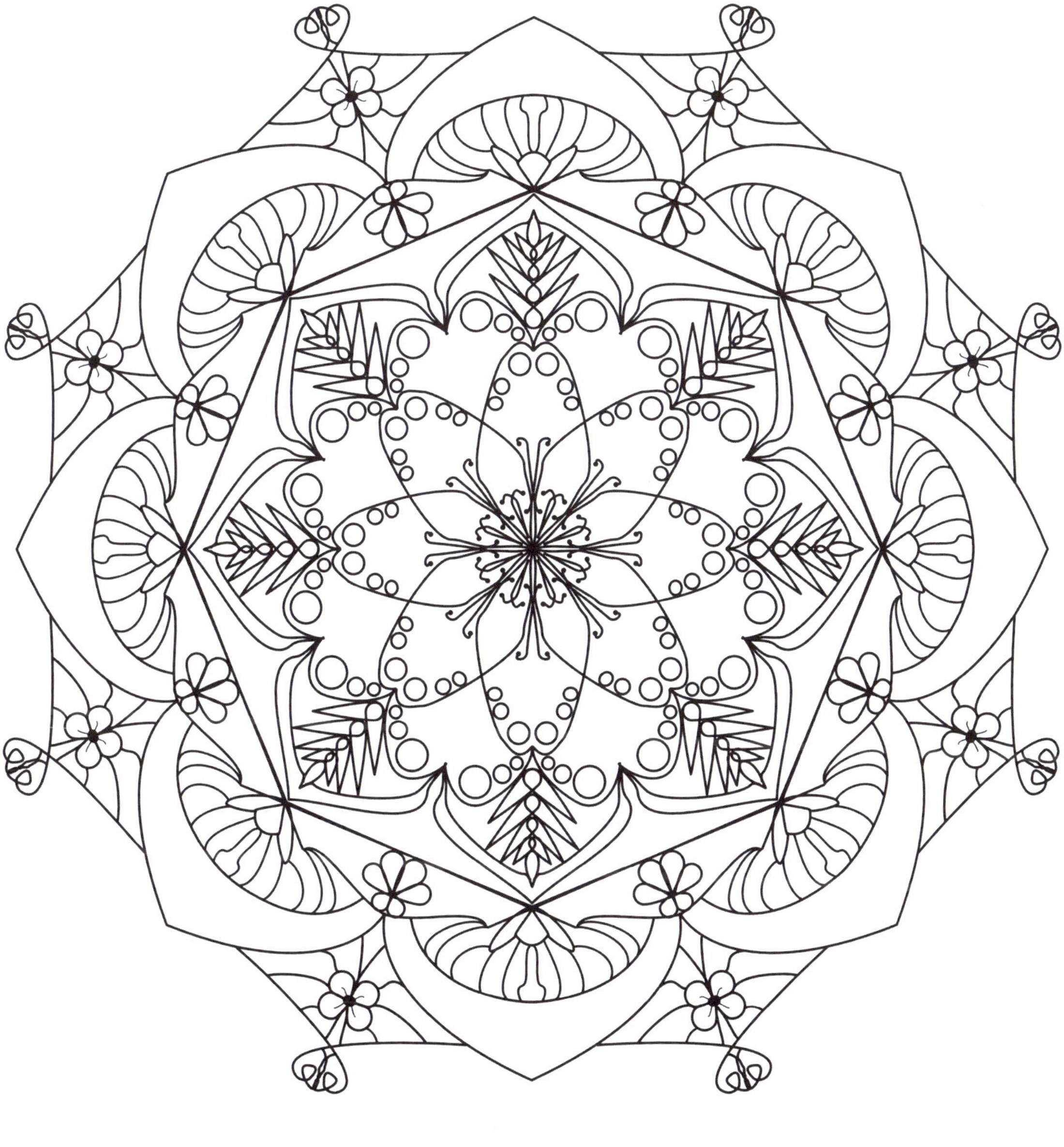

Cada vez que sueltas, haces espacio a algo nuevo.

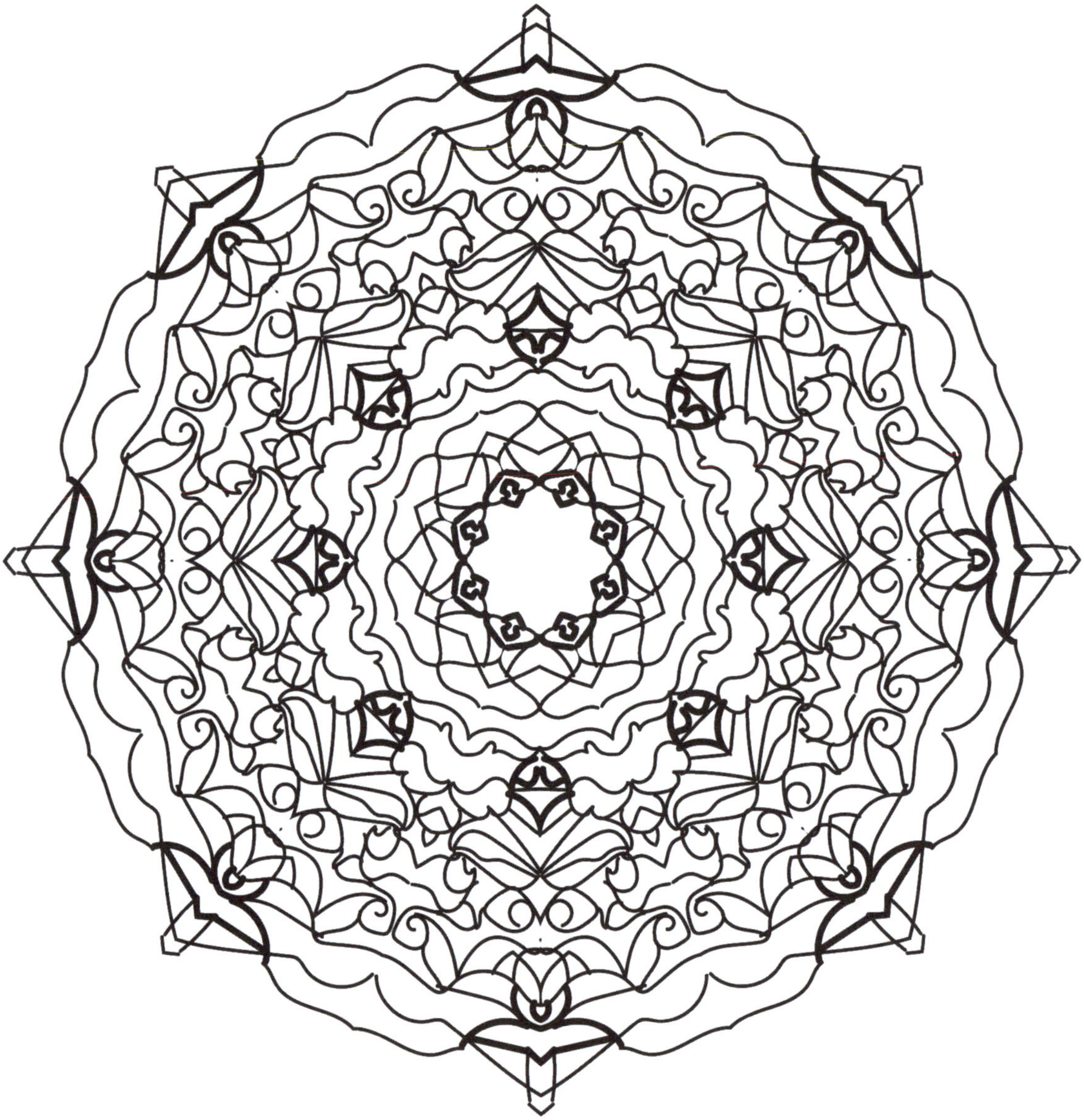

Acéptate completa: con dudas, con miedos y con ganas de seguir.

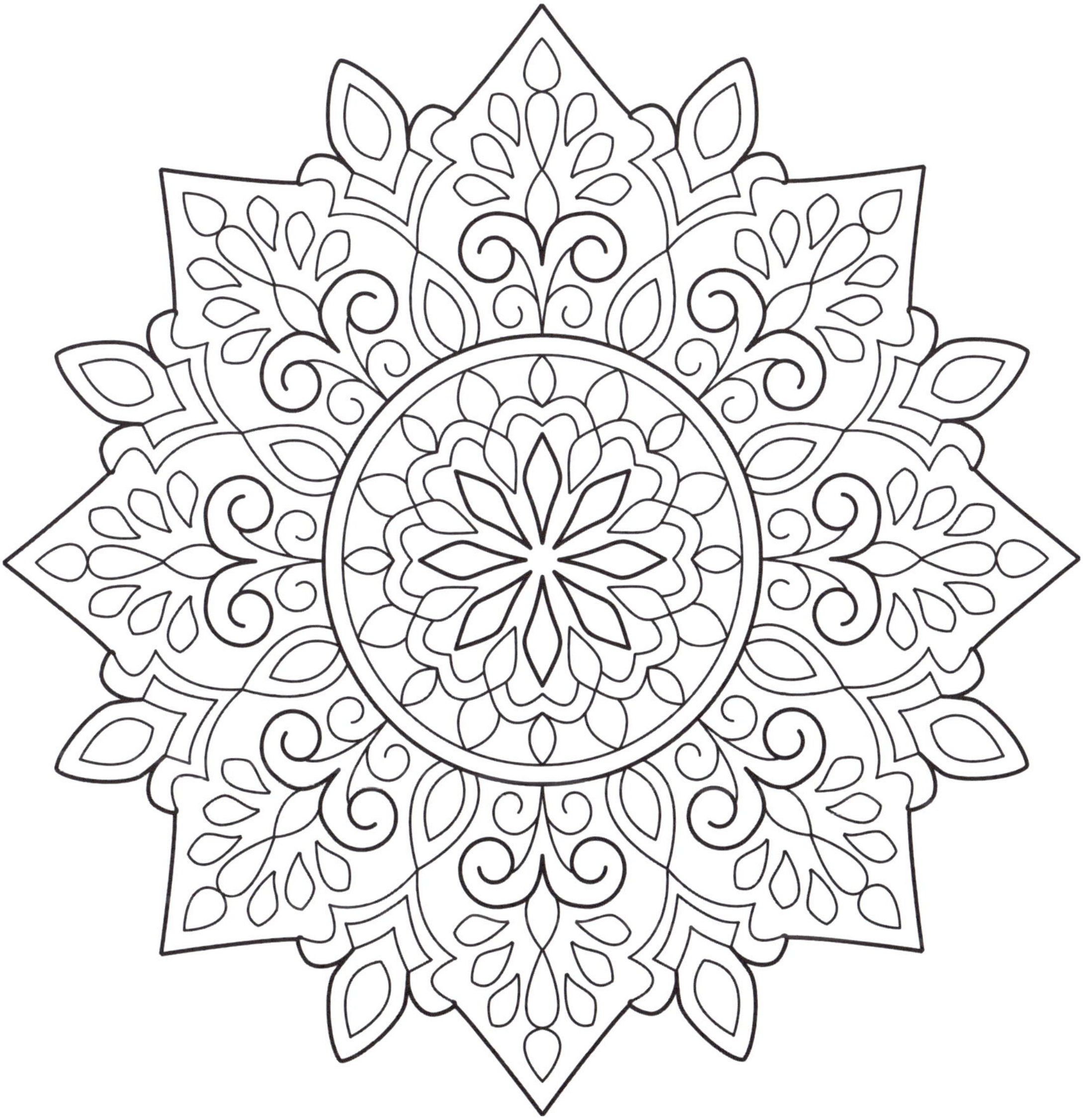

Regresa a este momento cada vez que tu mente se escape.

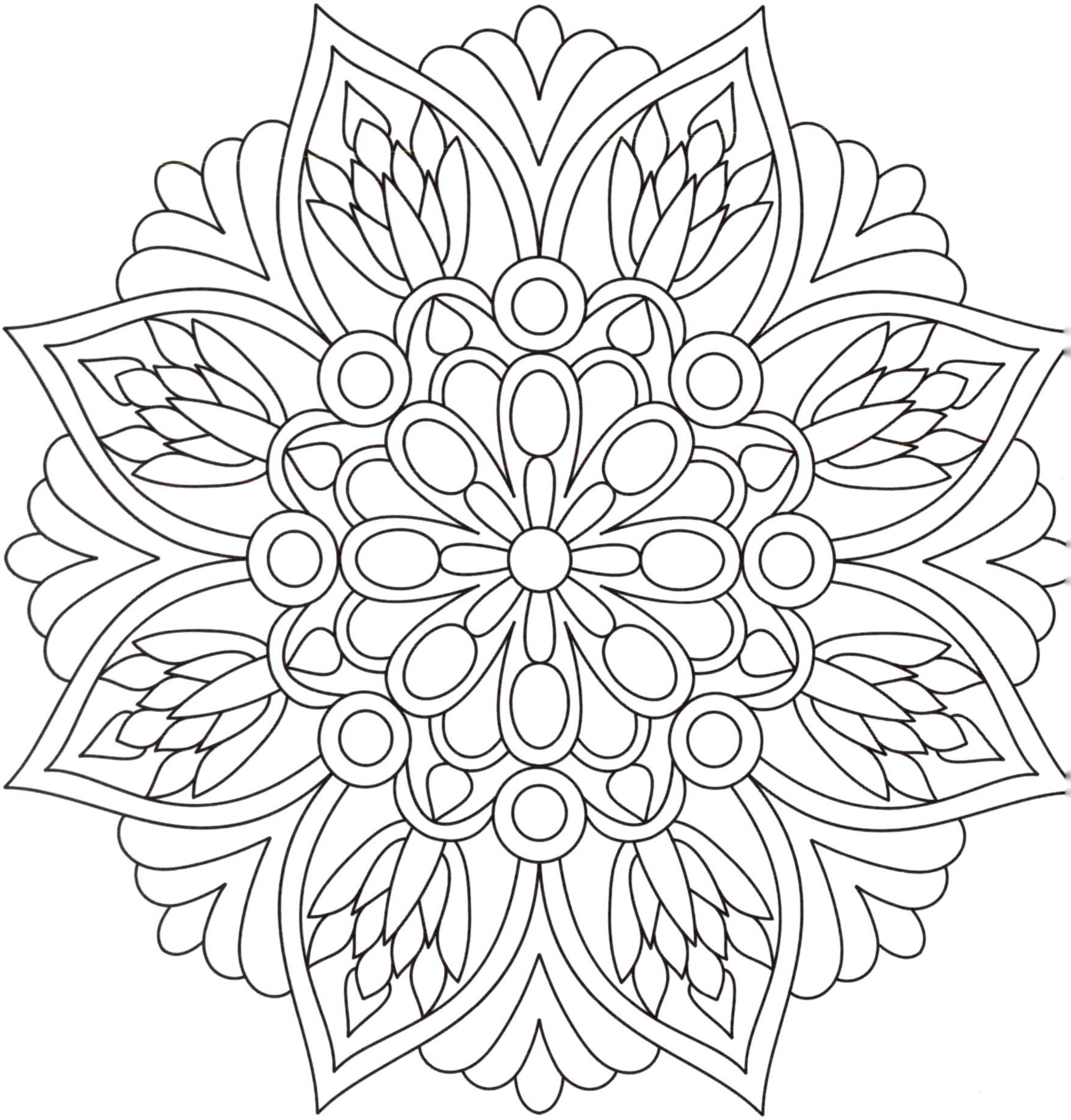

Que tu voz interior suene más a «te entiendo» que a «no es suficiente».

Cada inhalación te expande; cada exhalación te enraiza.

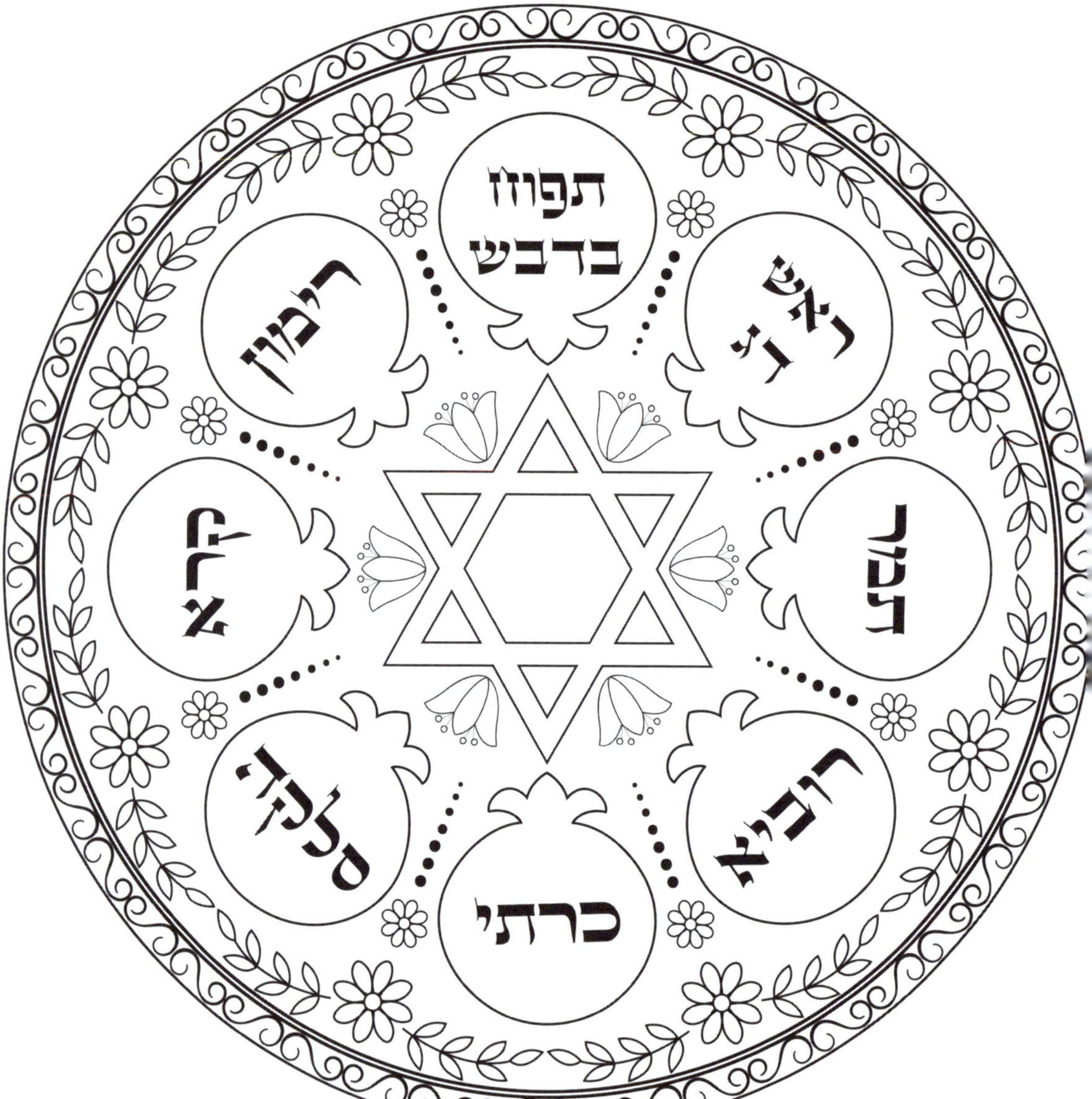

La gratitud convierte este instante en un lugar sagrado.

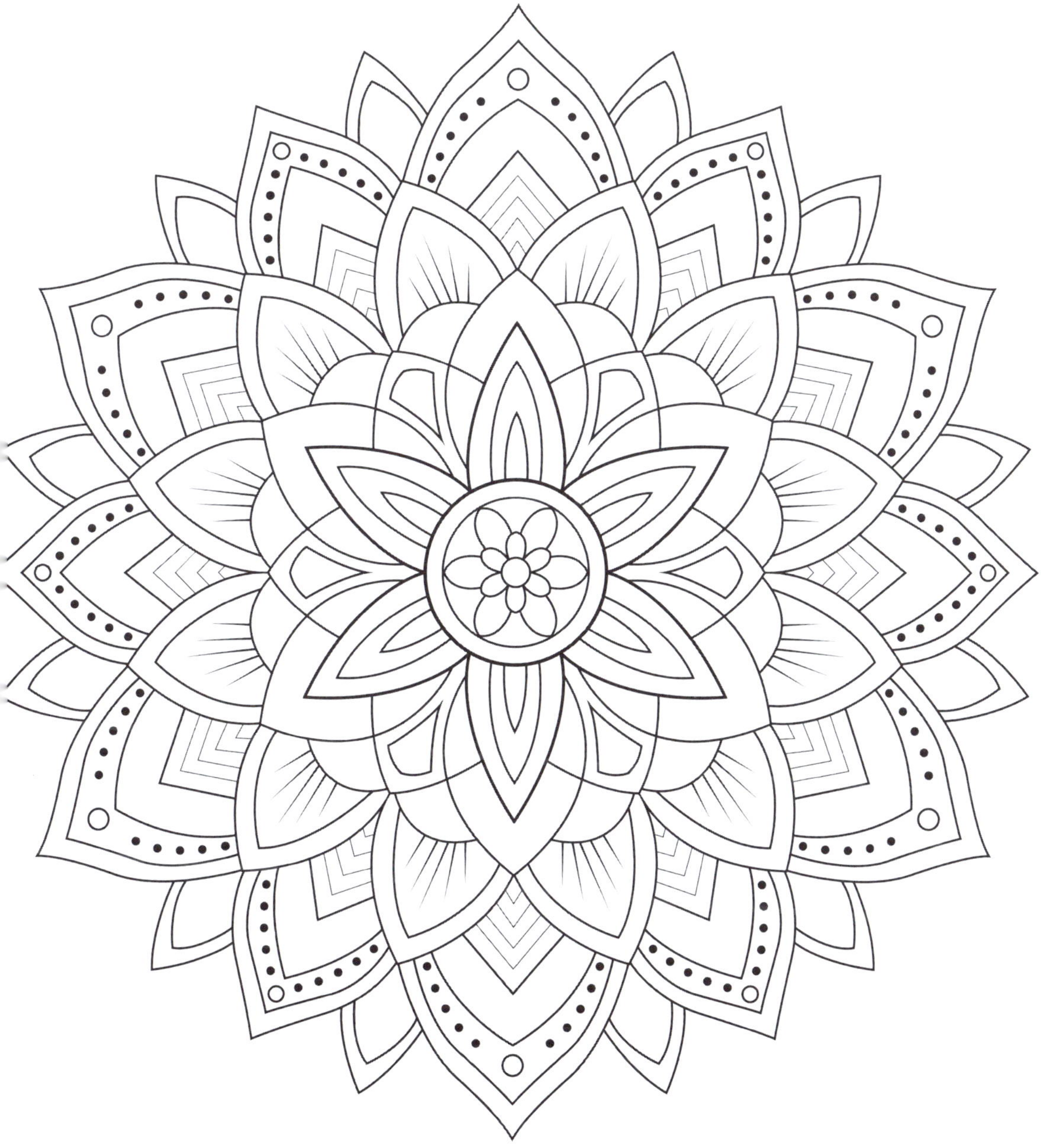

No eres tus historias pasadas, eres lo que eliges ahora.

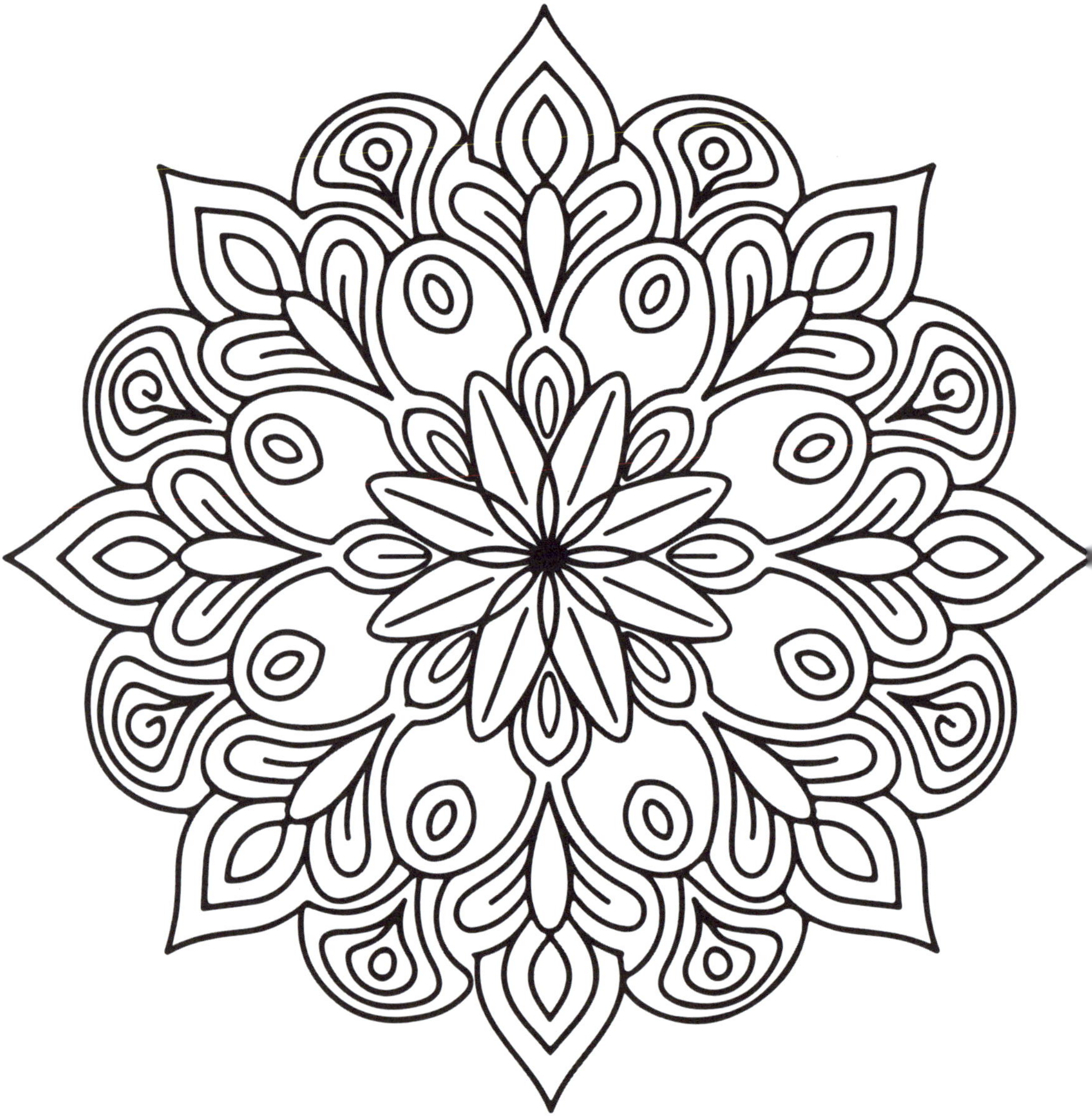

Mereces descanso sin dar explicaciones.

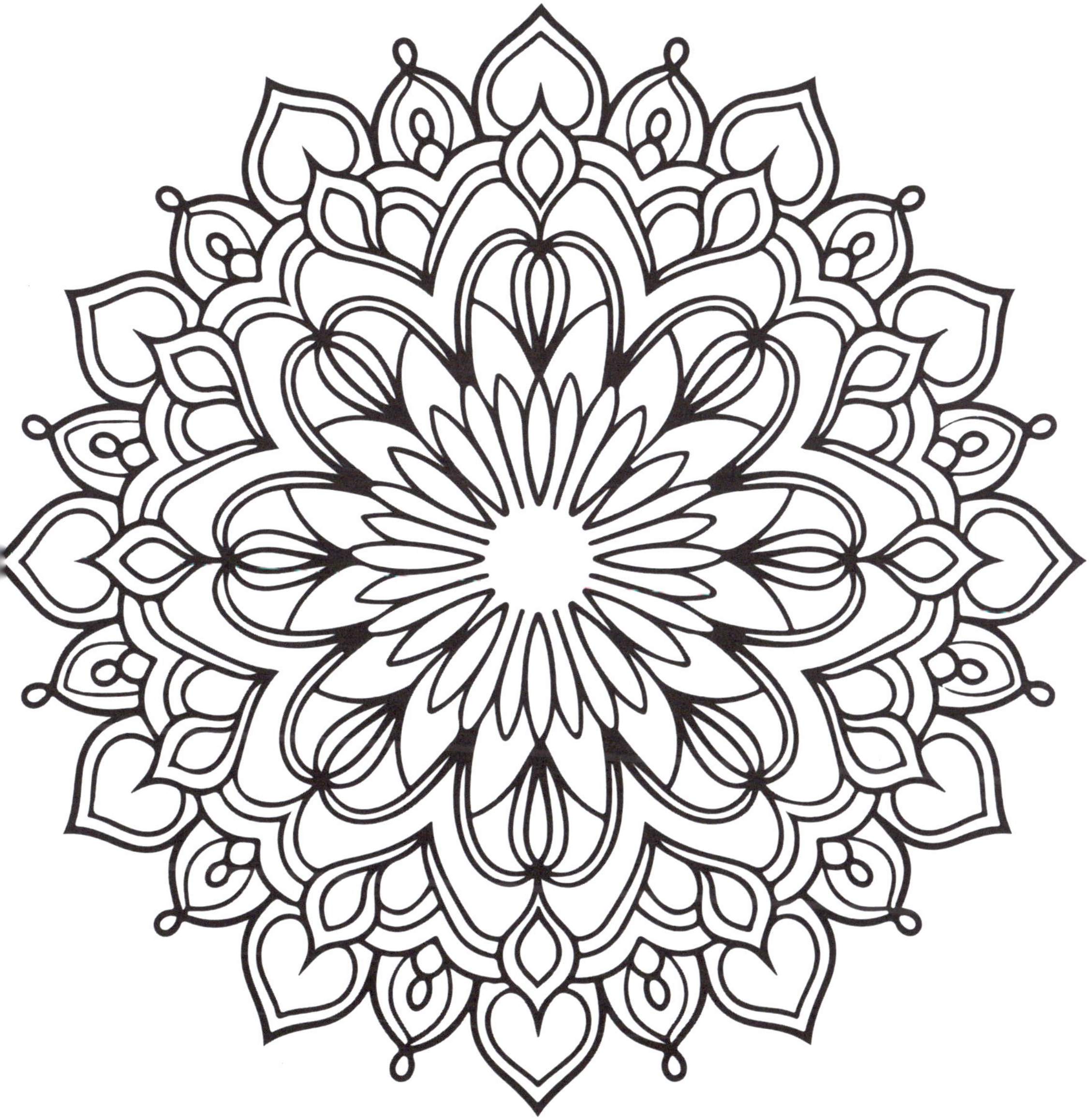

El ahora es un refugio al que siempre puedes volver.

Abrazar tus sombras también forma parte del camino.

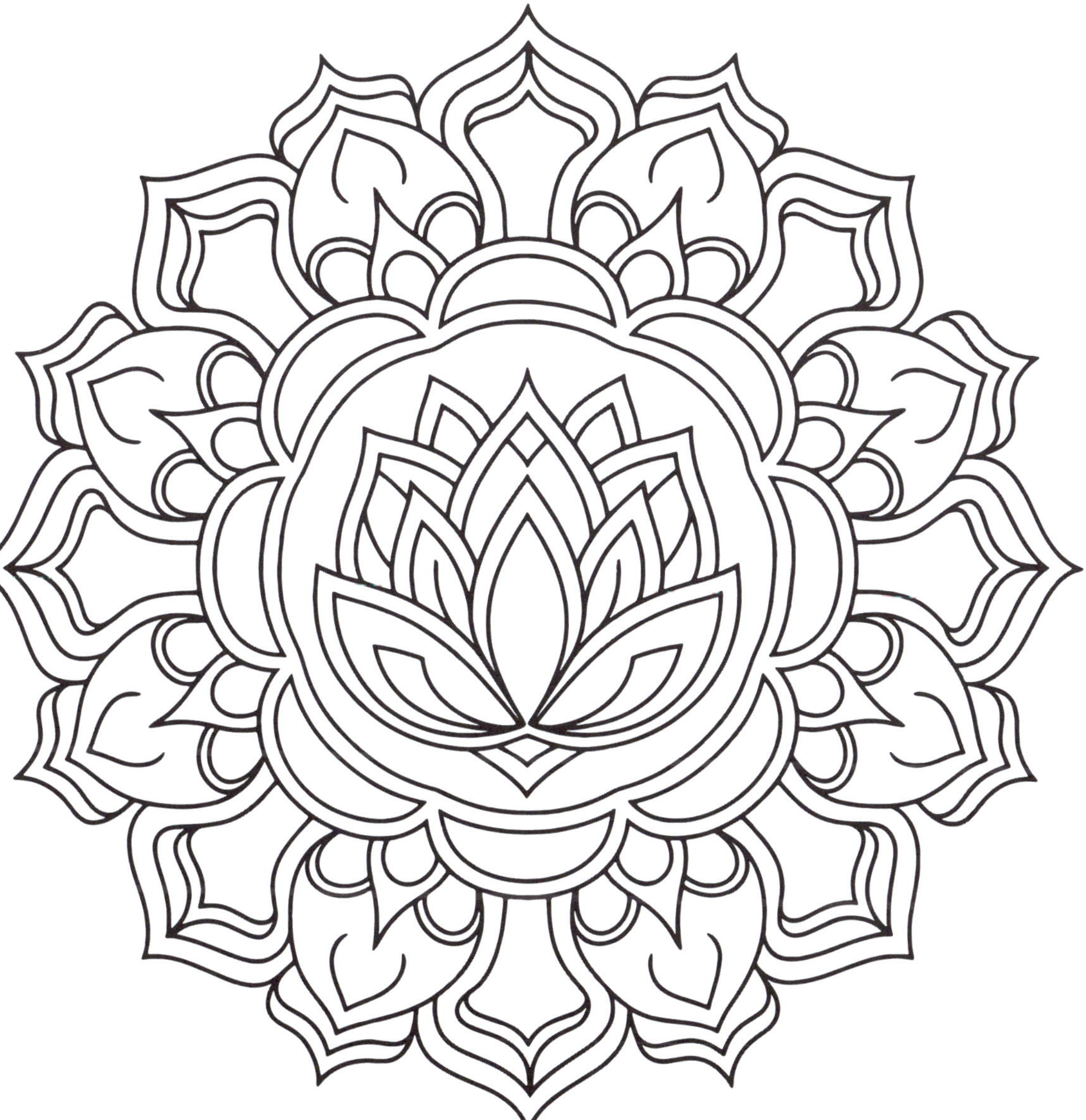

Busca el punto medio entre exigirte y rendirte.

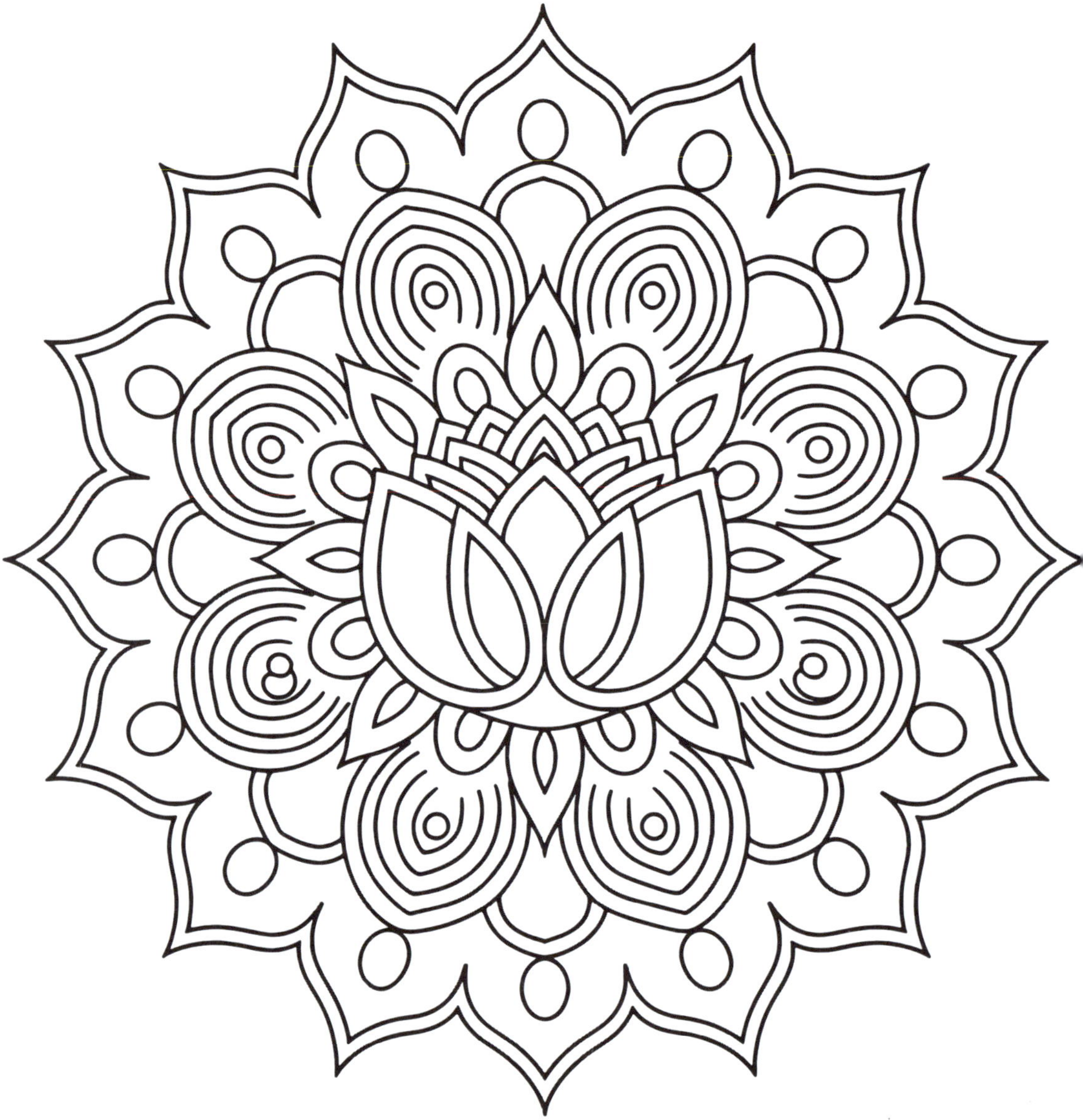

Da las gracias a tu cuerpo por sostenerte un día más.

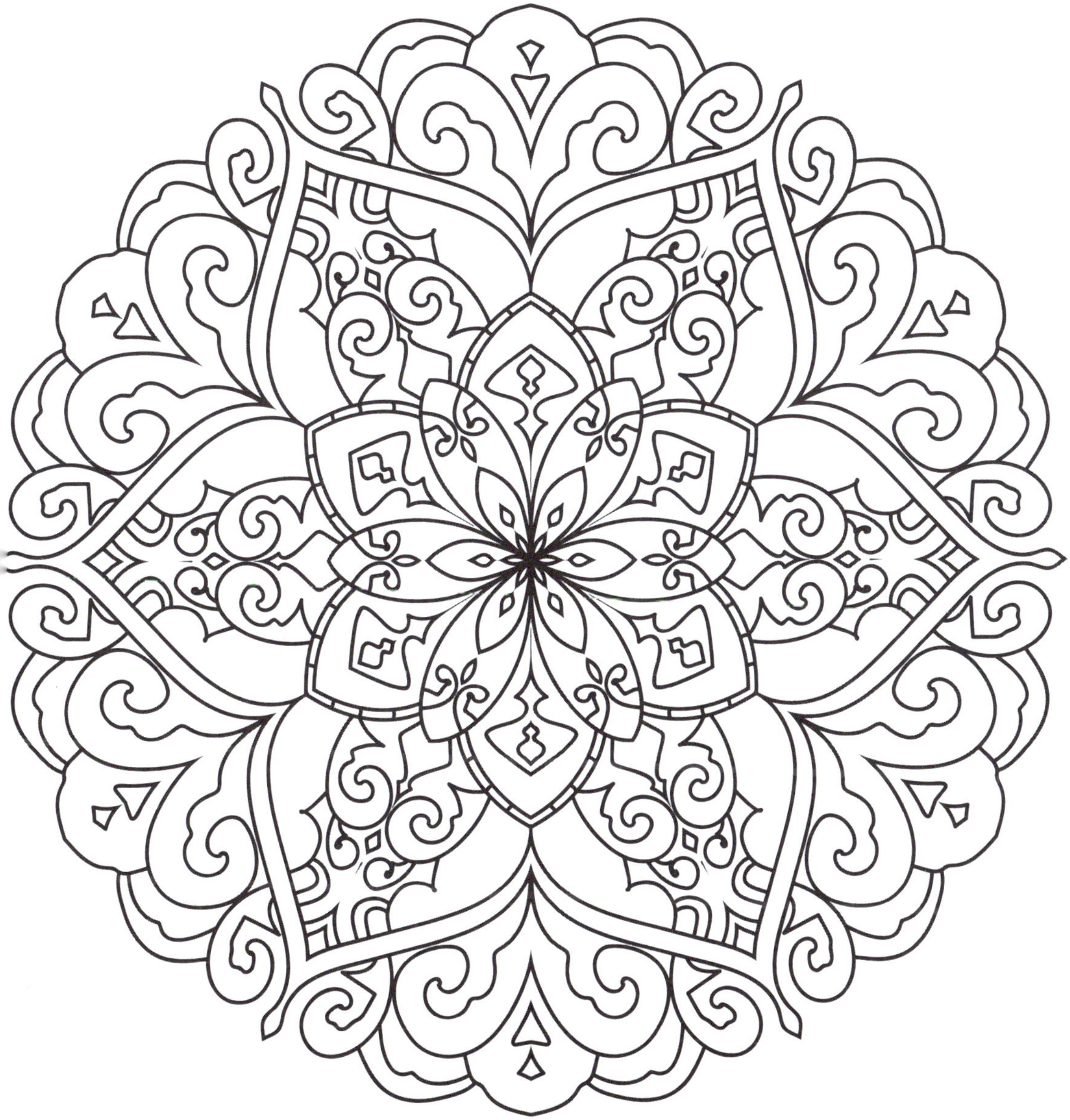

Permite que se vaya lo que insiste en irse.

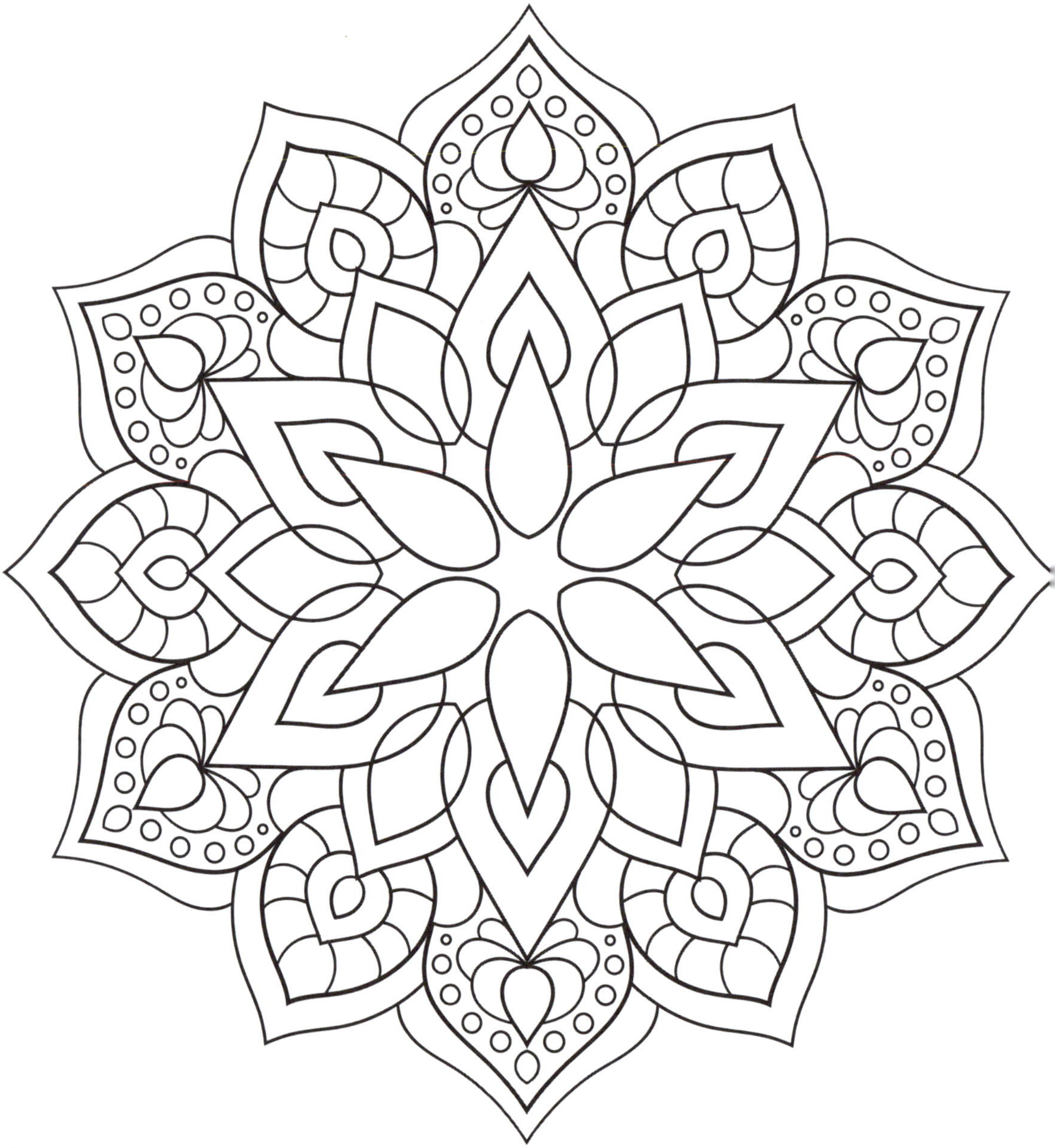

Cada gesto de cuidado hacia ti es un acto de dignidad.

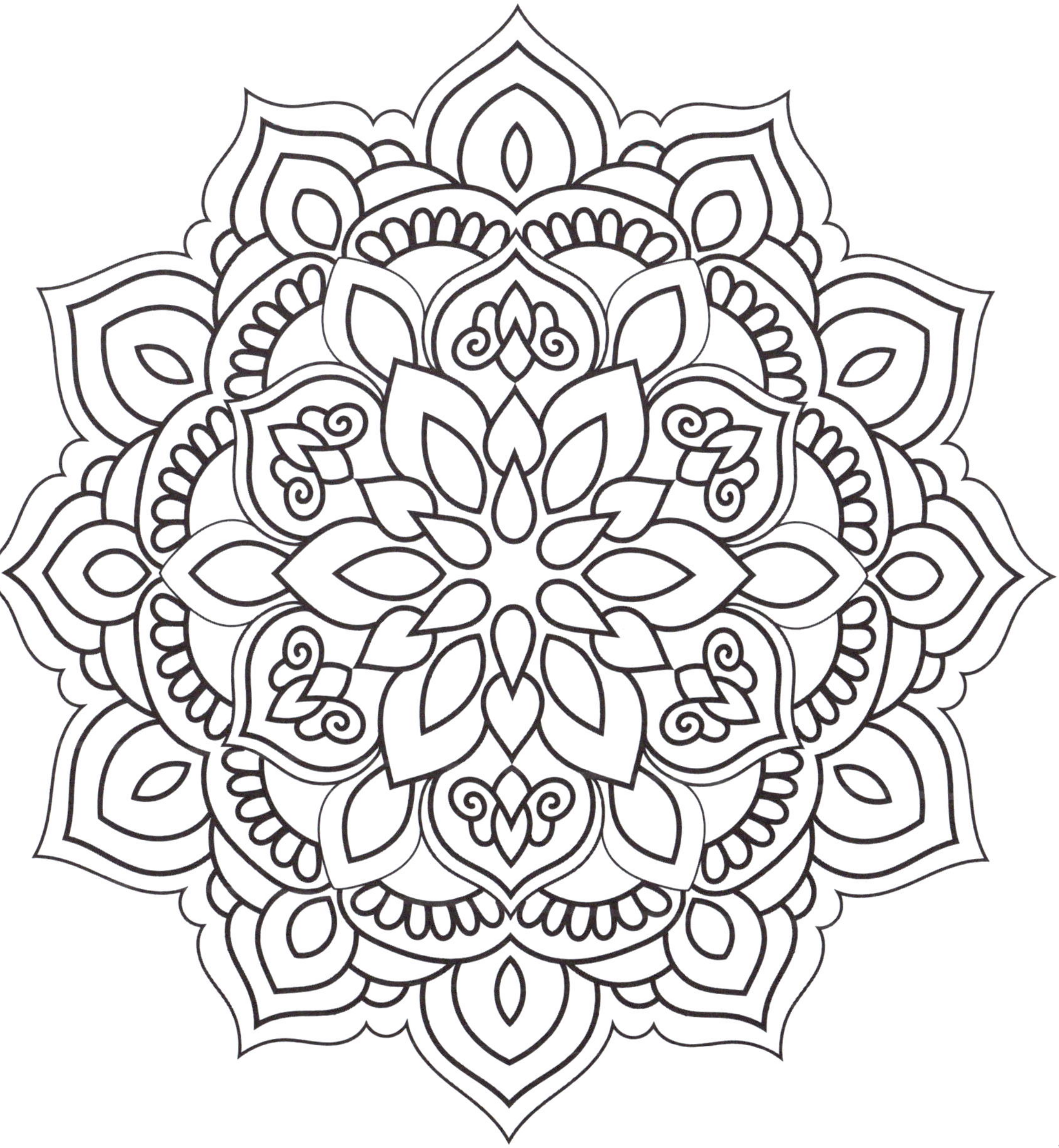

Cuando estás presente, incluso el silencio suena diferente.

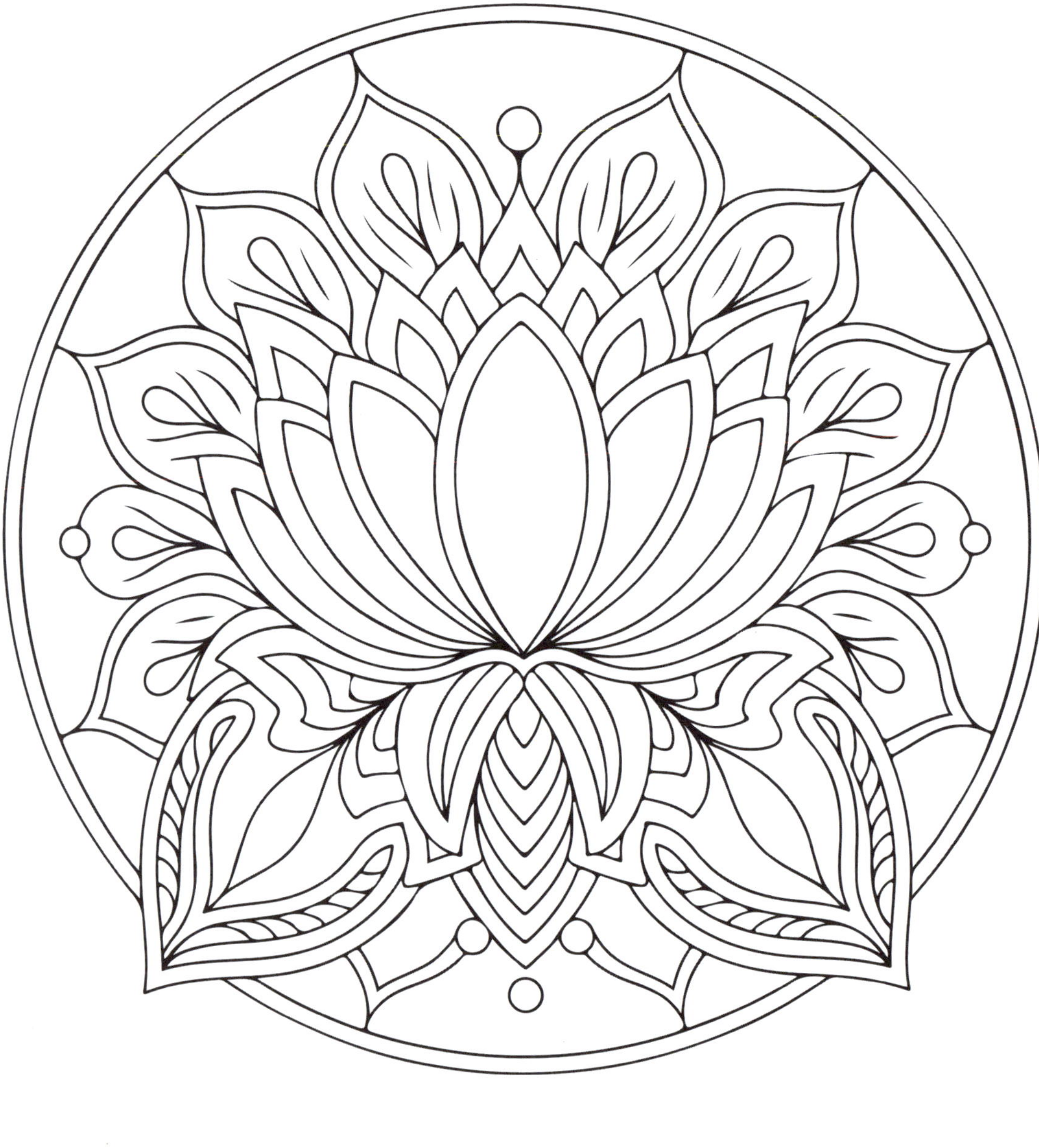

Permítete sentir, incluso cuando no sabes cómo explicarlo.

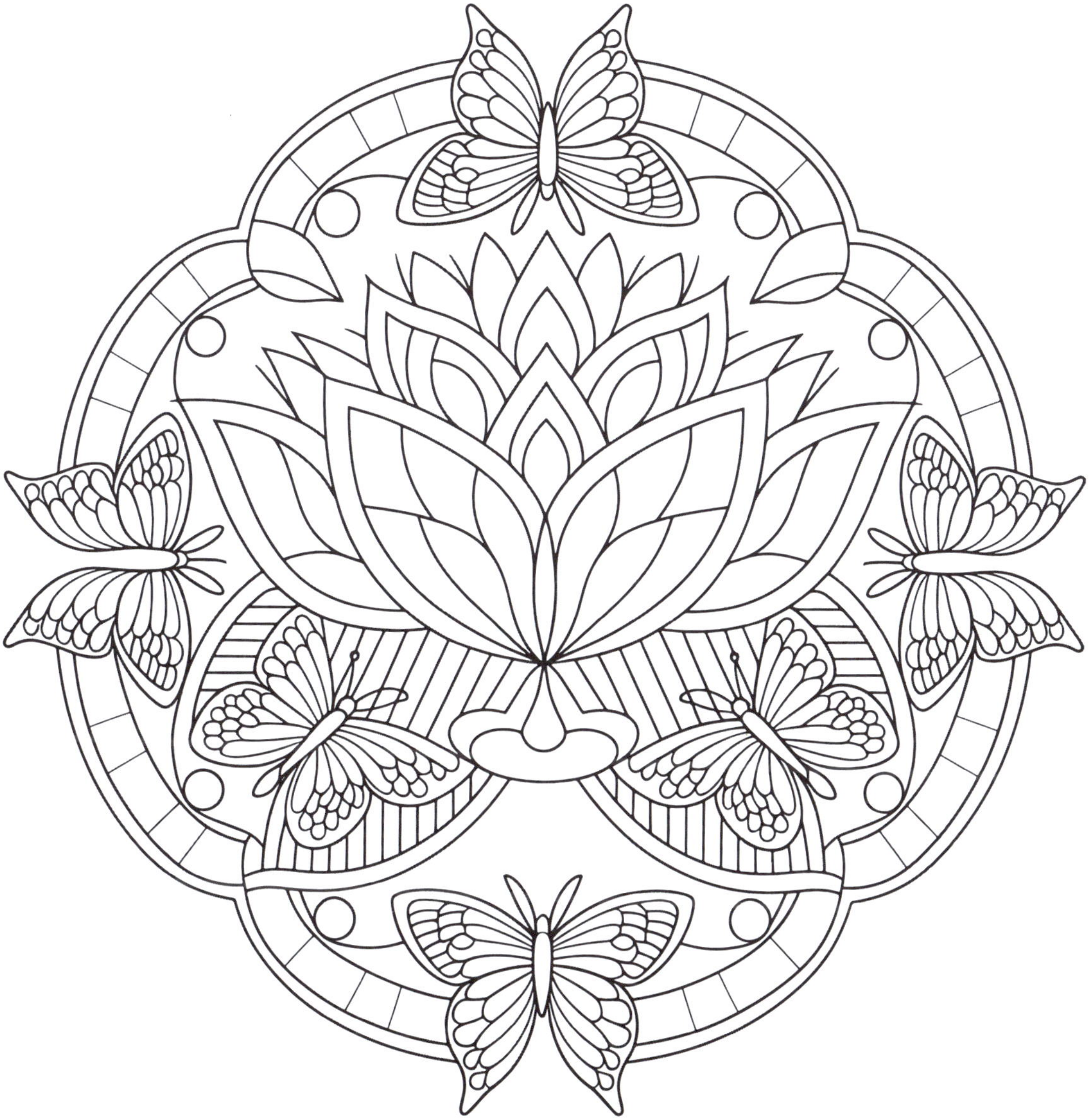

En este mandala, como en la vida, luz y sombra conviven.

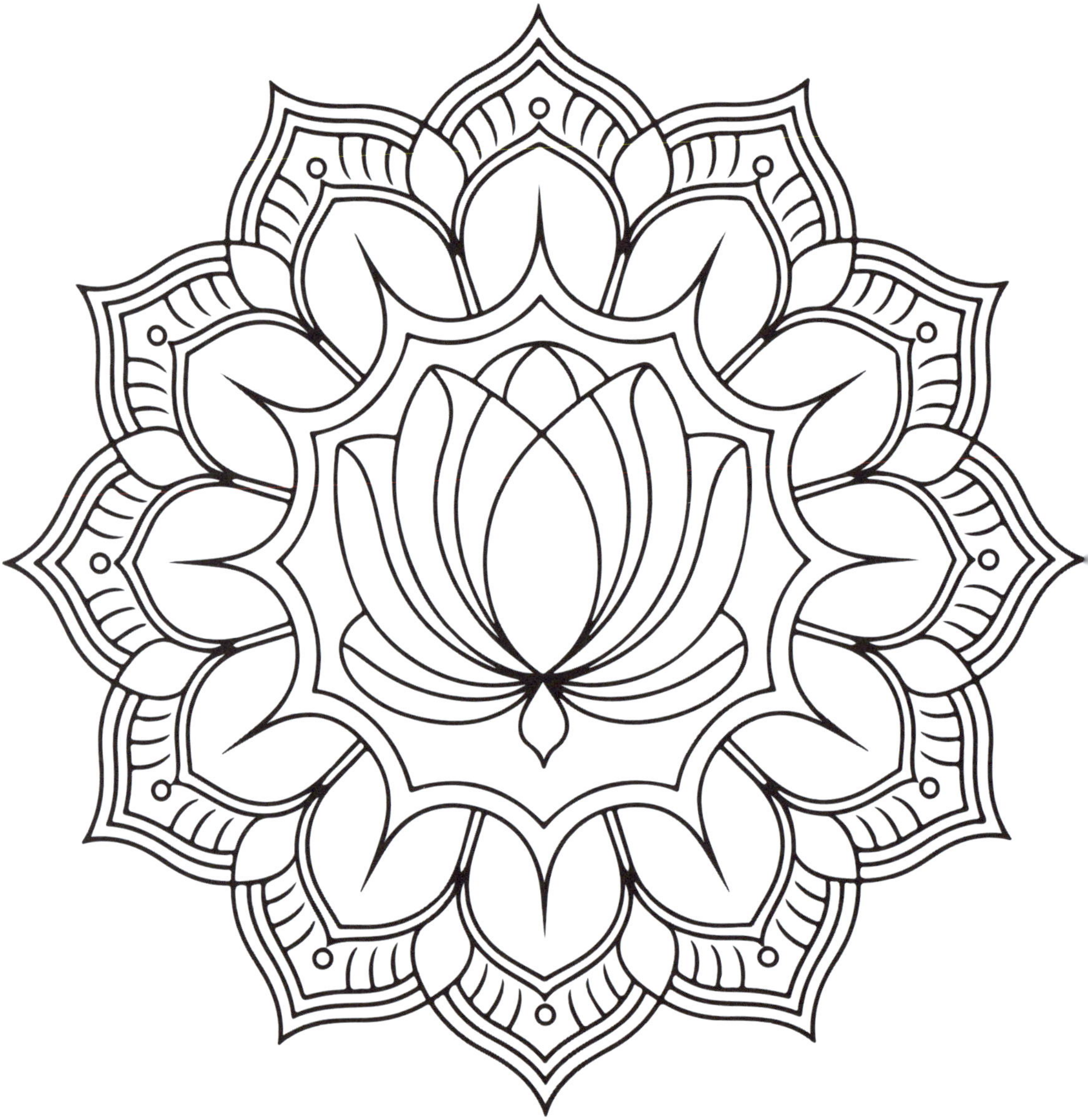

Cuando agradeces, tu mirada se vuelve más luminosa.

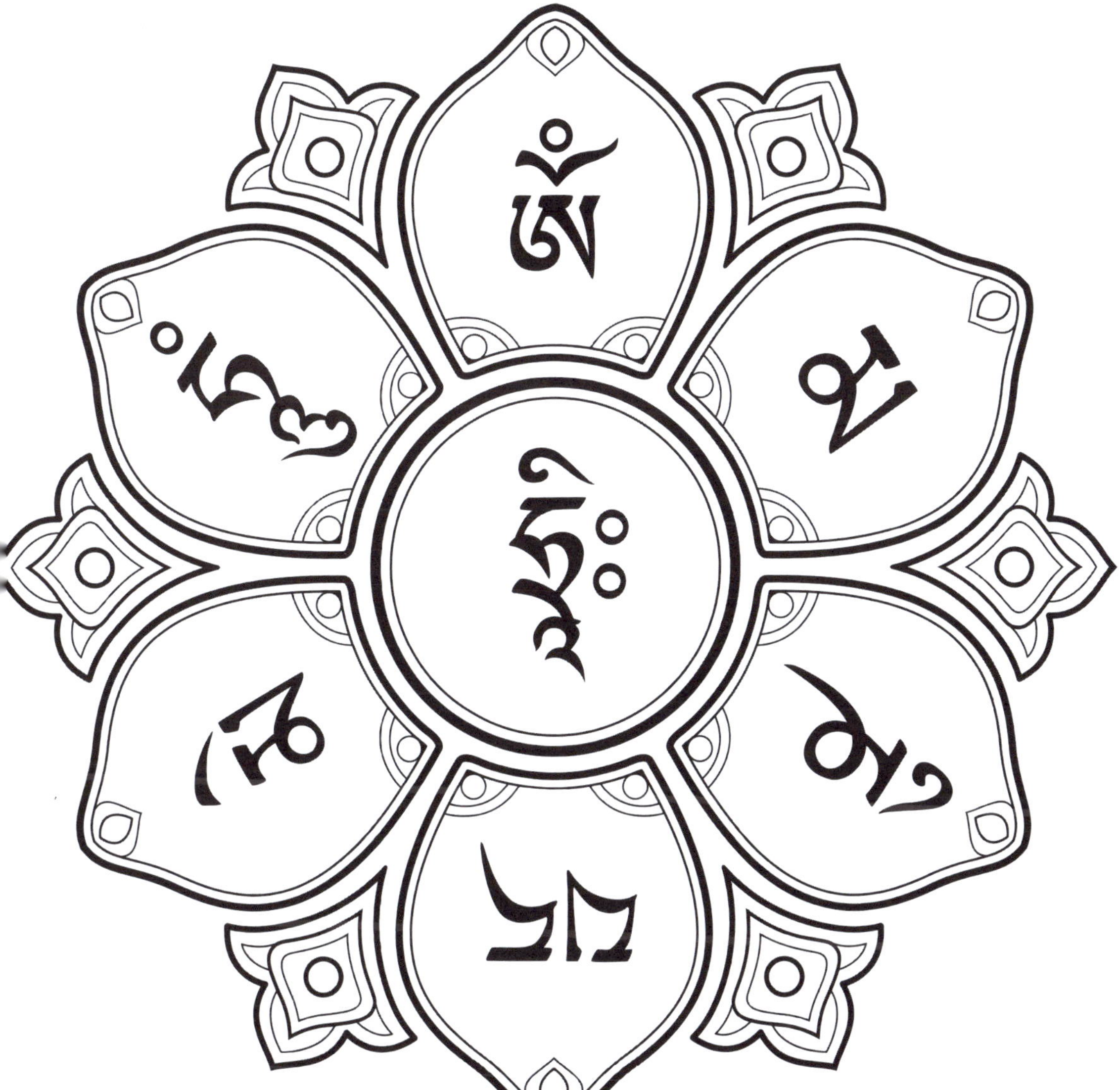

El desapego es confiar en que la vida sabe moverse sola.

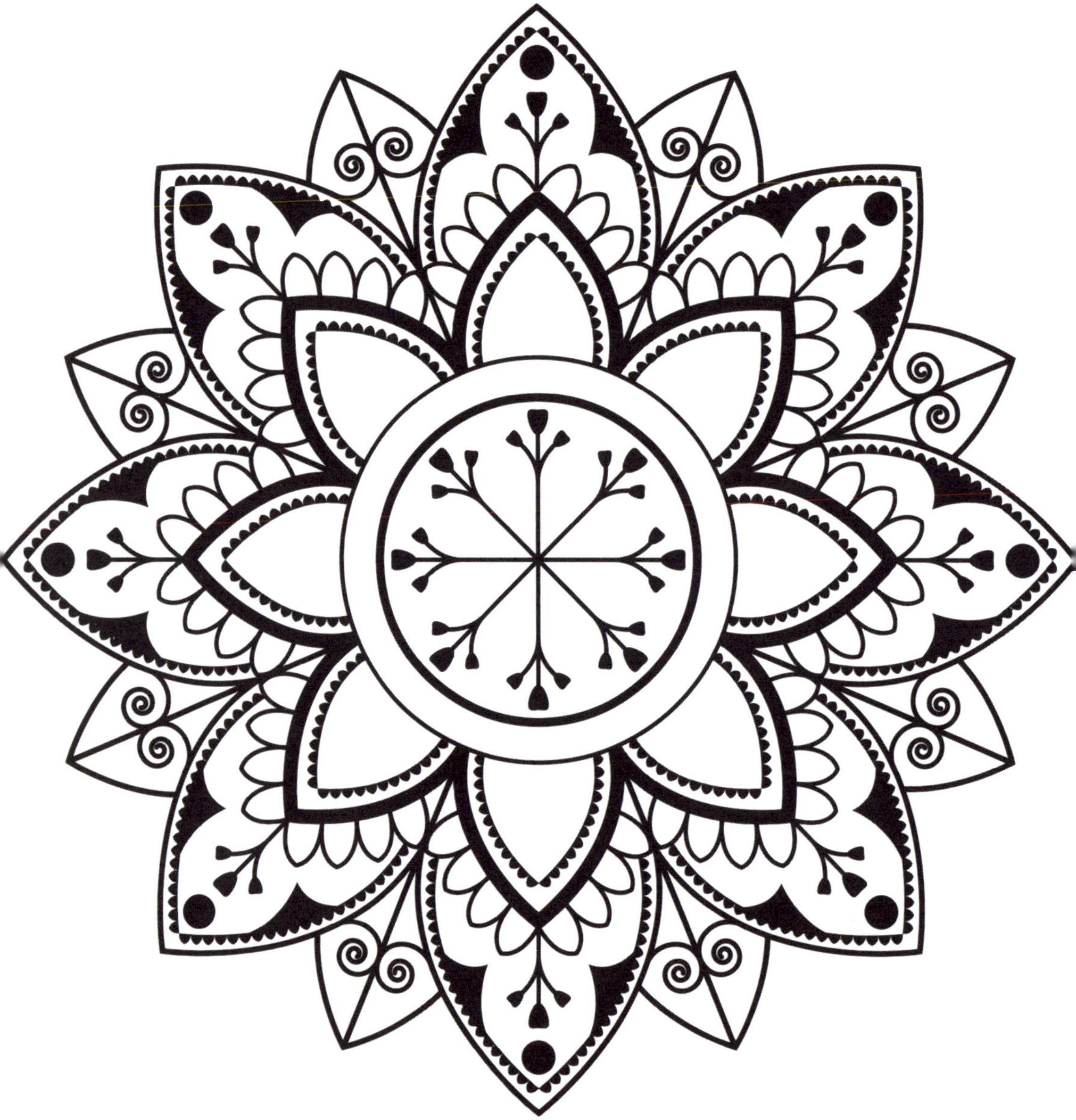

Quiérete también en tus días grises, no solo cuando brillas.

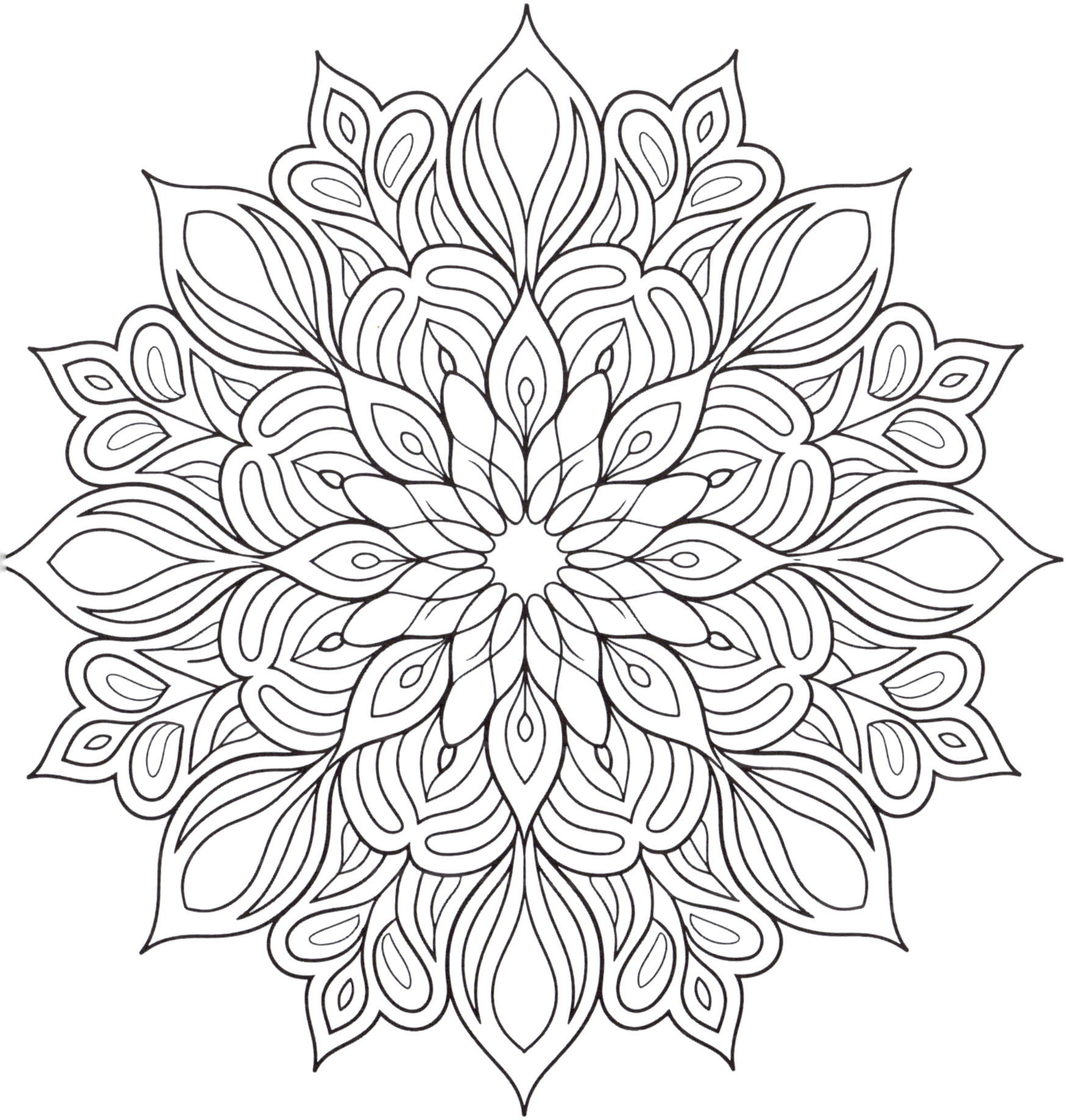

Este mandala solo se colorea en tiempo presente.

Cada vez que eres amable contigo, tu corazón se ensancha un poco más.

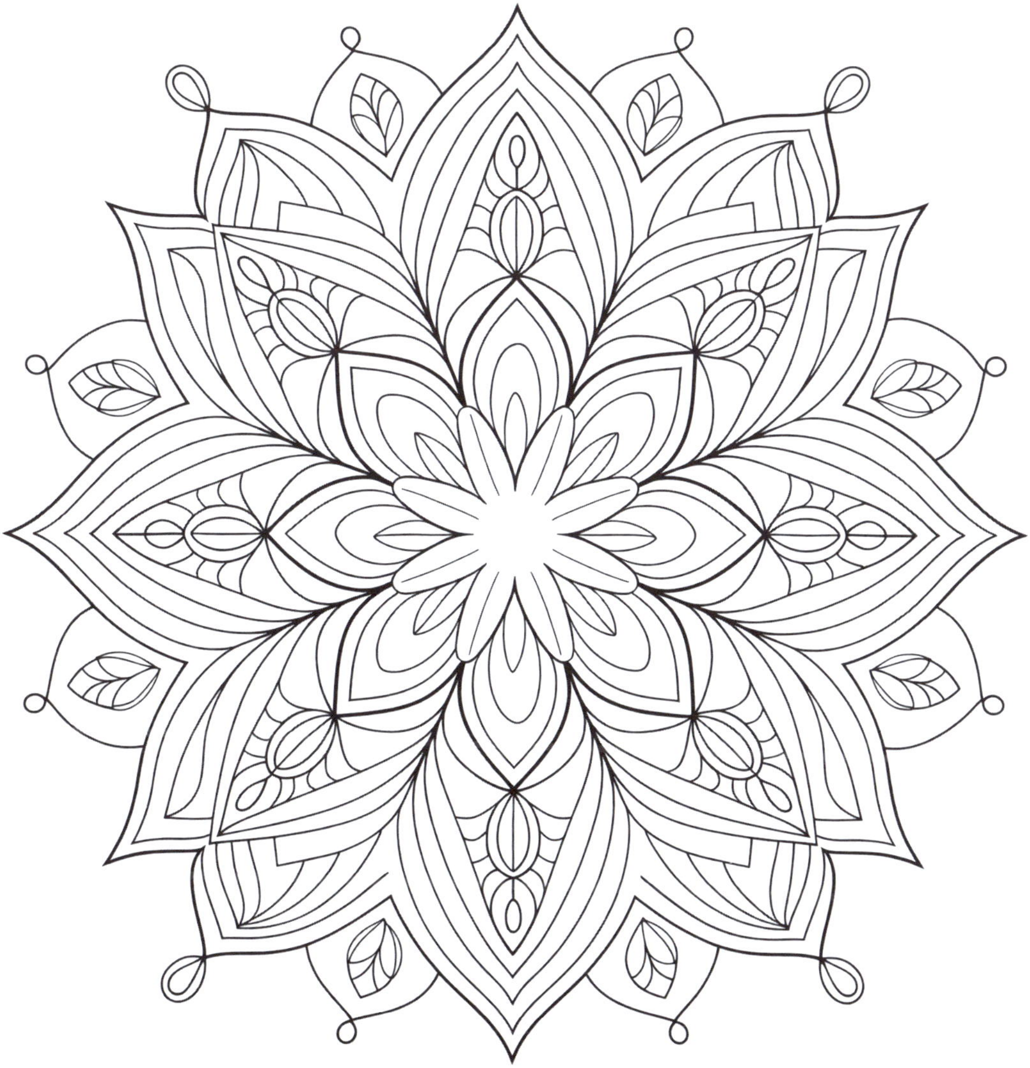

El equilibrio aparece cuando escuchas tus propios límites.

Este mandala también celebra que estás aquí, ahora.

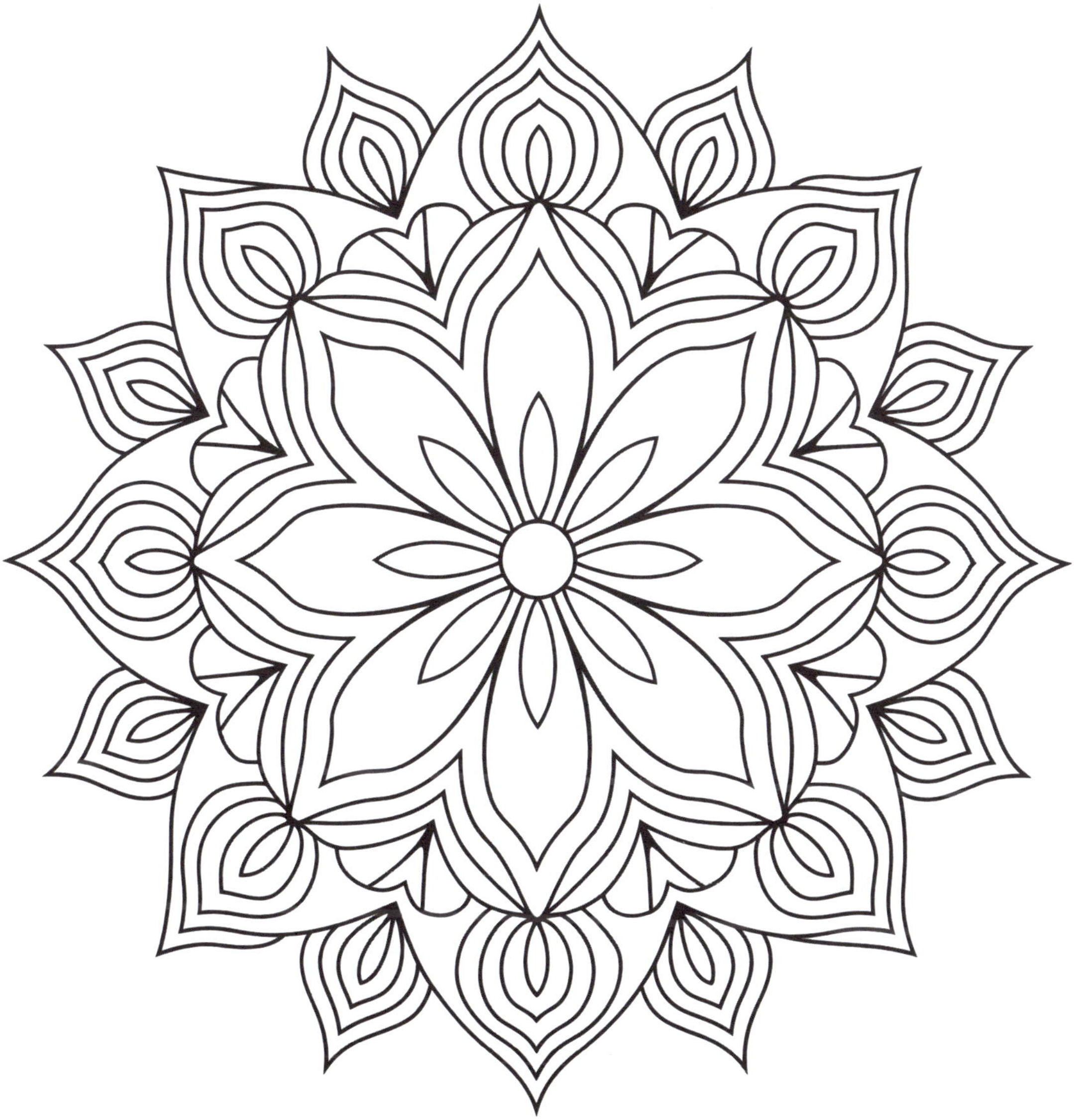

Aprender a soltar es aprender a confiar.

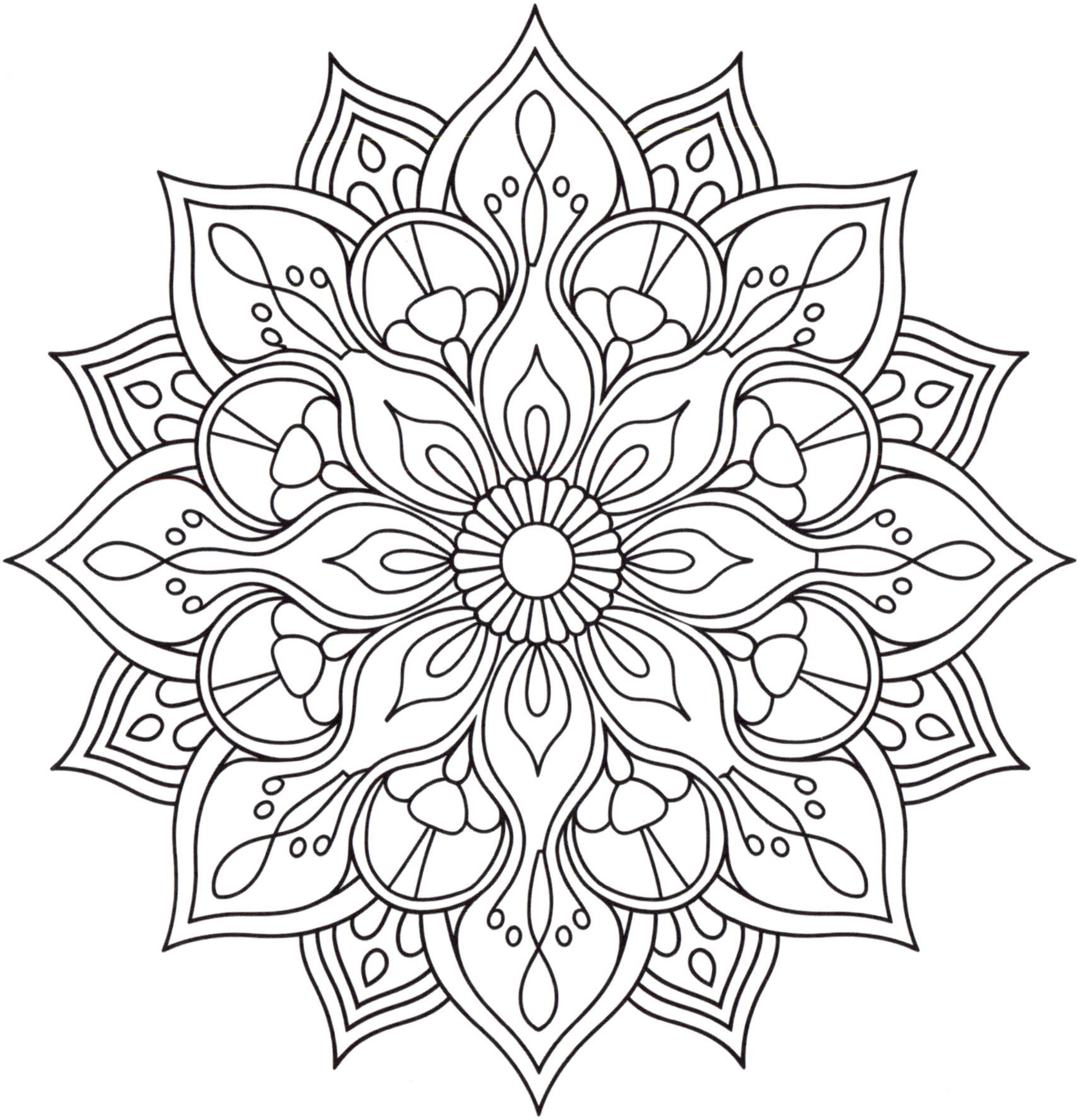

Tu valor no depende de lo productivo que haya sido tu día.

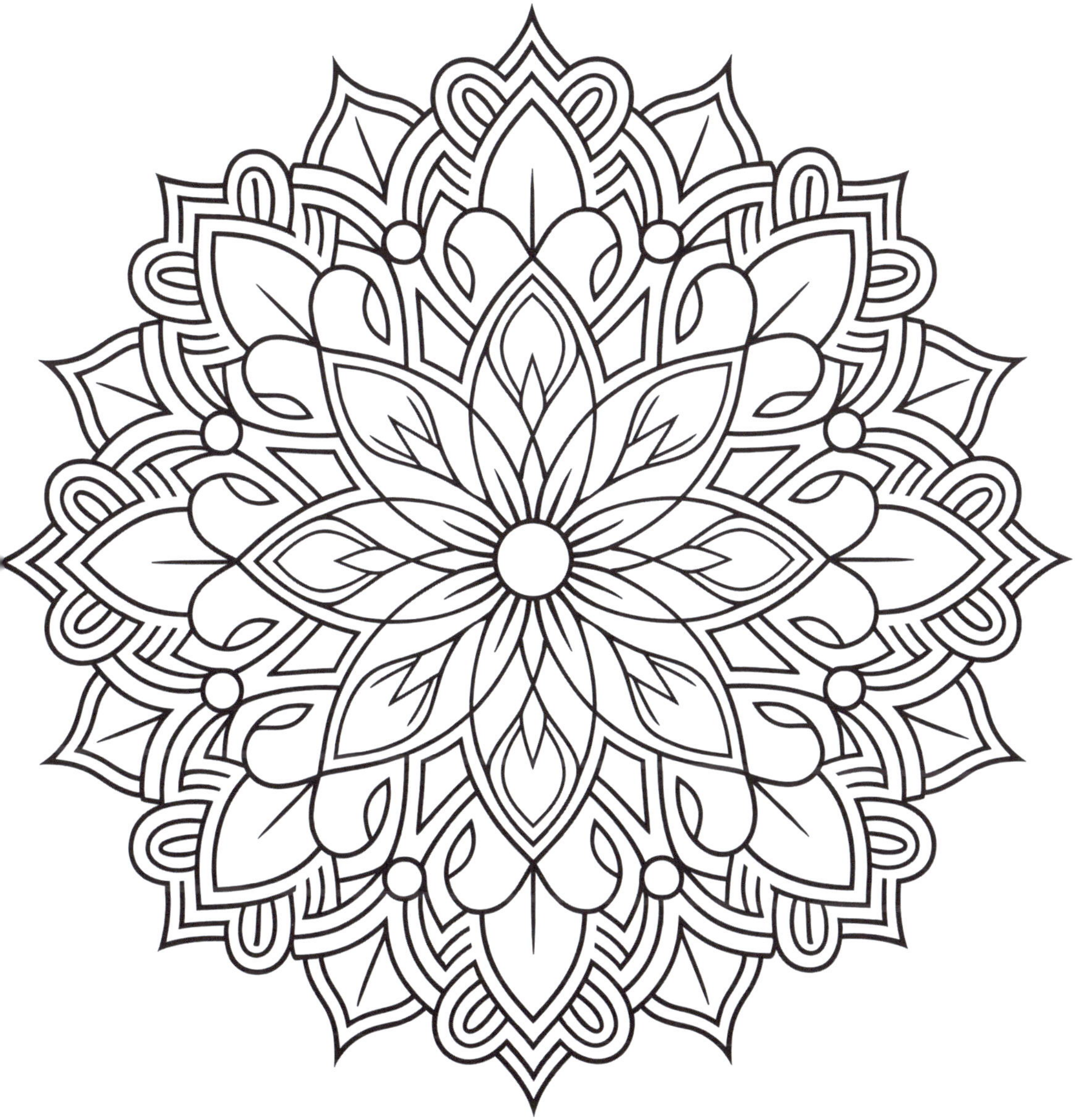

Respira como si cada segundo fuera precioso, porque lo es.

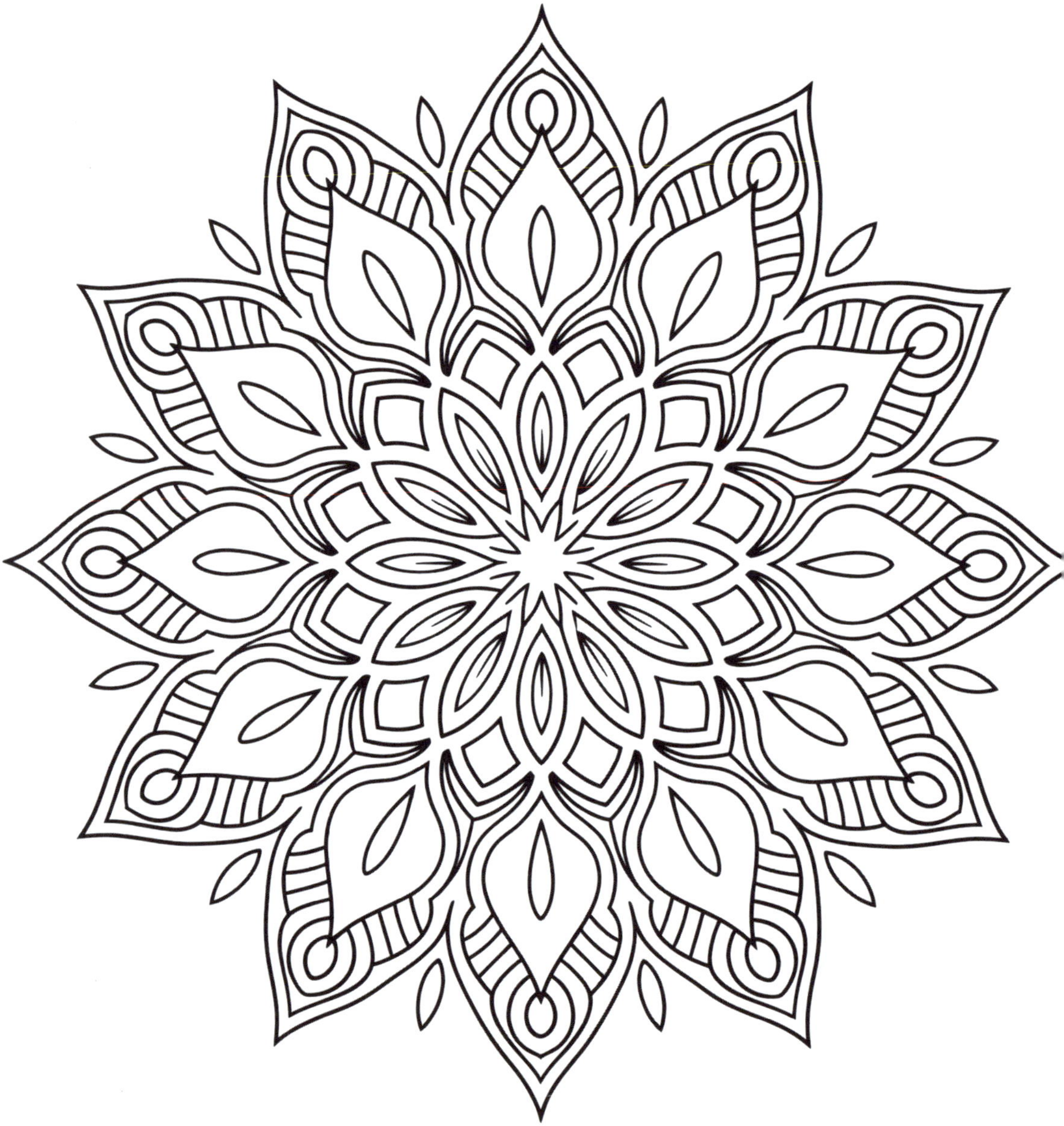

No estás rota: estás en proceso de comprenderte.

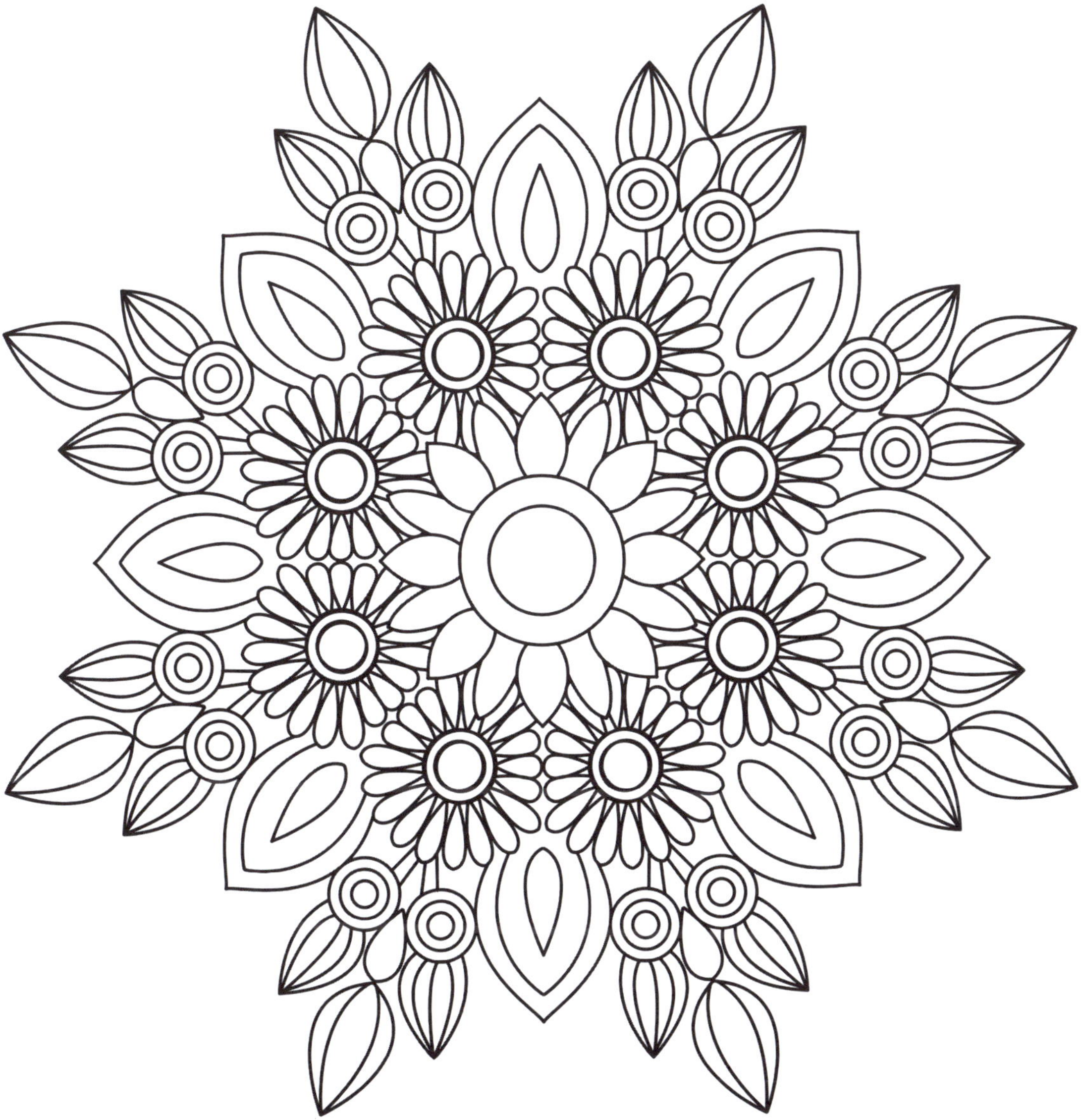

Aprende a apoyarte en ti como en una montaña.

La gratitud abre puertas que la queja no ve.

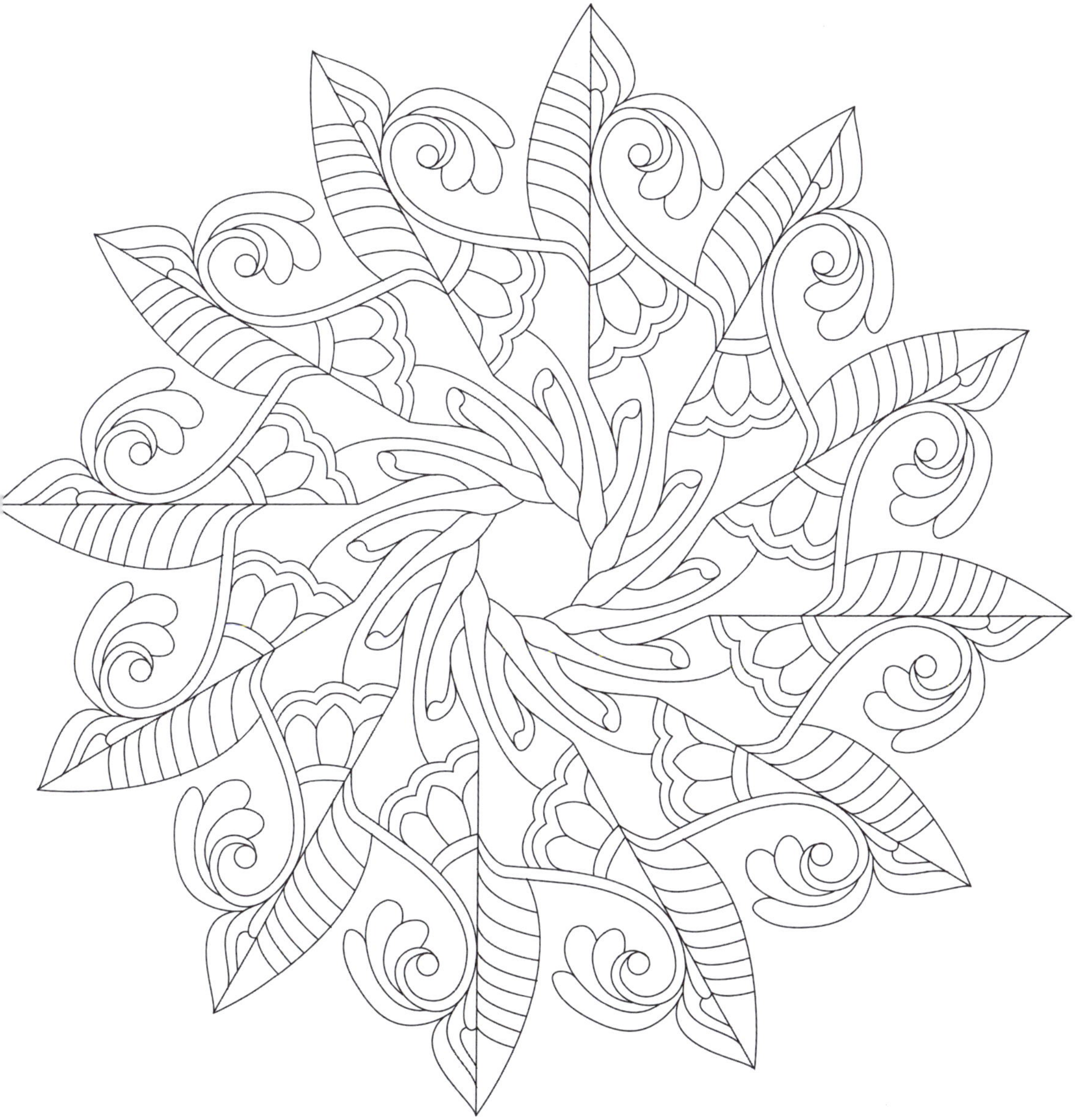

Lo que es para ti no necesita que te aferres.

Conclusión

Has llegado al final de *Mandalas Zen*, pero, en realidad, esto no va de finales. Más bien has completado una vuelta del círculo: entraste por curiosidad, por calma, por necesidad de pausa... y aquí estás, te has regalado un montón de ratos solo para ti. Lápices en mano, respiraciones más profundas y, ojalá, un poquito menos de ruido por dentro.

Puede que no hayas coloreado todos los mandalas, o que algunos te gusten más que otros. Perfecto. Este libro nunca ha ido de hacerlo «bien», sino de estar. De sentarte un momento, bajar revoluciones y recordarte que mereces descanso, aunque el día esté lleno de tareas. Cada trazo, incluso esos que no te convencen del todo, ha sido una forma de decirte: «Eh, también importo yo».

Ojalá te lleves algo de lo que has practicado aquí: parar antes de que el día te pase por encima, respirar un poco más despacio, soltar lo que no necesitas, hablarte con más suavidad. Eso que has sentido mientras coloreabas no se queda en las páginas: viaja contigo. Puedes invocarlo en cualquier momento, aunque no tengas los lápices delante. Basta con cerrar los ojos, respirar hondo y volver a tu centro.

Este libro se queda aquí para cuando quieras volver: como refugio, como ritual, como excusa para desconectar del mundo y reconectar contigo. Gracias por cada mandala, por cada color y por cada minuto que te has dedicado. Que la calma que has entrenado entre estas páginas siga abriéndose paso en tu vida... ¡un trazo, un respiro y un día a la vez!